PAINTER = ARTIST —

jeaLousy

jALousy
underestimation
zelf over schatting
onder overestimation
y. LAZiness
LAZieNESS

FAiLuRe
FAilure
self RepEATing
mistakes
fouten
zelfherhaling
onderwaardering
undervaluation
doubt
...fulNess

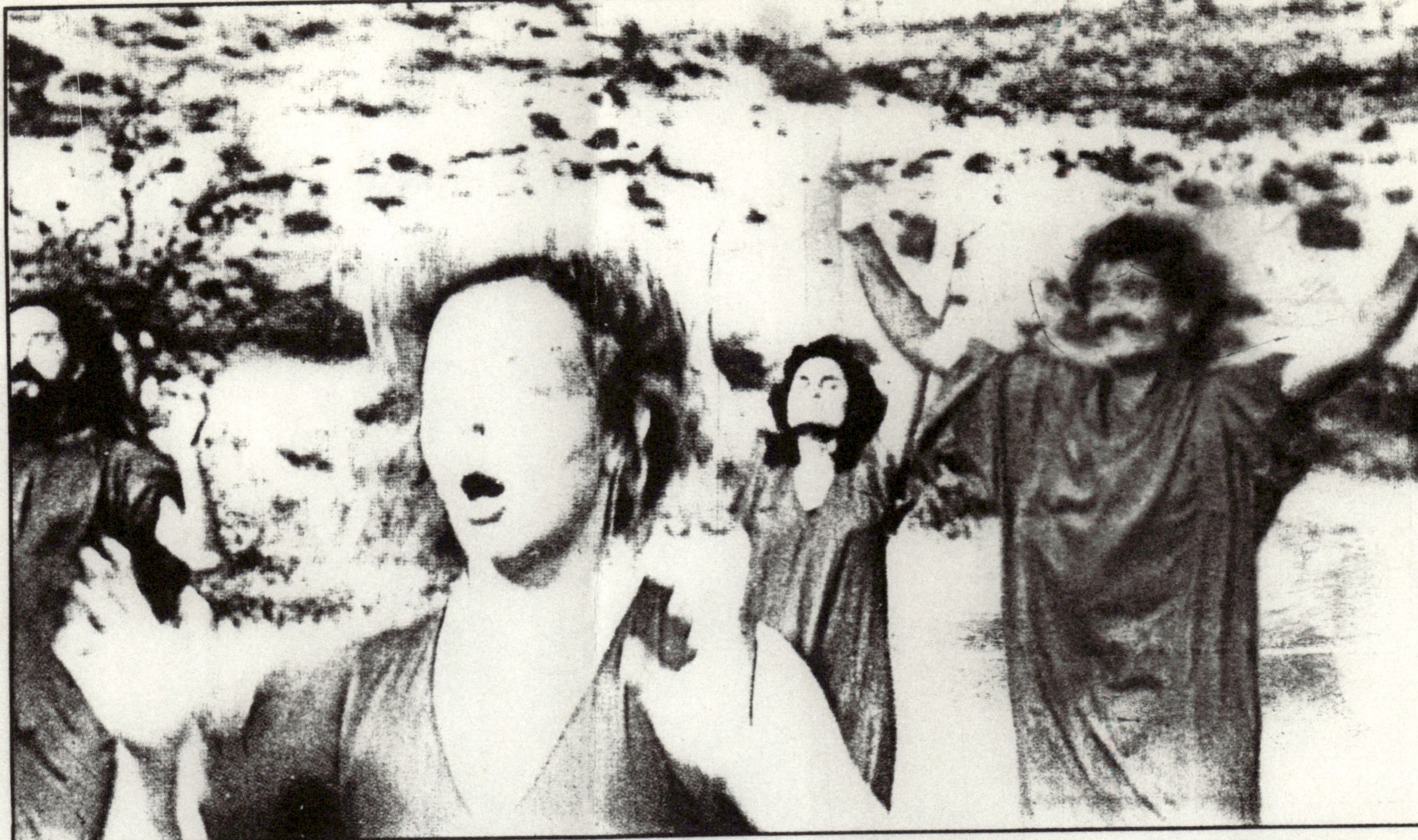

DOE DODAT NIET MEER

194

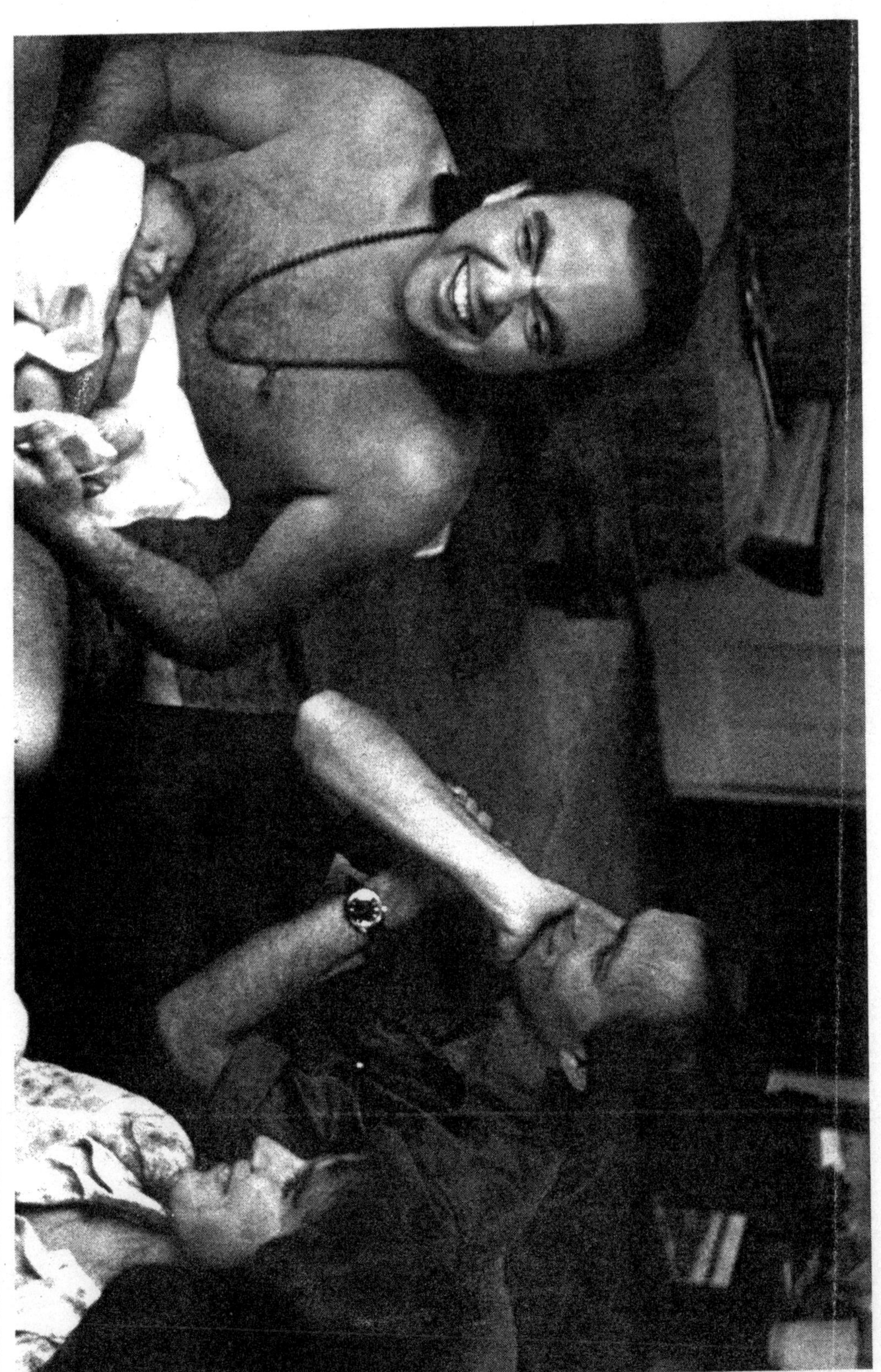

Totally Ripped Off

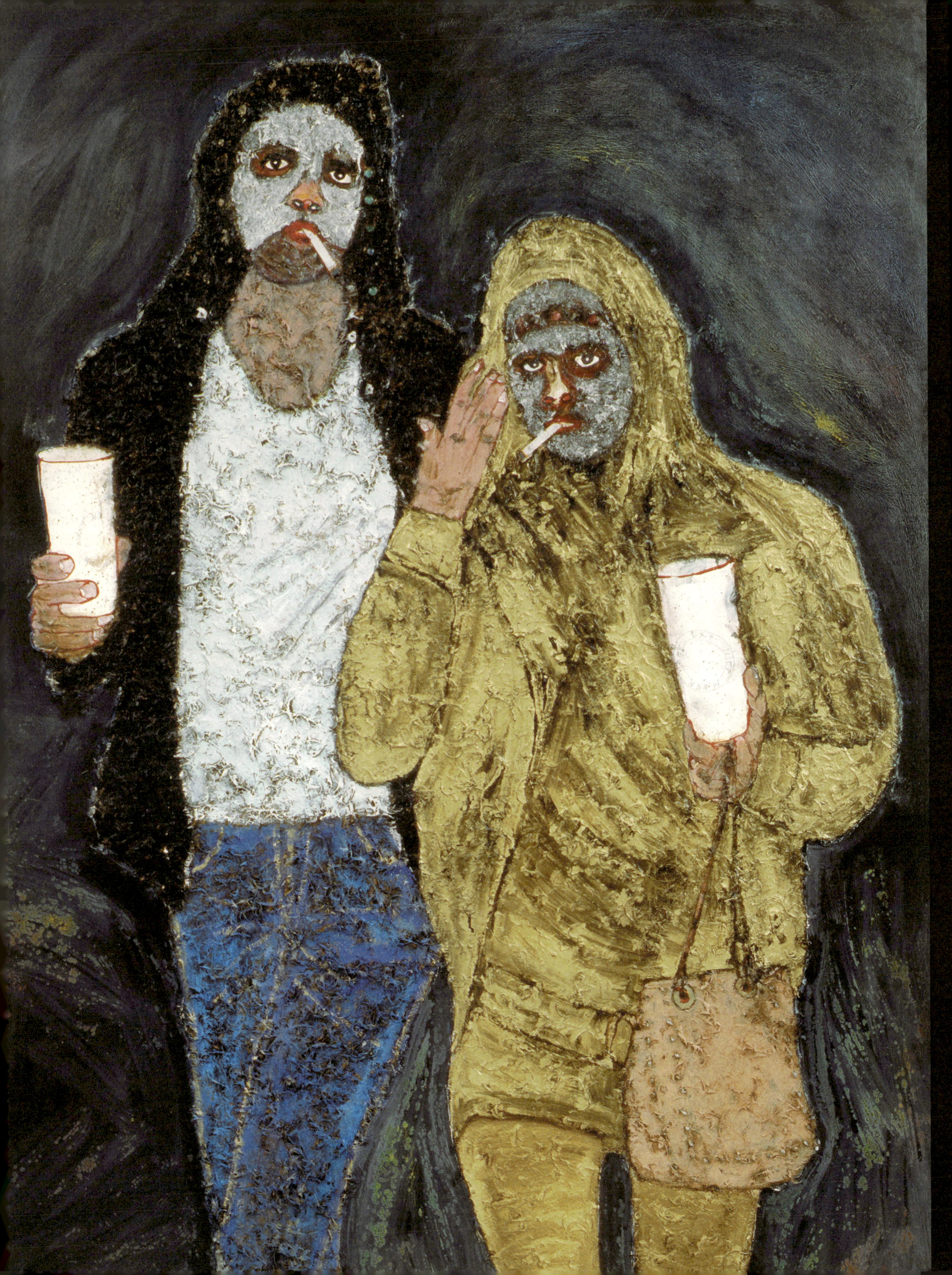

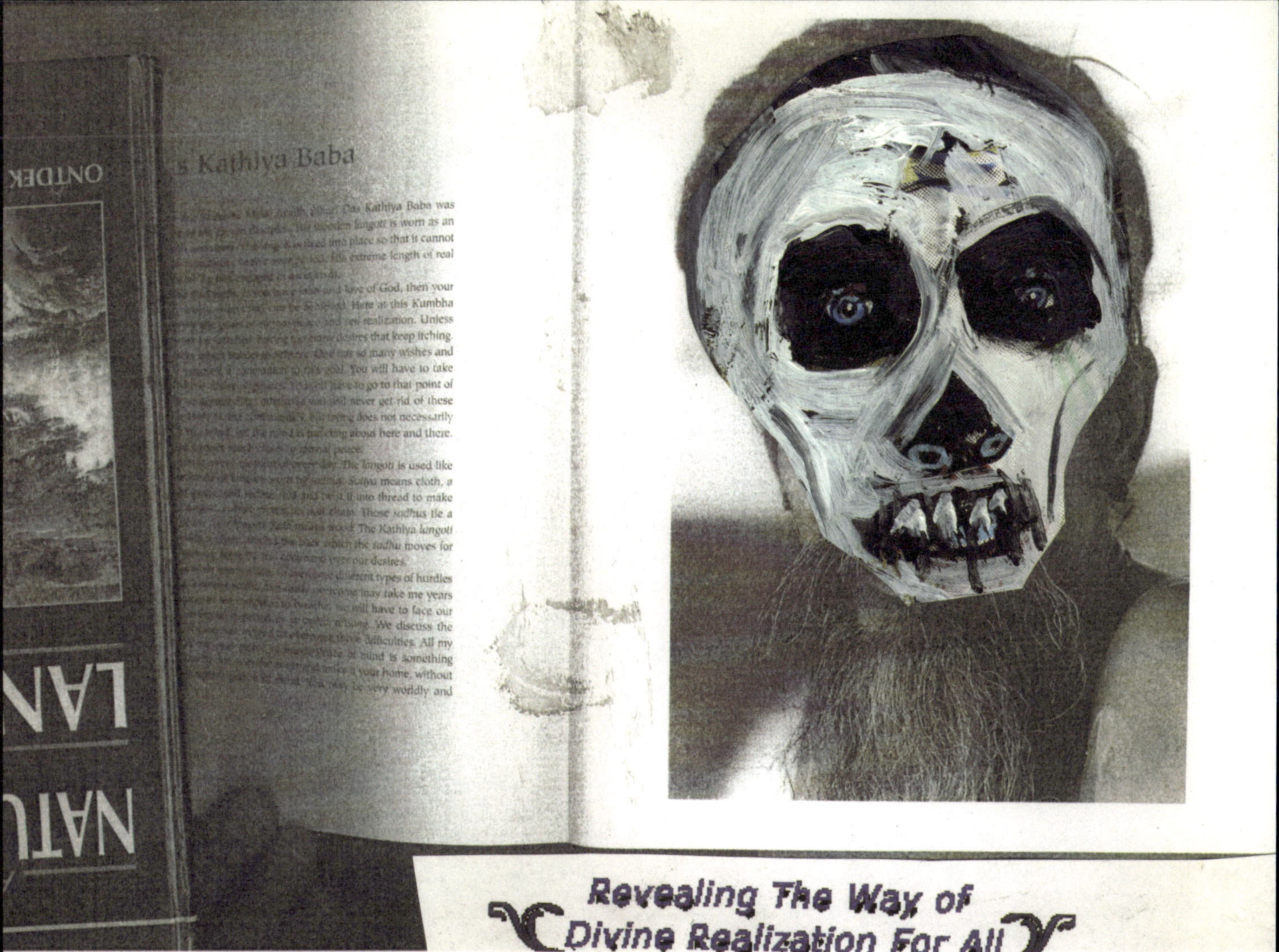

Revealing The Way of
Divine Realization For All

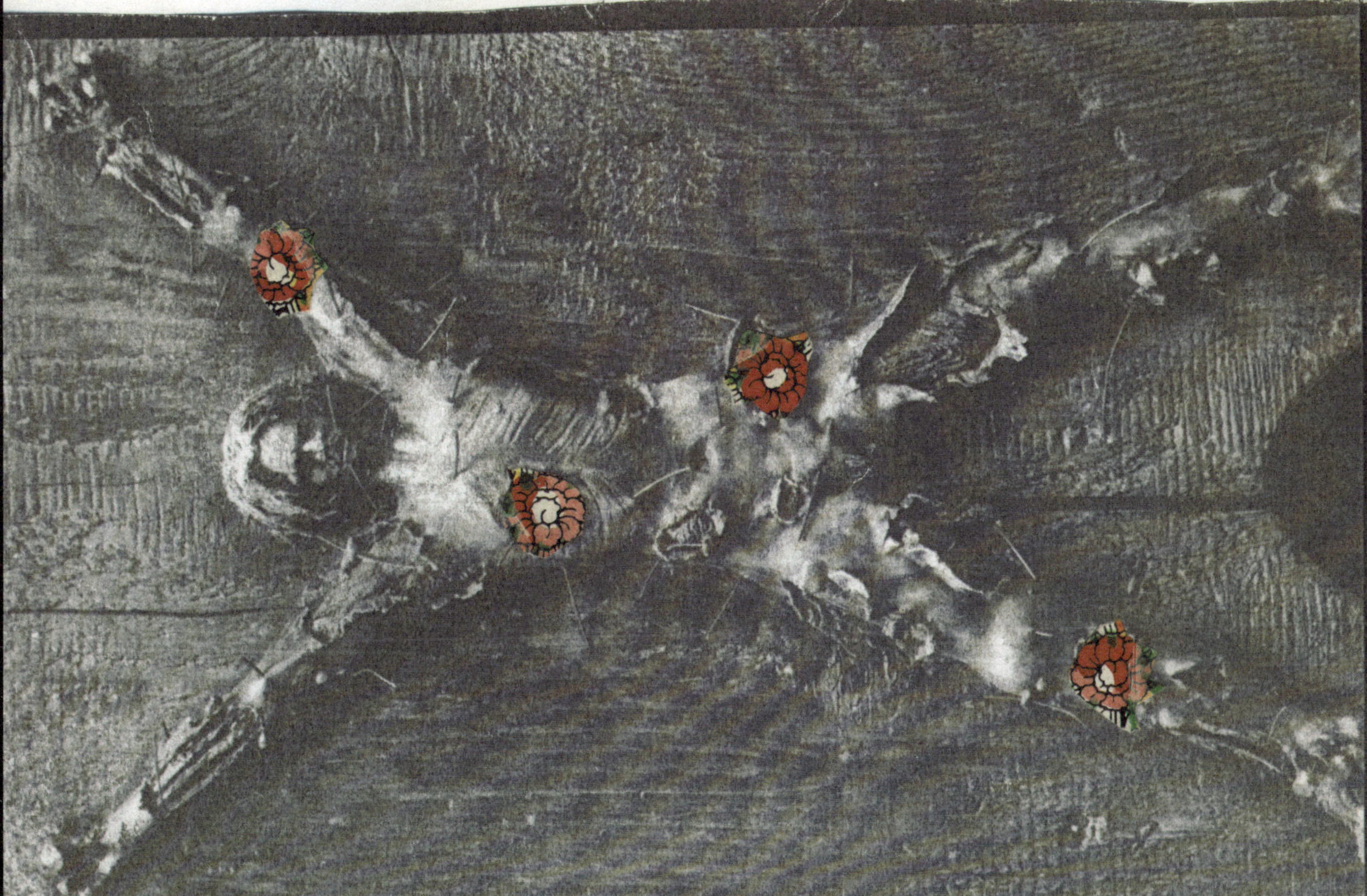

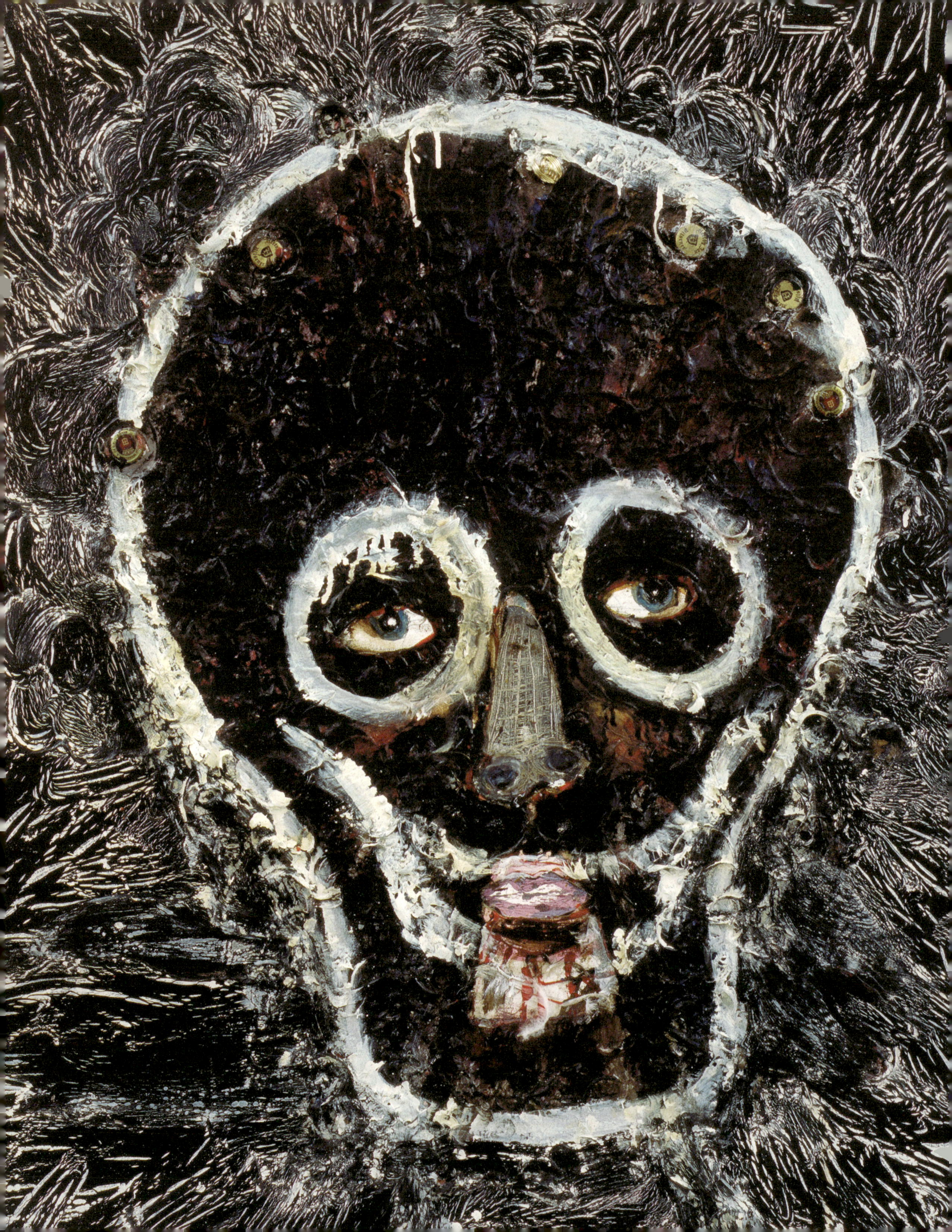

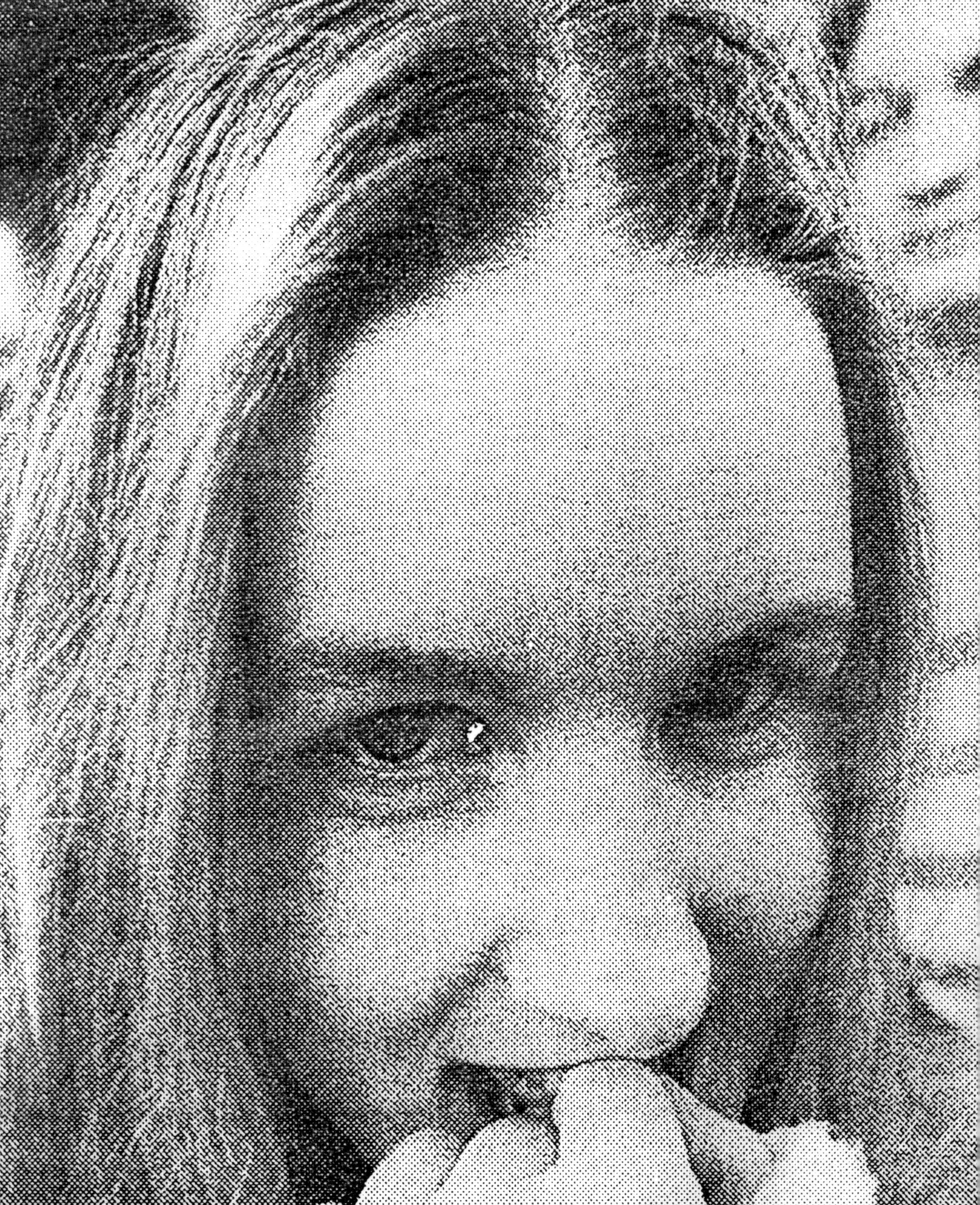

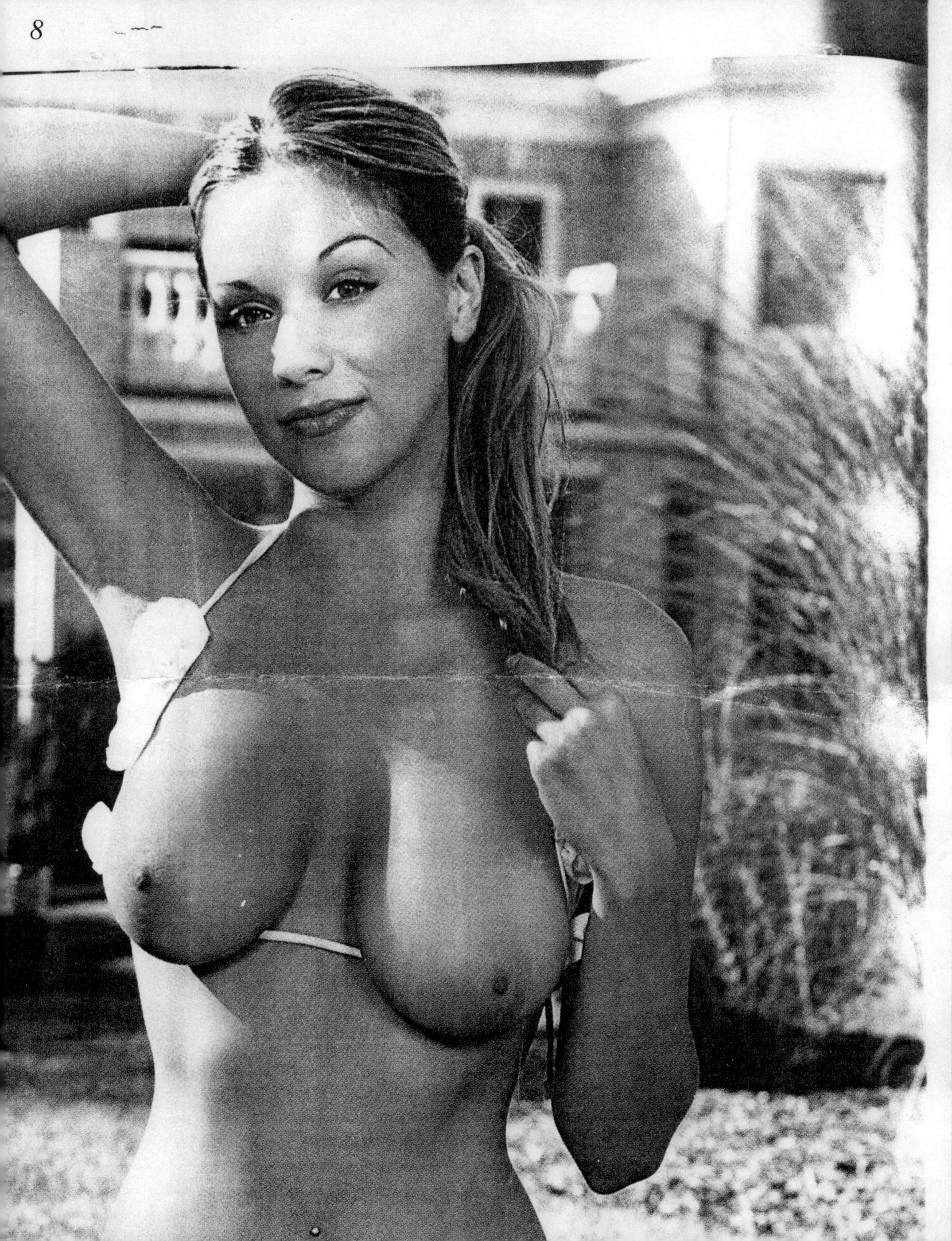

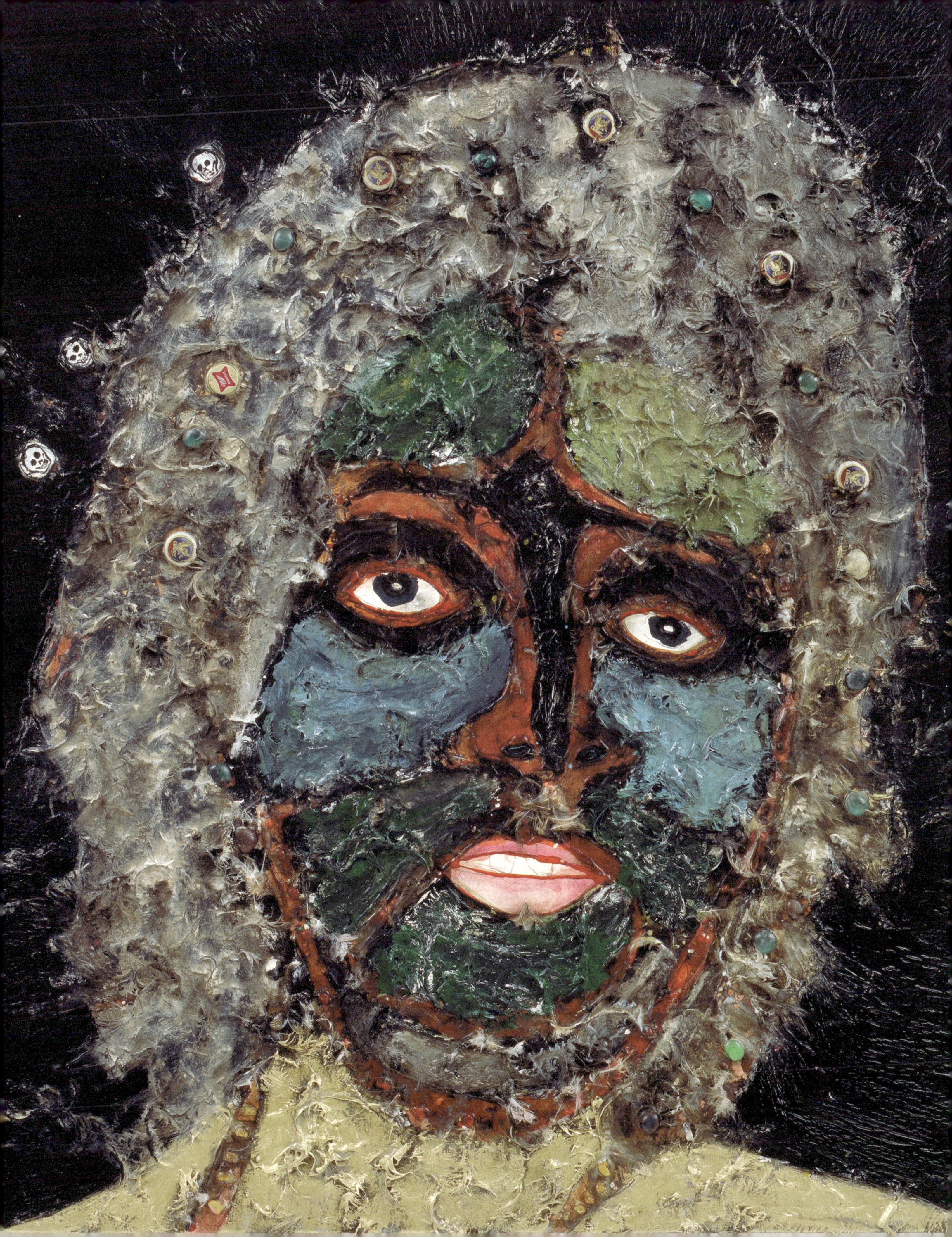

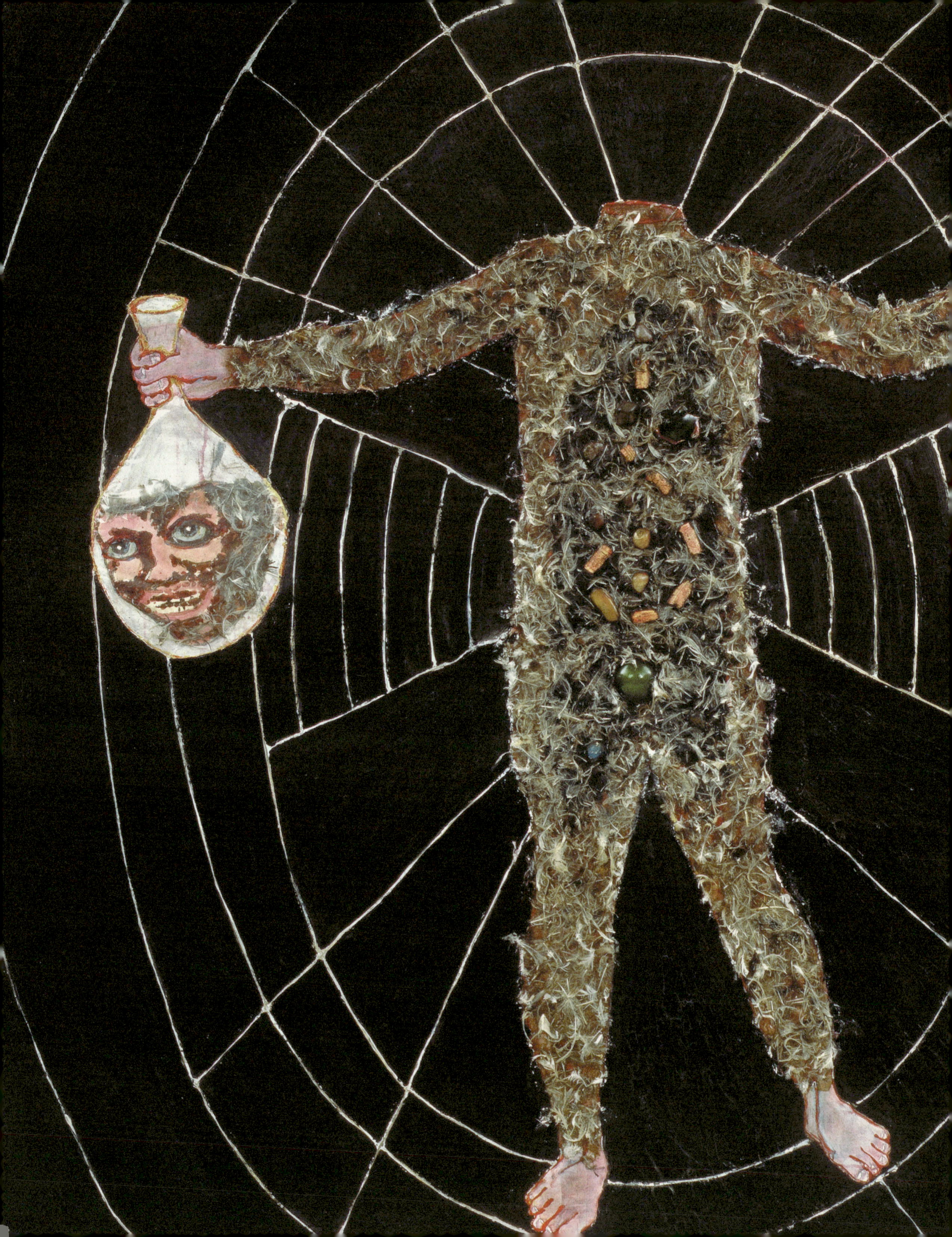

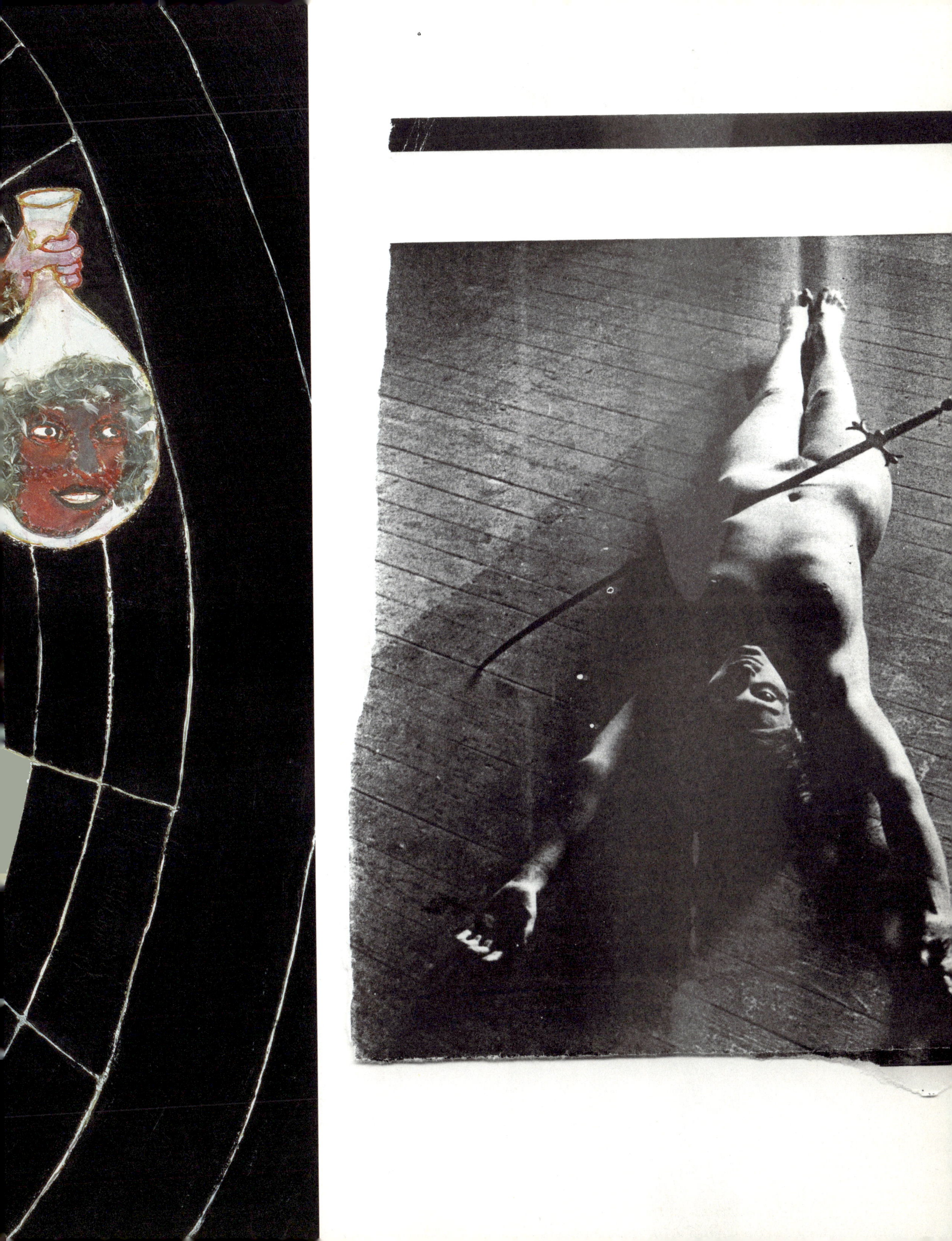

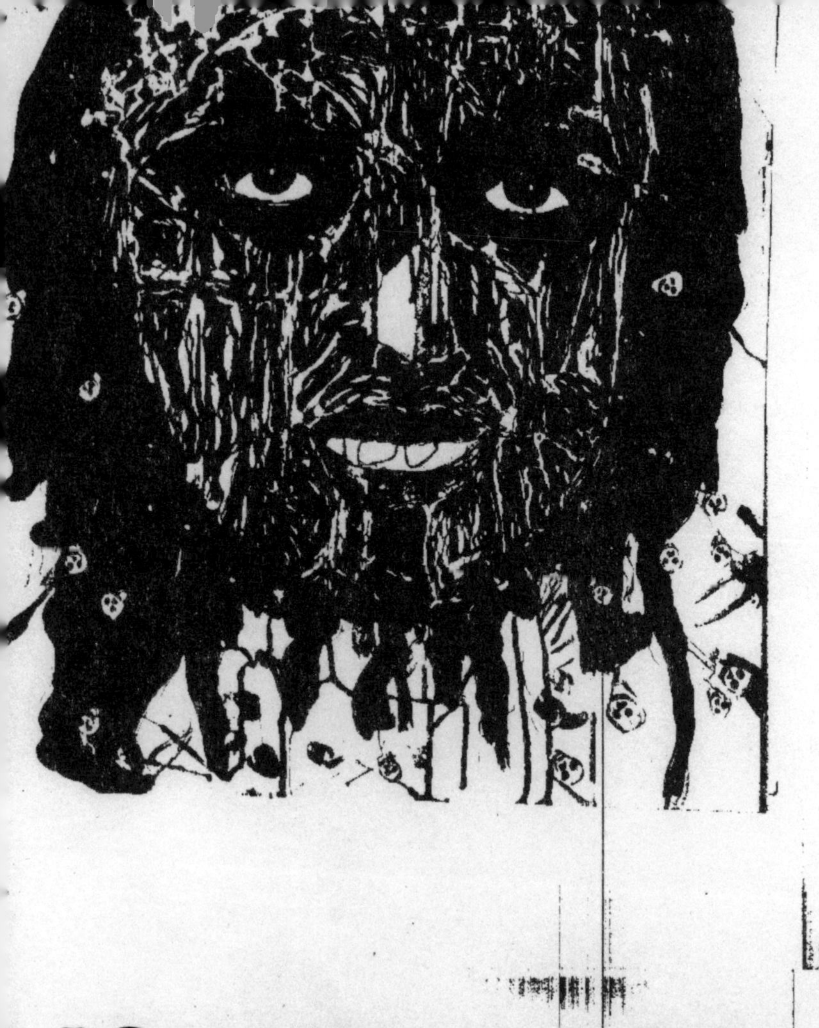

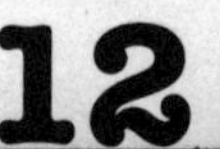

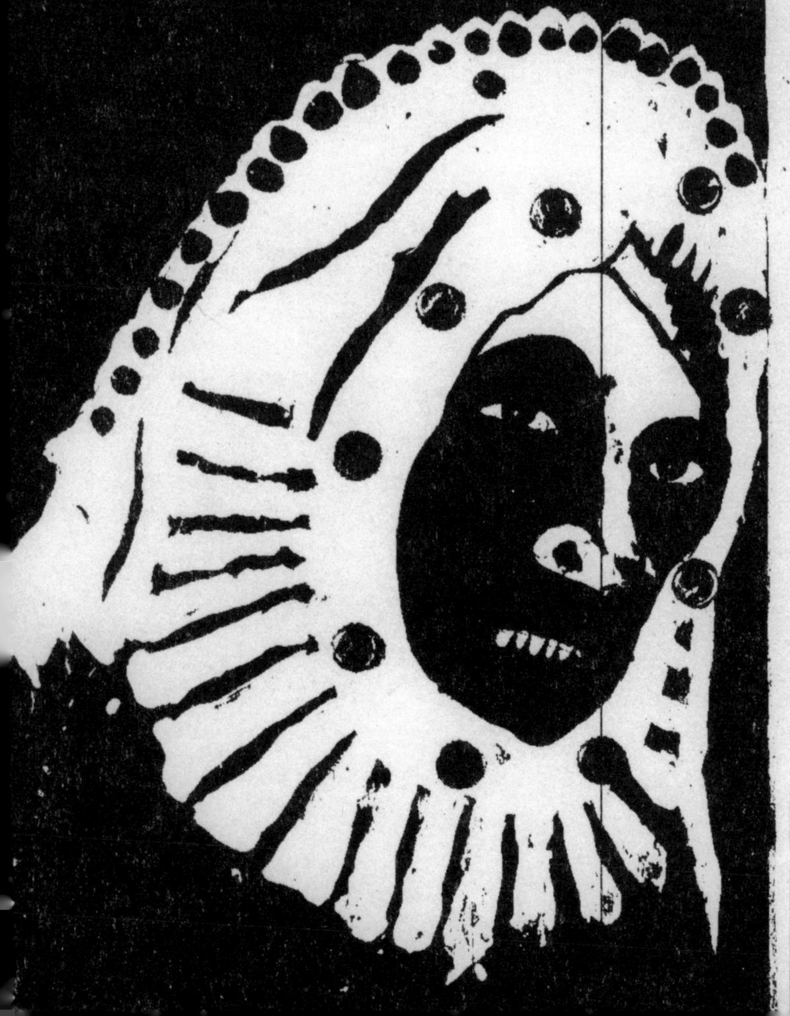

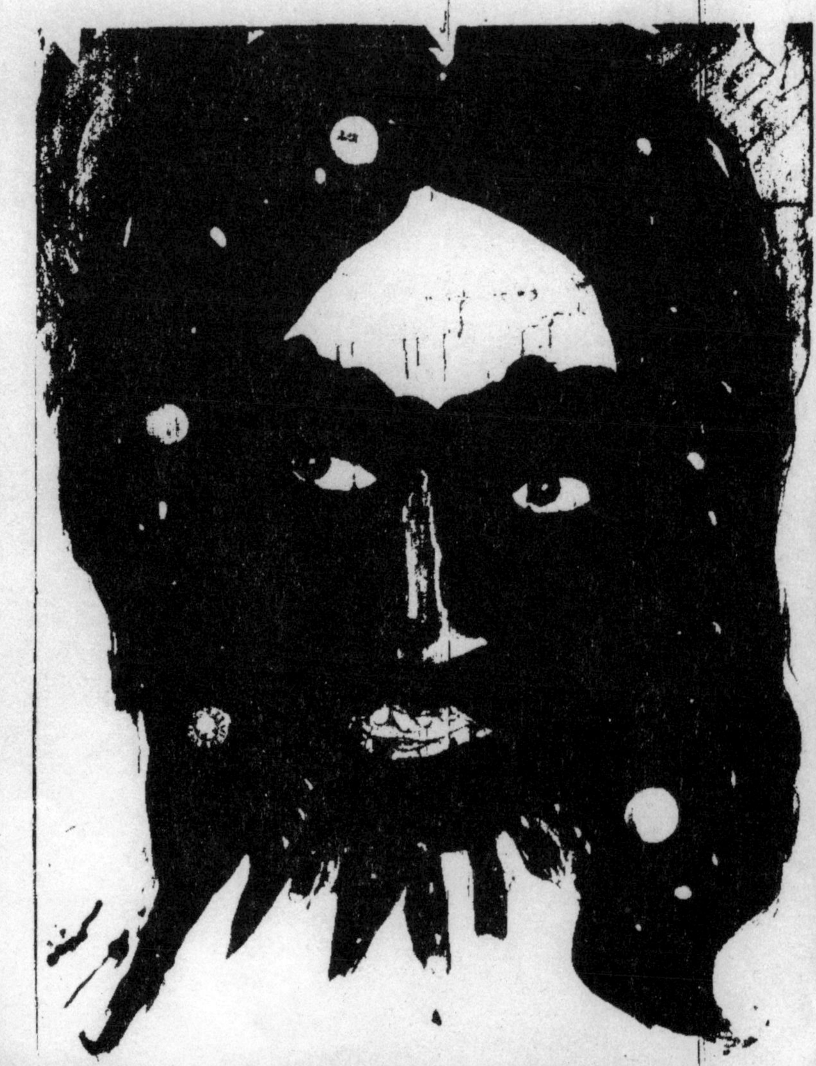

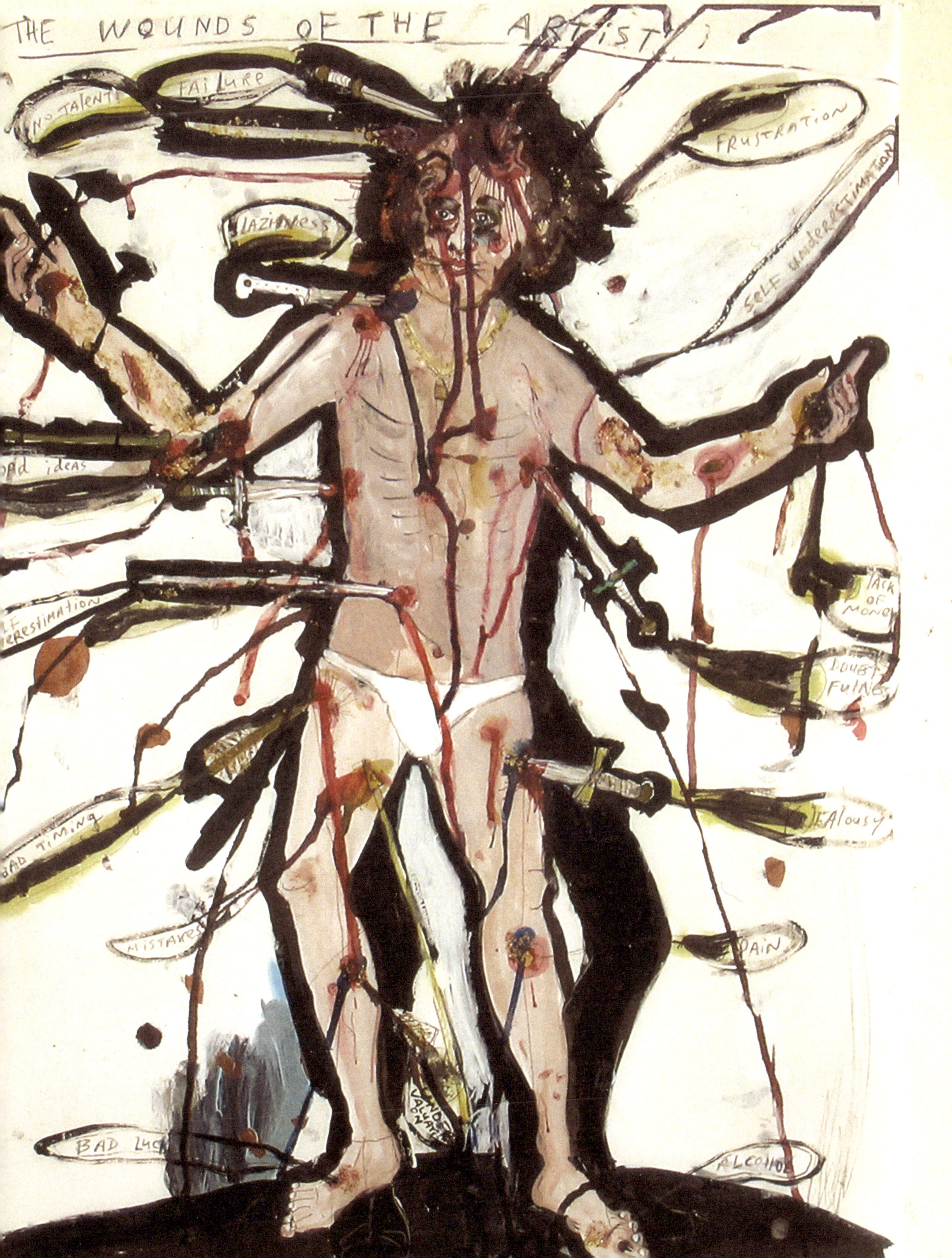

THE WOUNDS OF THE ARTIST:
NO TALENT!
FAILURE
FRUSTRATION
LAZINESS
SELF UNDERESTIMATION
BAD IDEAS
SELF OVERESTIMATION
LACK OF MONEY
DOUBTFULNES
BAD TIMING
JEALOUSY
MISTAKES
PAIN
BAD LUCK
ALCOHOL

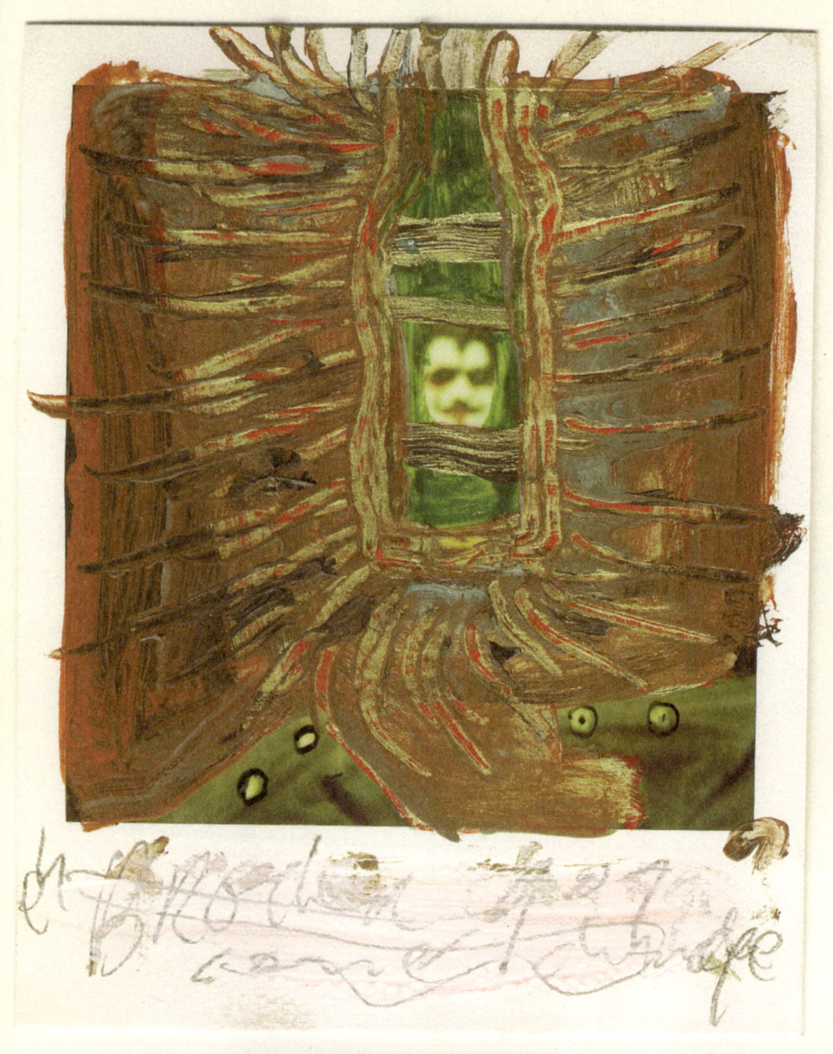

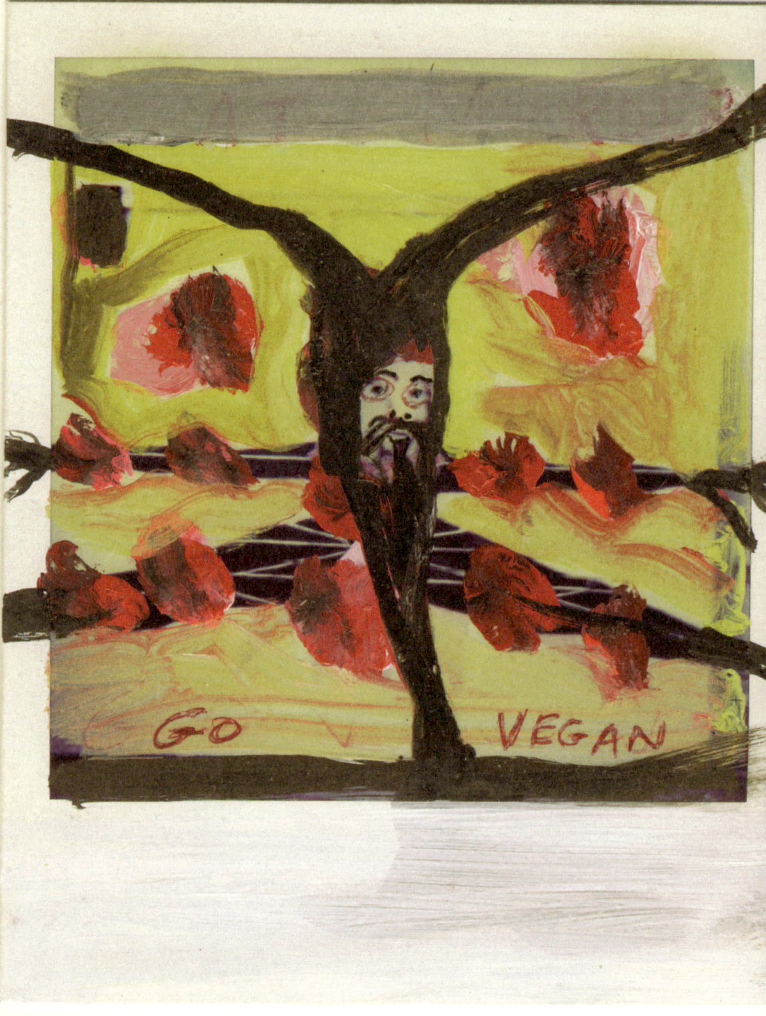
GO   VEGAN

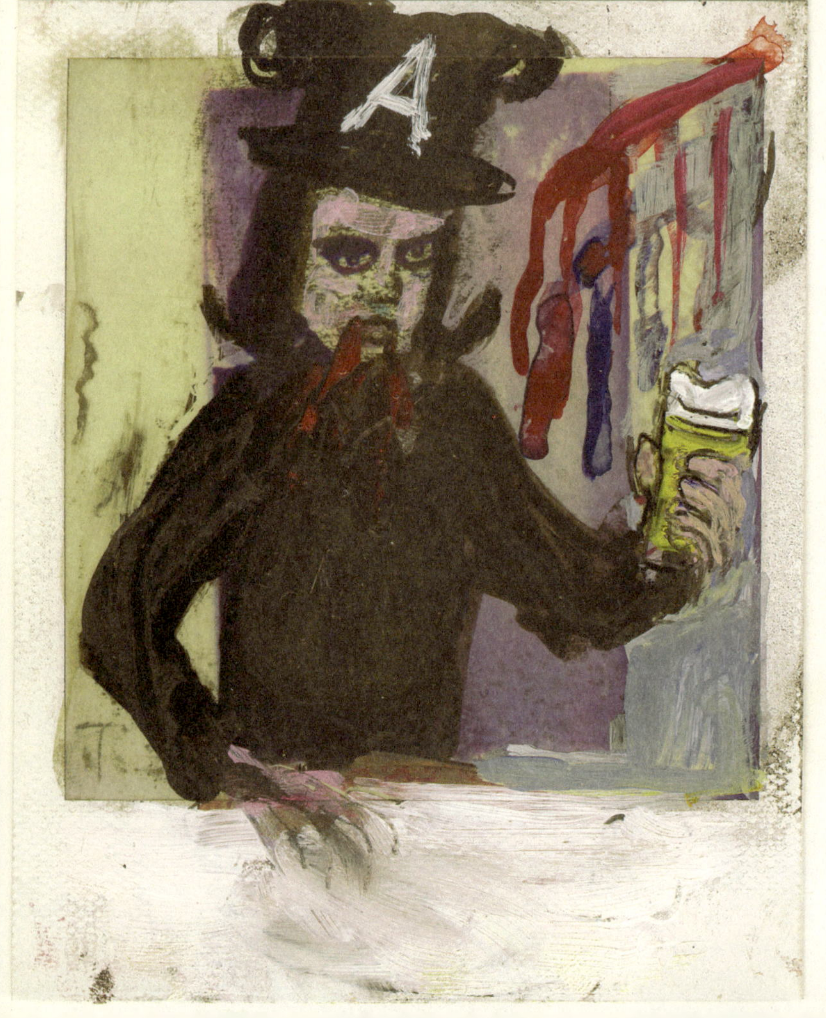
A

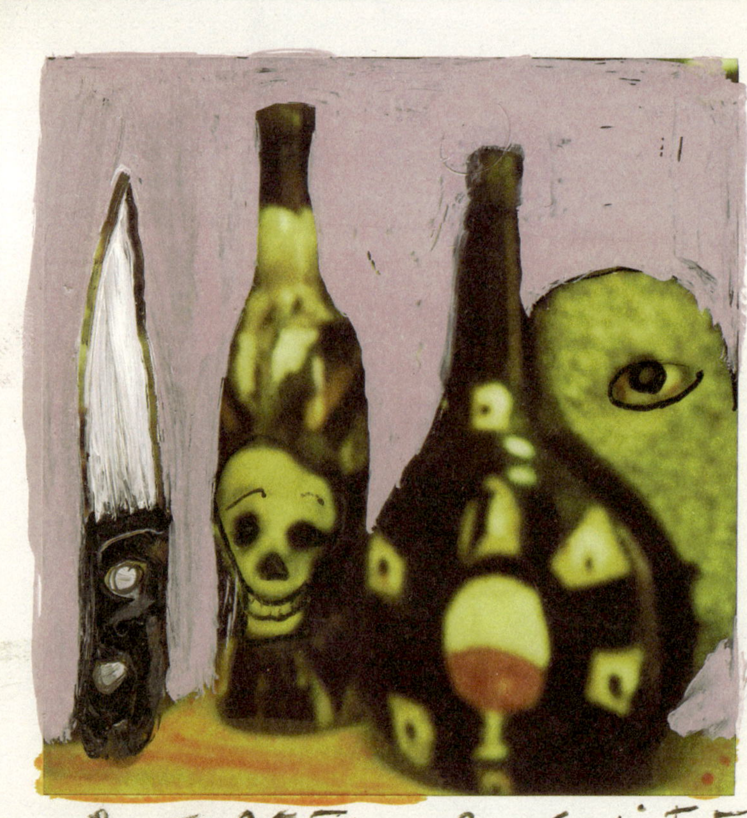
A FACE, A KNIFE
BOTTLES, WITHOUT
CORK

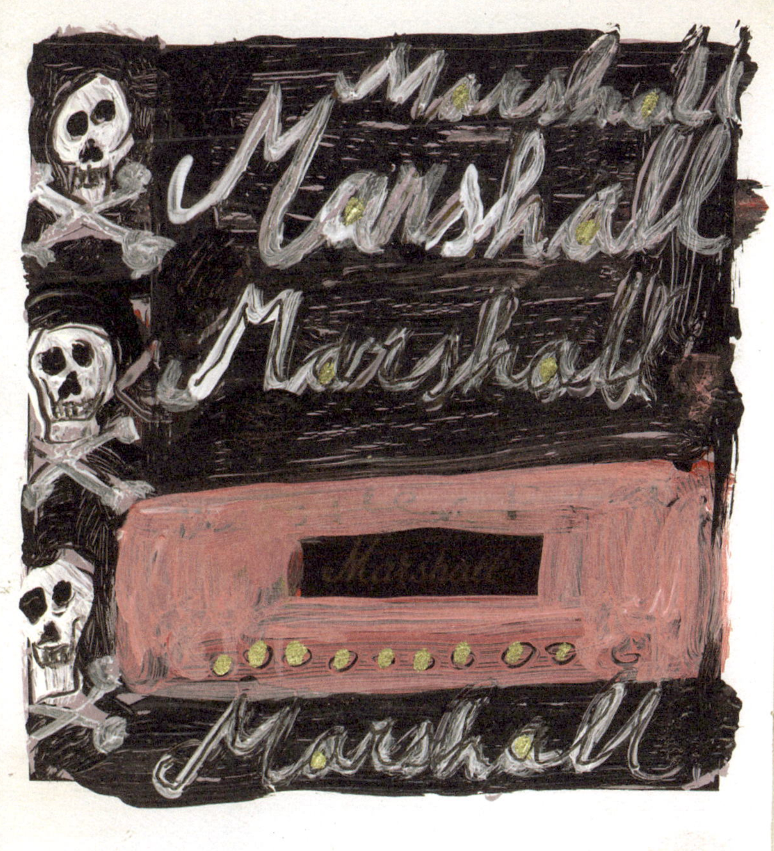

Marshall
Marshall
Marshall
Marshall
Marshall

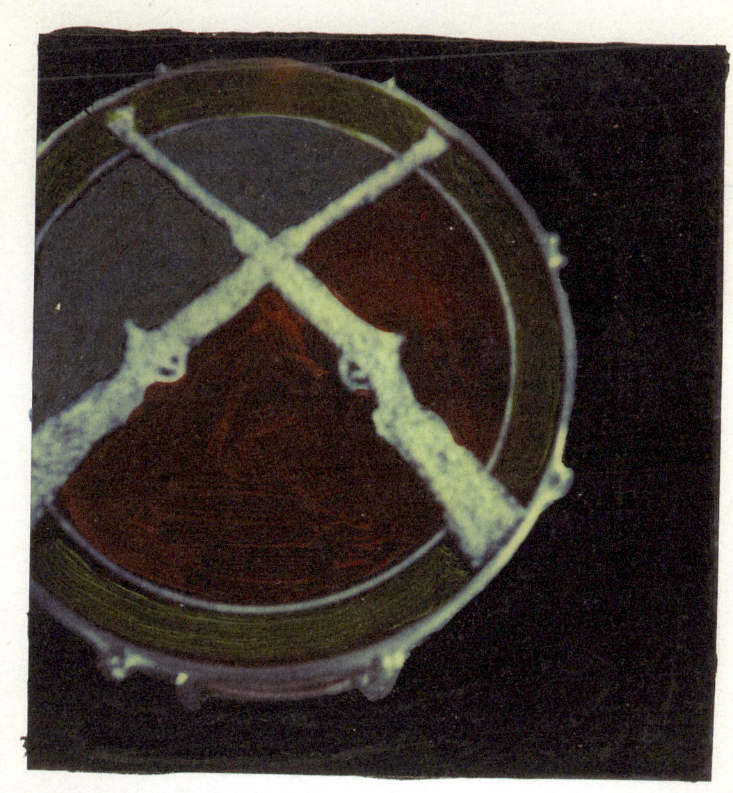

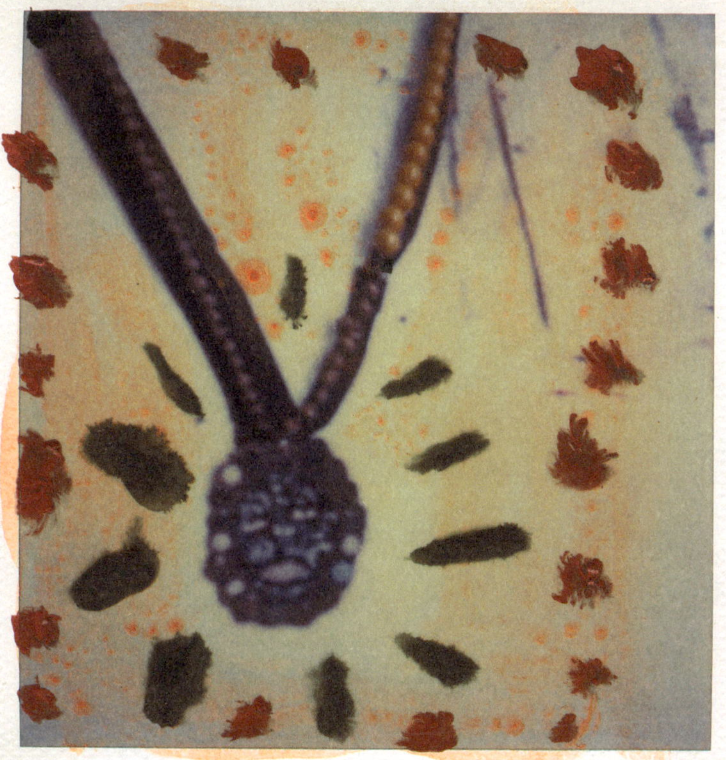

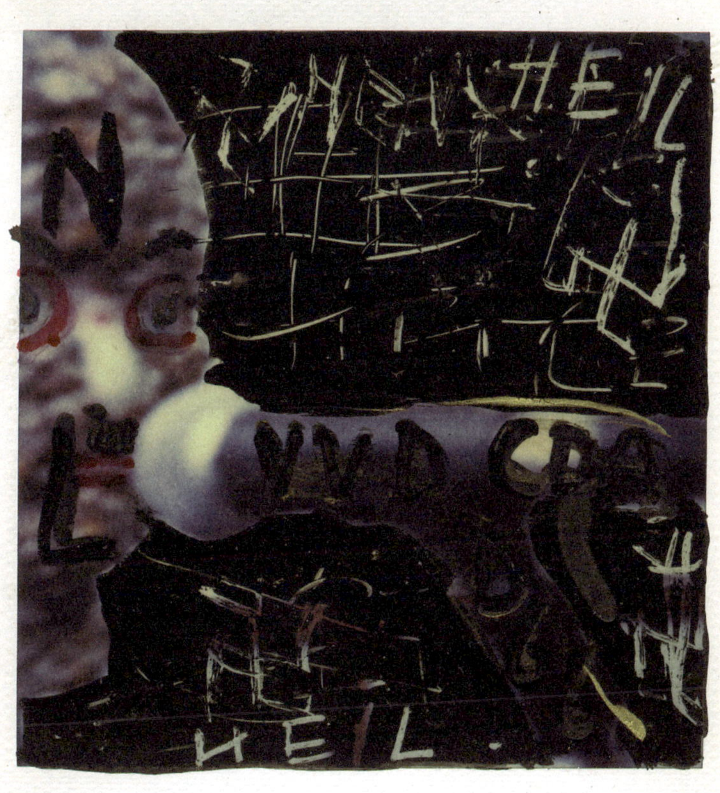

HEIL
HEIL
HEIL

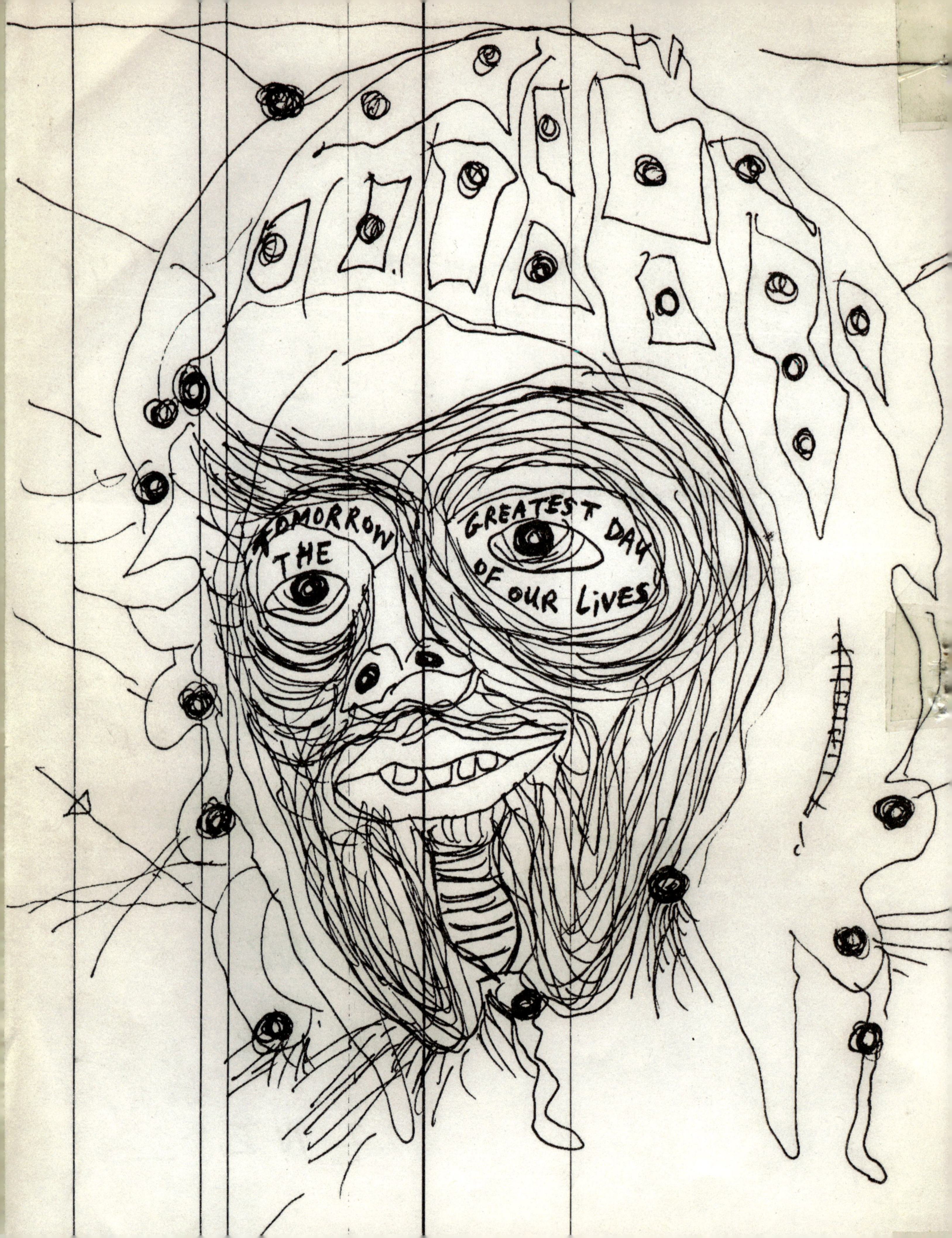
TOMORROW
THE
GREATEST DAY
OF OUR LIVES

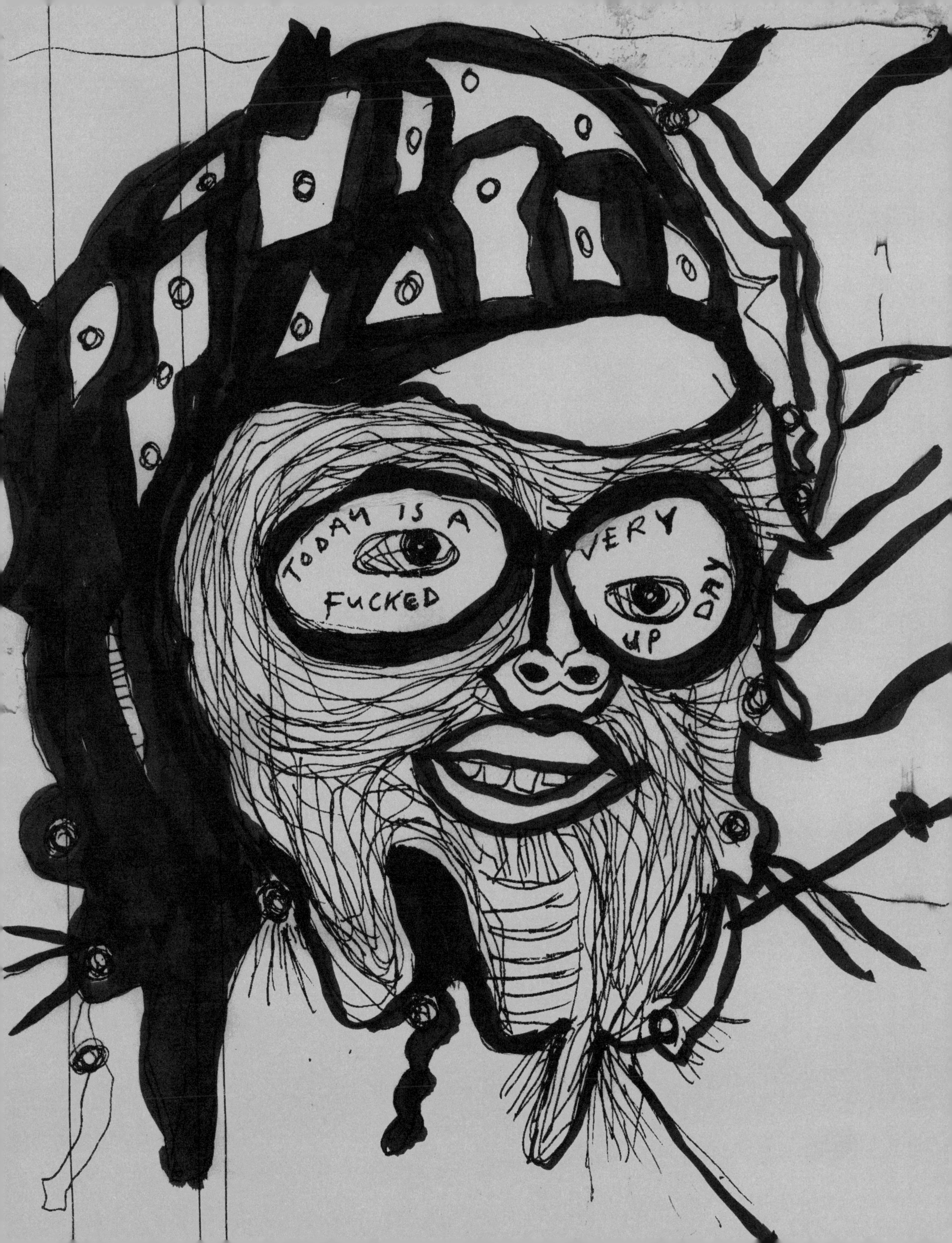

TODAY IS A
FUCKED
VERY
UP
DAY

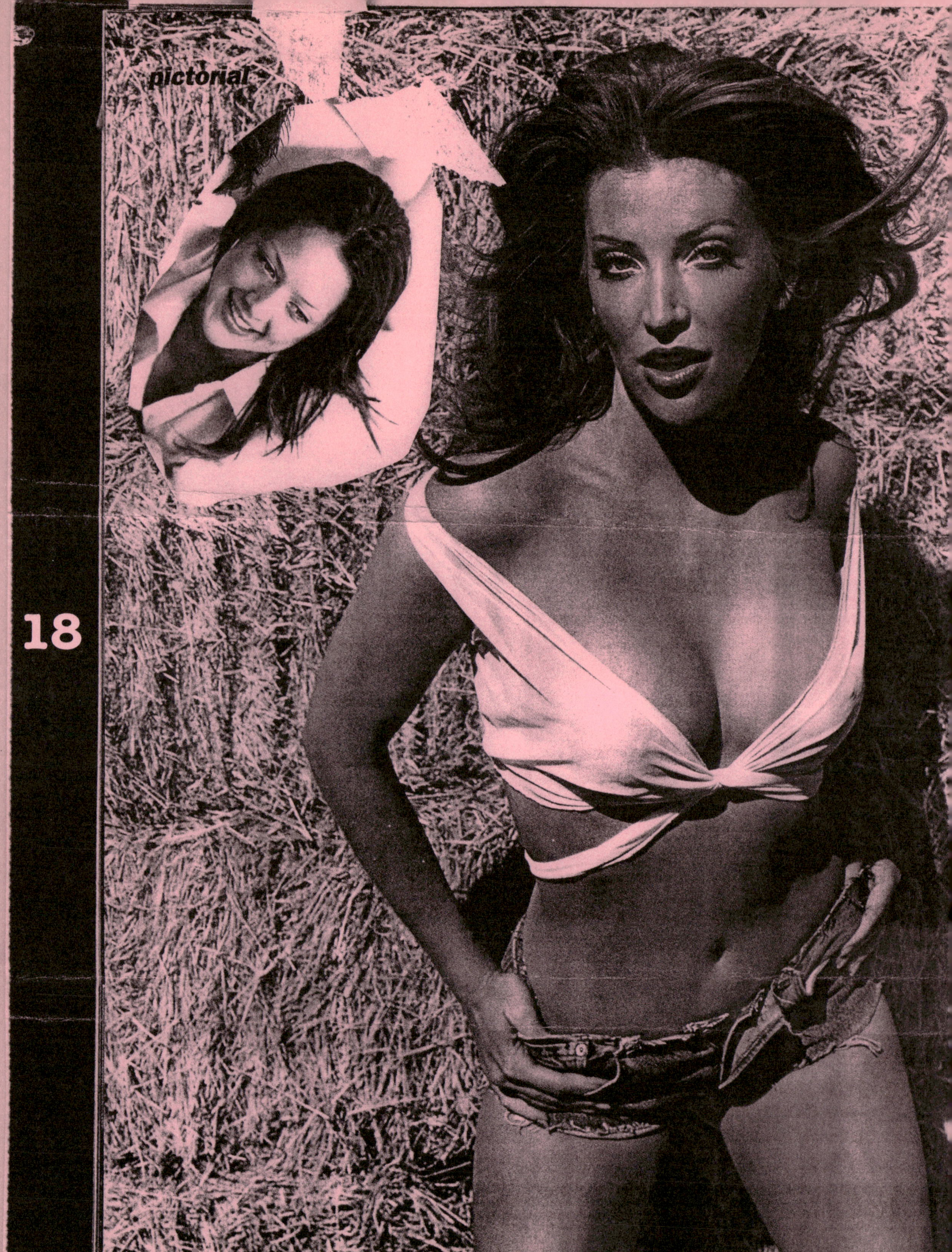
pictorial

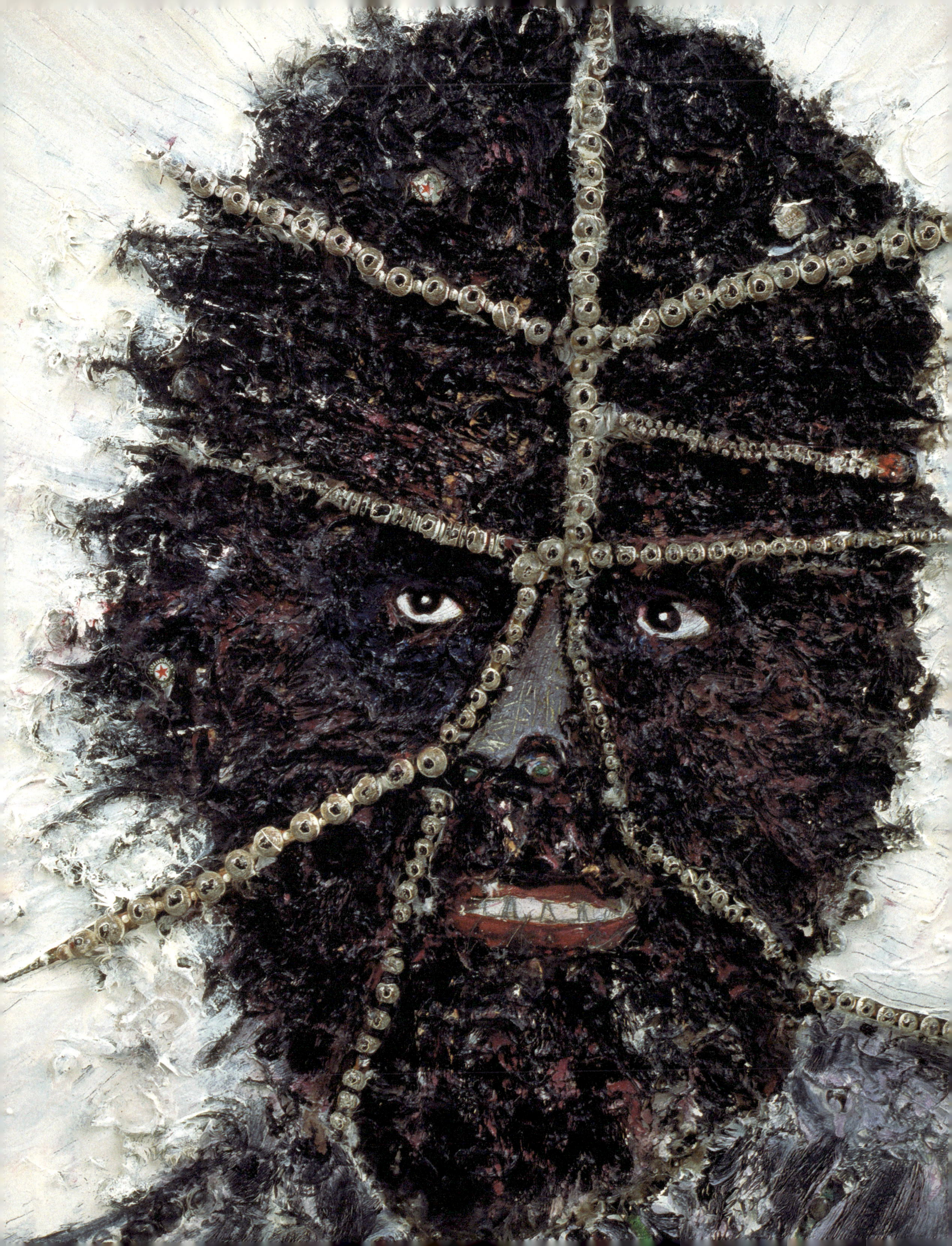

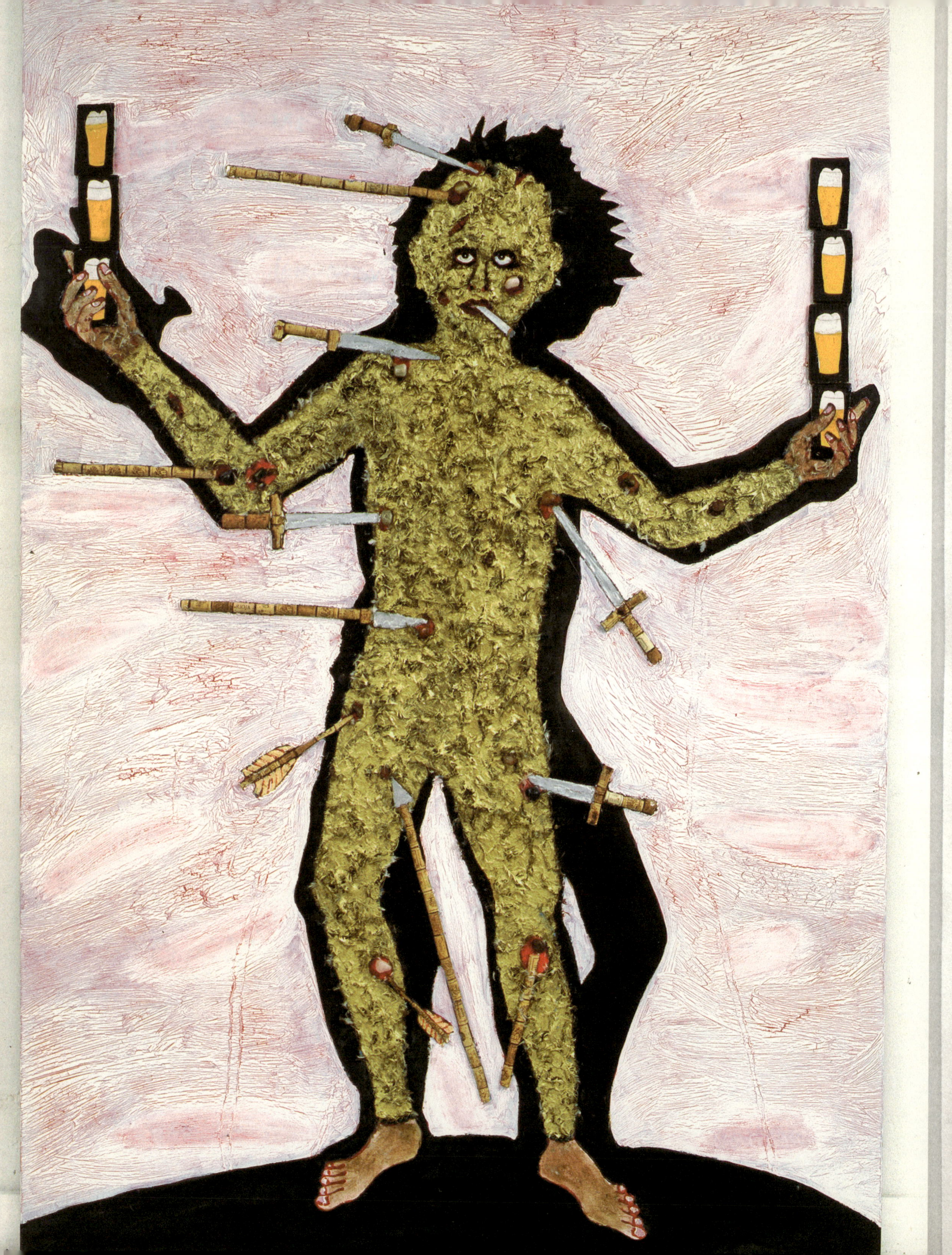

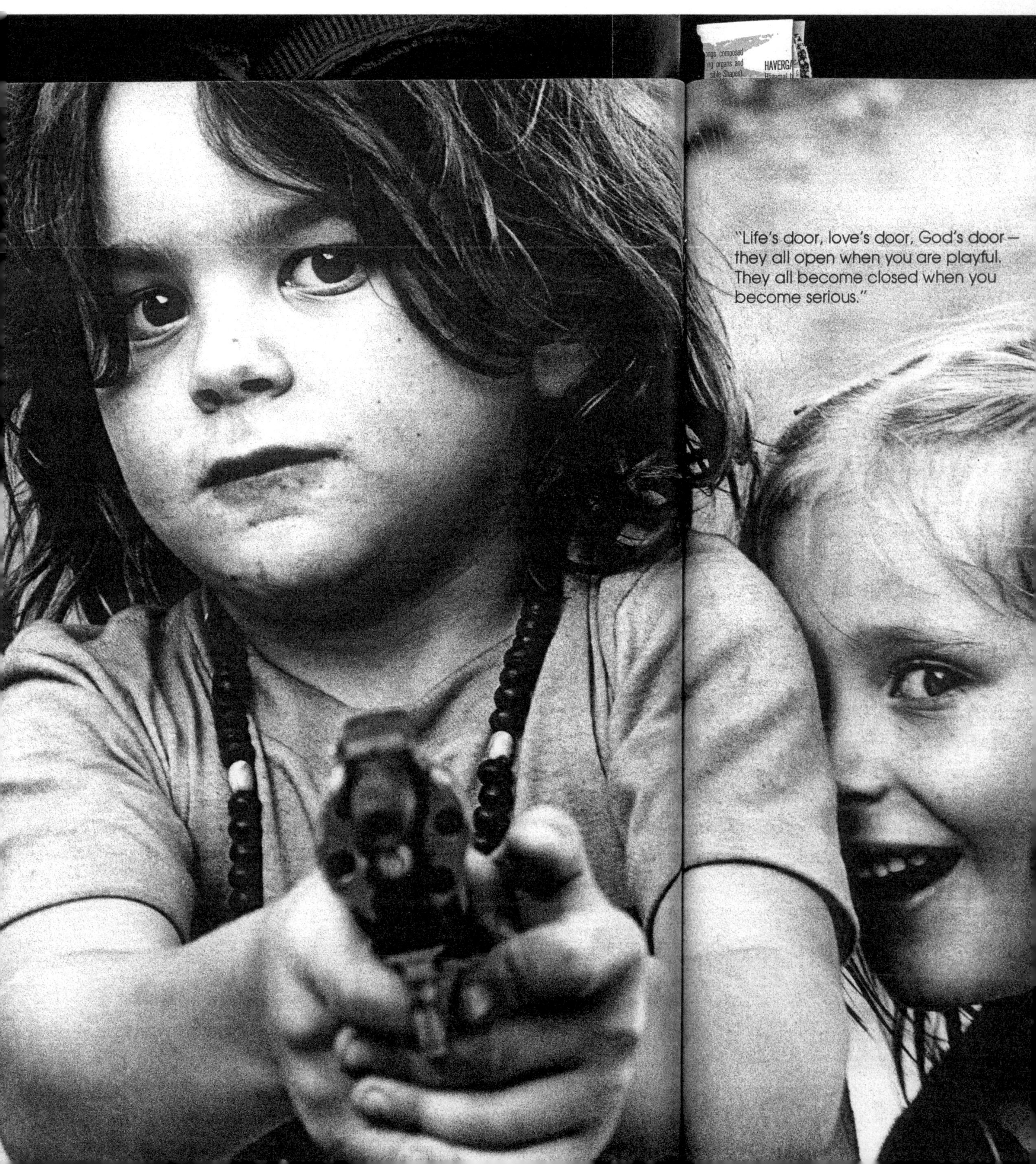
"Life's door, love's door, God's door—
they all open when you are playful.
They all become closed when you
become serious."

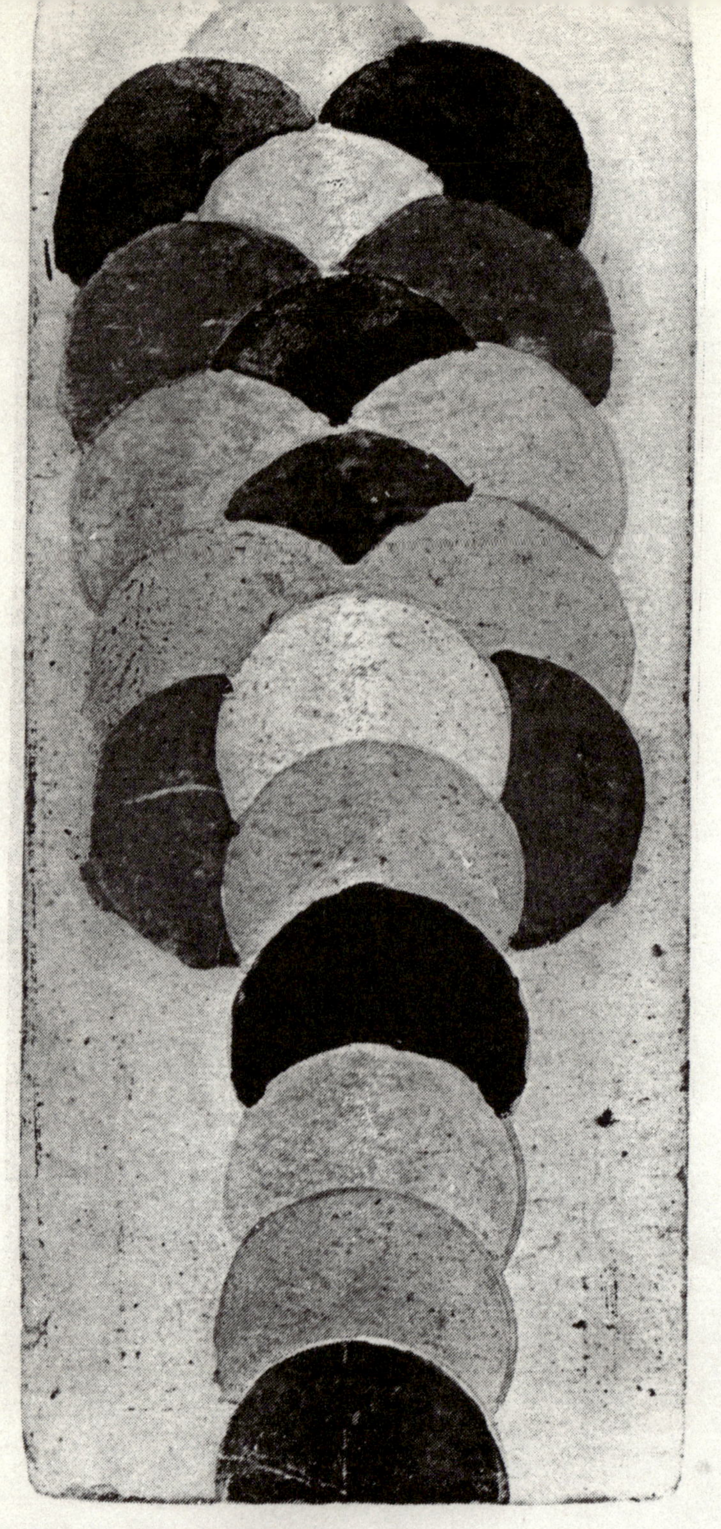

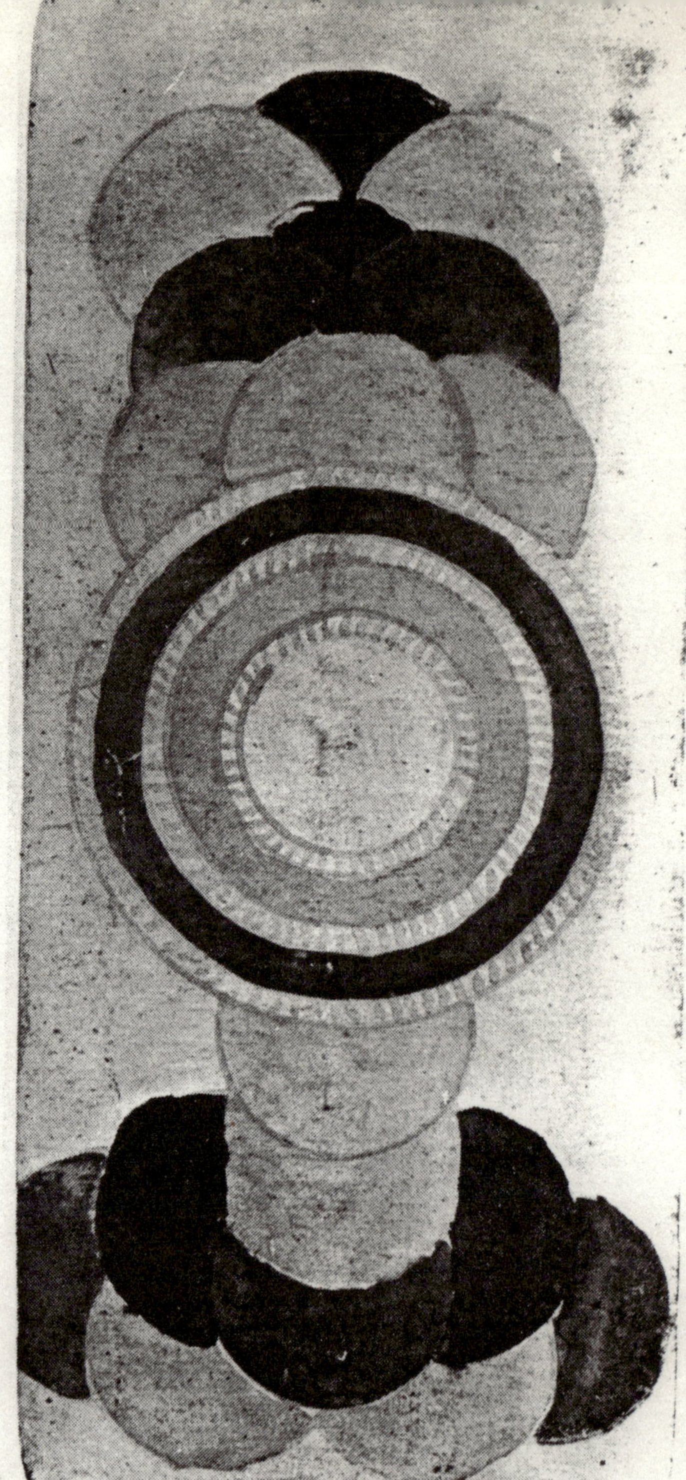

22

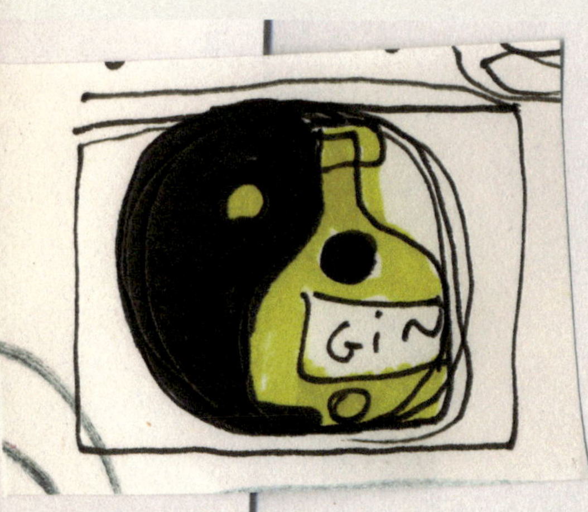

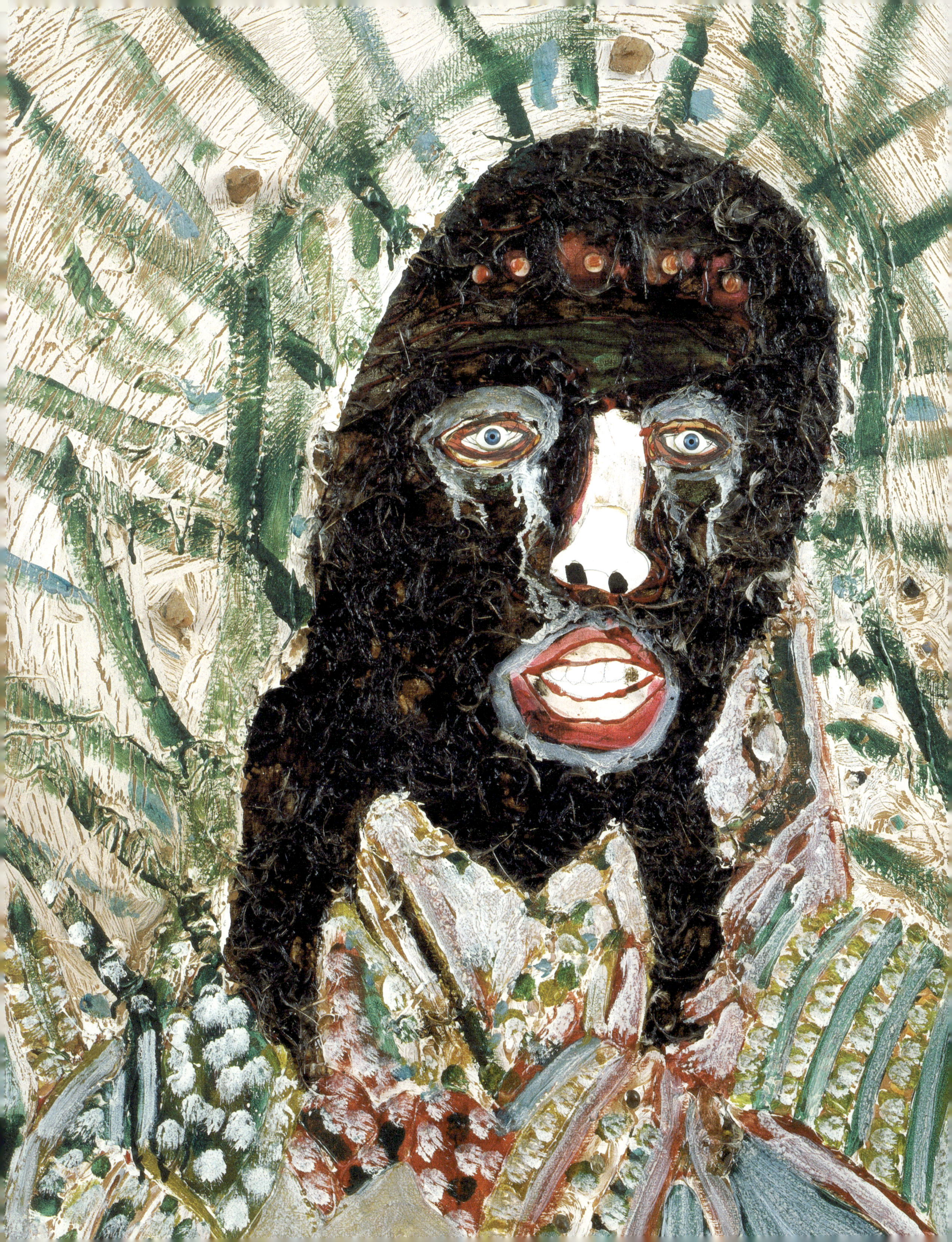

Beautiful Underdog

Dominic van den Boogerd

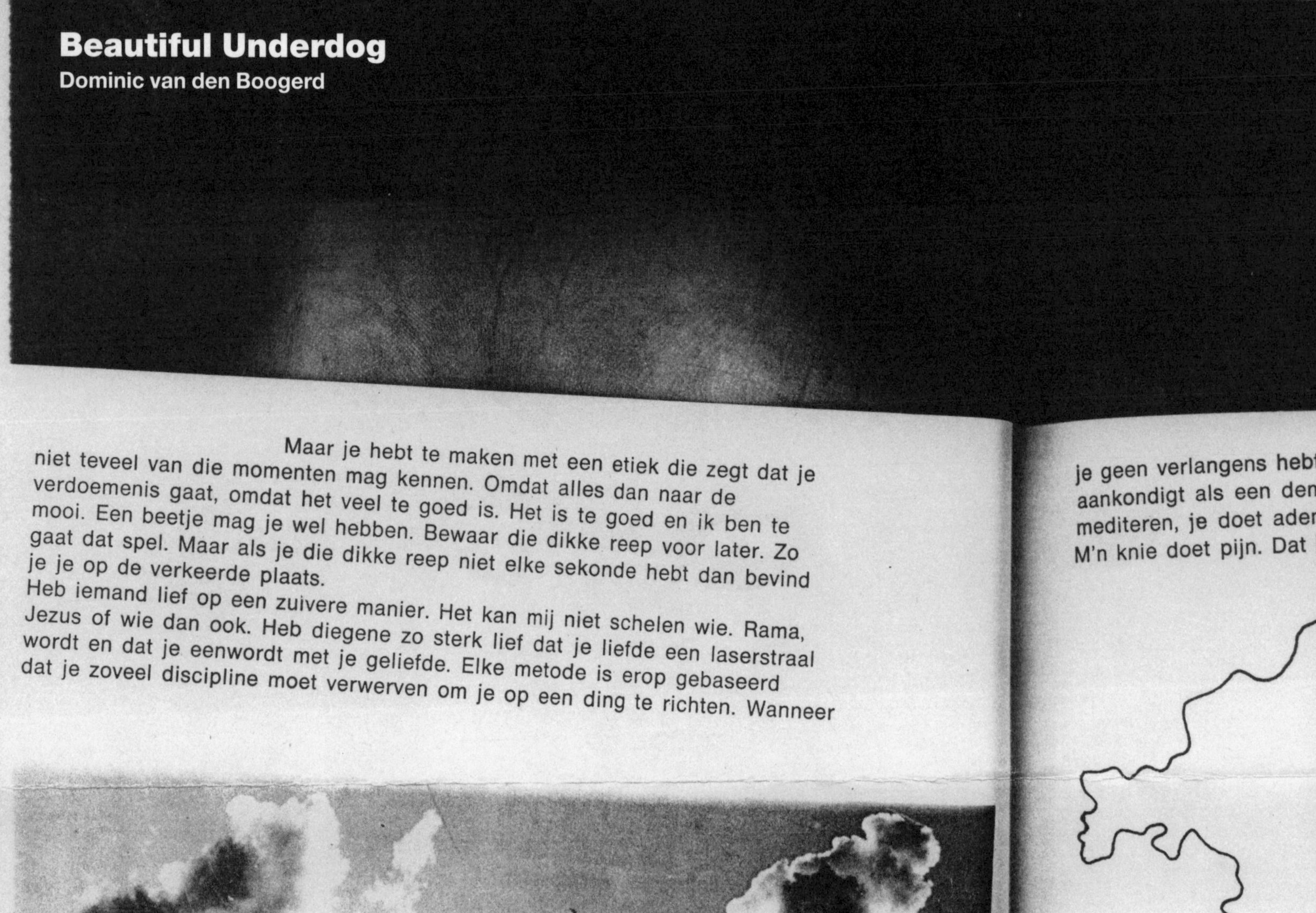

I

In 1908, the Sunday painter Henri Rousseau said to Picasso:
'We are the most important painters of the age – you in the
Egyptian style and I in the modern style.' This declaration
characterises the intuition of Rousseau, a customs officer
who decided to start painting at the age of forty-one.
He became well-known for his enchanting jungle scenes,
which were based on his young daughter's colouring book
and on his visits to the Jardin des Plantes. He had no idea
about modern art (he kindly offered to complete Cézanne's
gouaches for him), but as a self-taught artist he enjoyed
the recognition of Brancusi, Gauguin and other leading
lights of the avant-garde. Picasso organised a banquet in
his honour; Apollinaire gave a speech at his funeral. For
most of his contemporaries, however, Henri Rousseau
remained an amateur.

Rik Meijers is an artist who, just like the avant-garde of
old, has embraced naïve painting. Both the subjects and
the style of his work testify to his sensitivity to visual ex-
pressions of creativity that fall outside of the domain of
the visual arts. If art is the expression of the cultivated
classes, then folk art or 'outsider art' reflects the life of the
common man. It resists trends and fashions and is rooted
in the traditions of crafts and trades that underlie such
diverse artefacts as embroidered samplers, decorated
cheeseboards and hand-painted garden gnomes, as well
as the ornamentation of Meissen porcelain and Swarovski
crystal. But tattoos, graffiti and the painted jackets of bik-
ers are also examples of the visual expression of laypeople
and enthusiasts. This visual culture of hobbyists is reflected
in the paintings of Rik Meijers.

The title of the exhibition 'Don't do that anymore' (in Dutch,
'Doe dat niet meer') refers to the way that people always
lapse back into making the same old mistakes and are
prisoners of their own weaknesses and shortcomings.
This exhortation is a quote from Bubba Free John, an
obscure guru from the 1970s. A self-declared incarnation
of God on earth, Bubba Free John was the spiritual leader
of the Californian sect The Dawn Horse Communion.
He spread his teachings via 'Laughing Man Magazine',

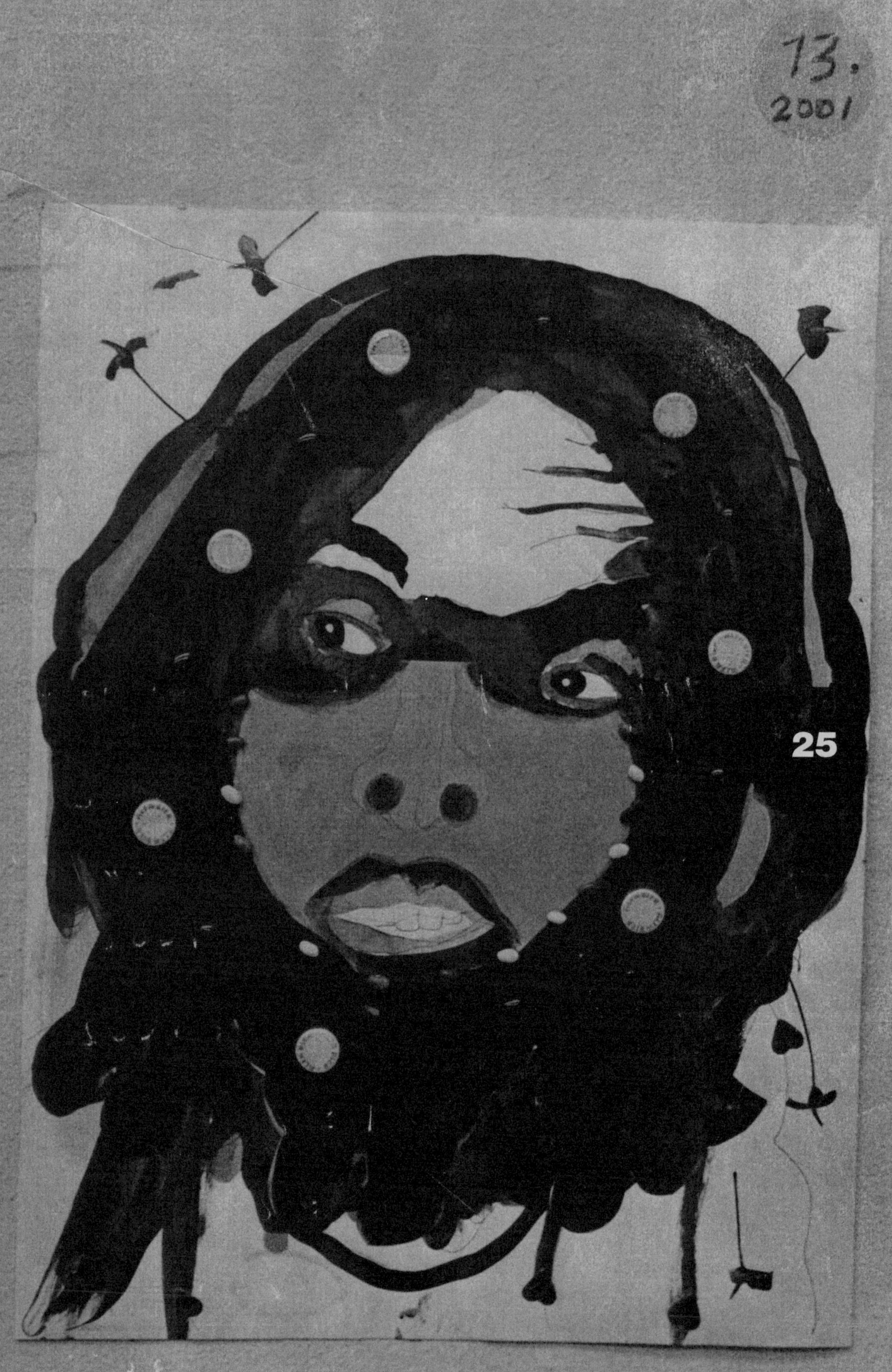

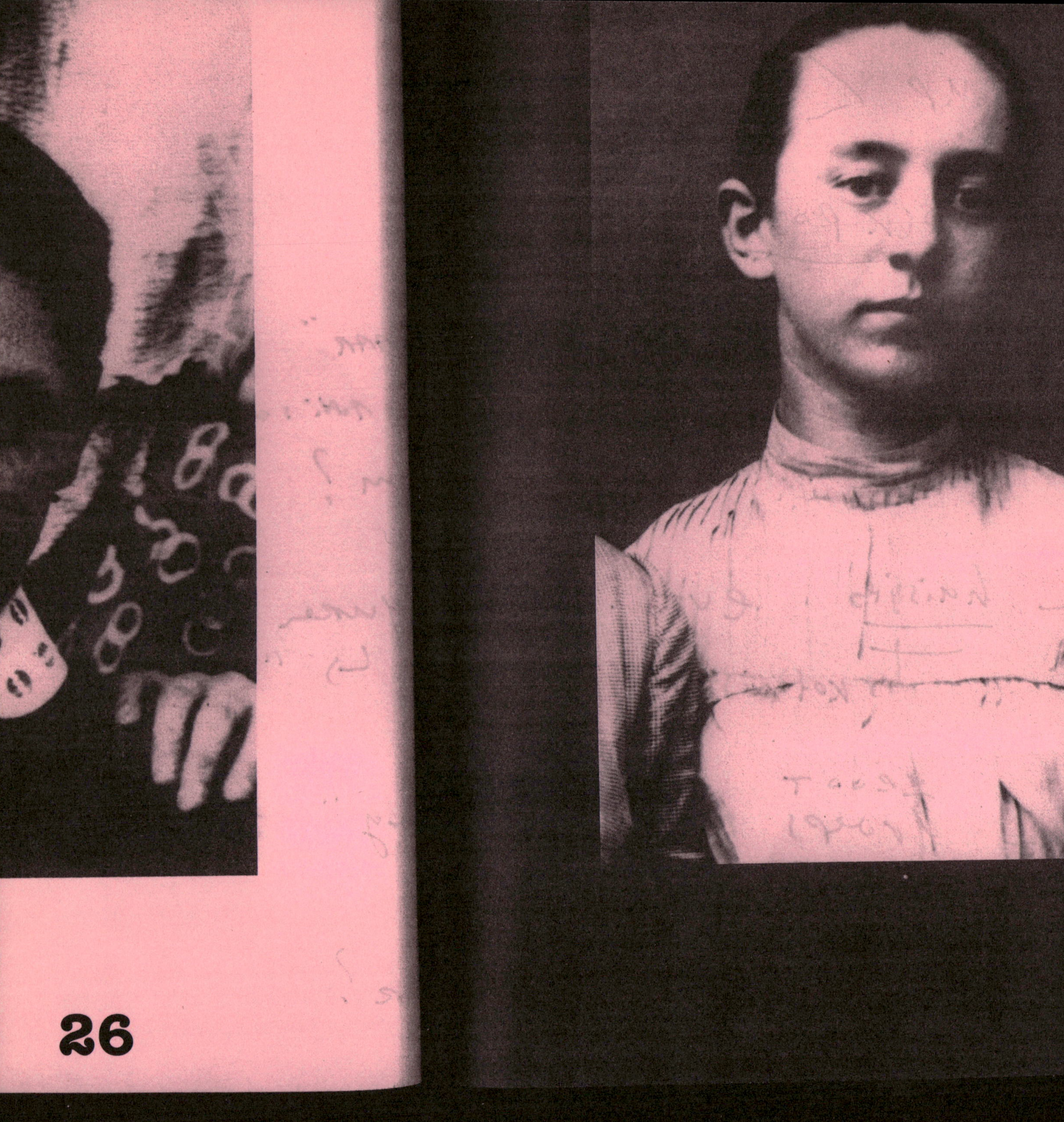

'Crazy Wisdom' and other publications and succeeded in bringing together over two thousand followers. Allegations of financial misconduct and accusations that he had mentally and sexually abused his female followers prompted Bubba Free John to flee the United States.

It will come as no surprise to see Bubba Free John making a reappearance in the world of Rik Meijers (in his **Mystical Portraits**, Mystieke Portretten, 2000-2006). The fallen guru finds himself in the company of drunkards and glue-sniffers, of young people who have gone off the rails and parents who are at the end of their tethers. They all are wandering souls, wanting to escape from their failed lives and attempting to flee from isolation, in search of redemption and enlightenment. In **SG** (2006), two figures of indeterminate age sit back to back, sniffing glue. The depiction is a reworking of the Kappa logo, with junkies taking the place of athletes. In **Couple I** (2006), we recognise the legless couple weaving about the streets at night, beer glass in hand, cigarette dangling from the corner of the mouth,

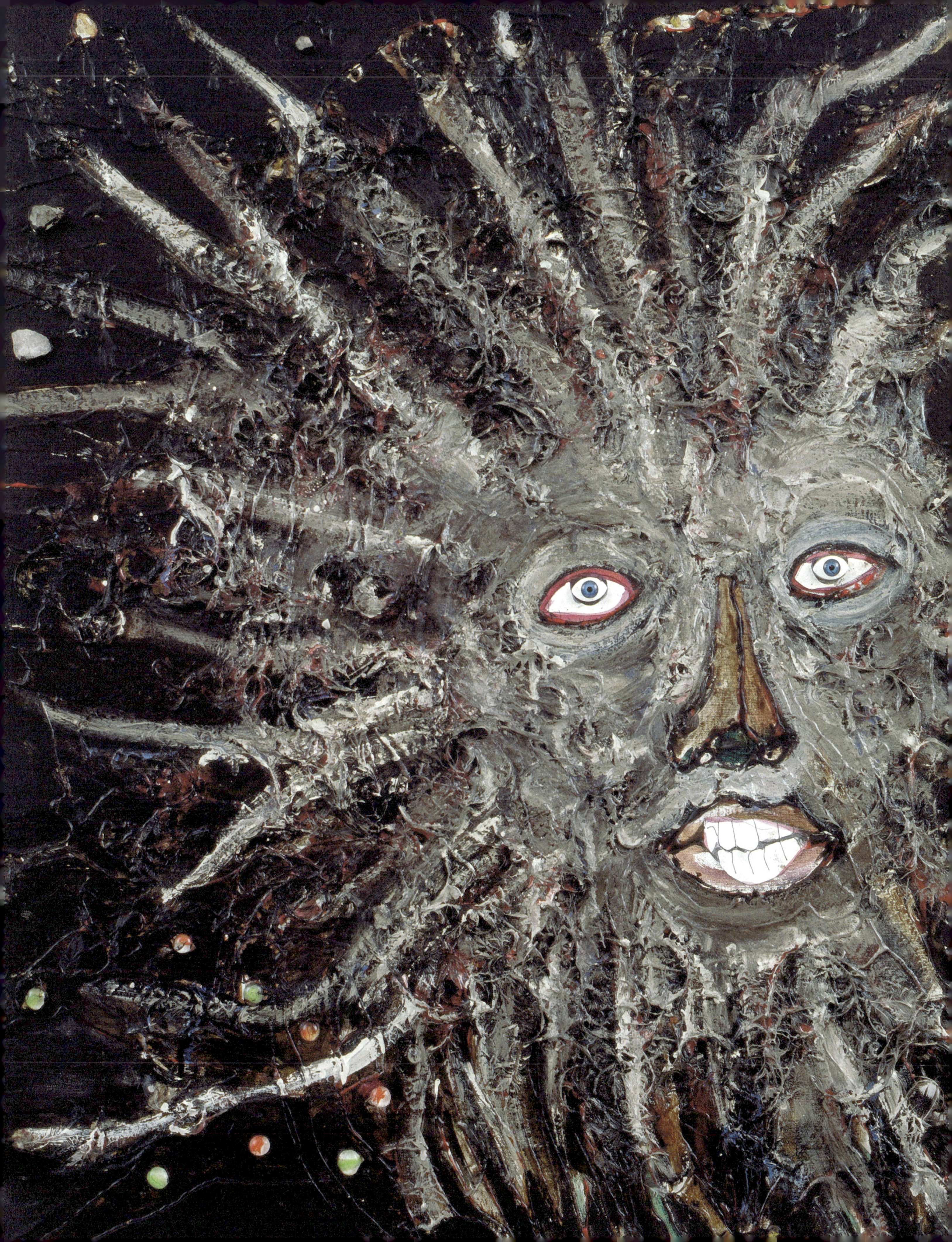

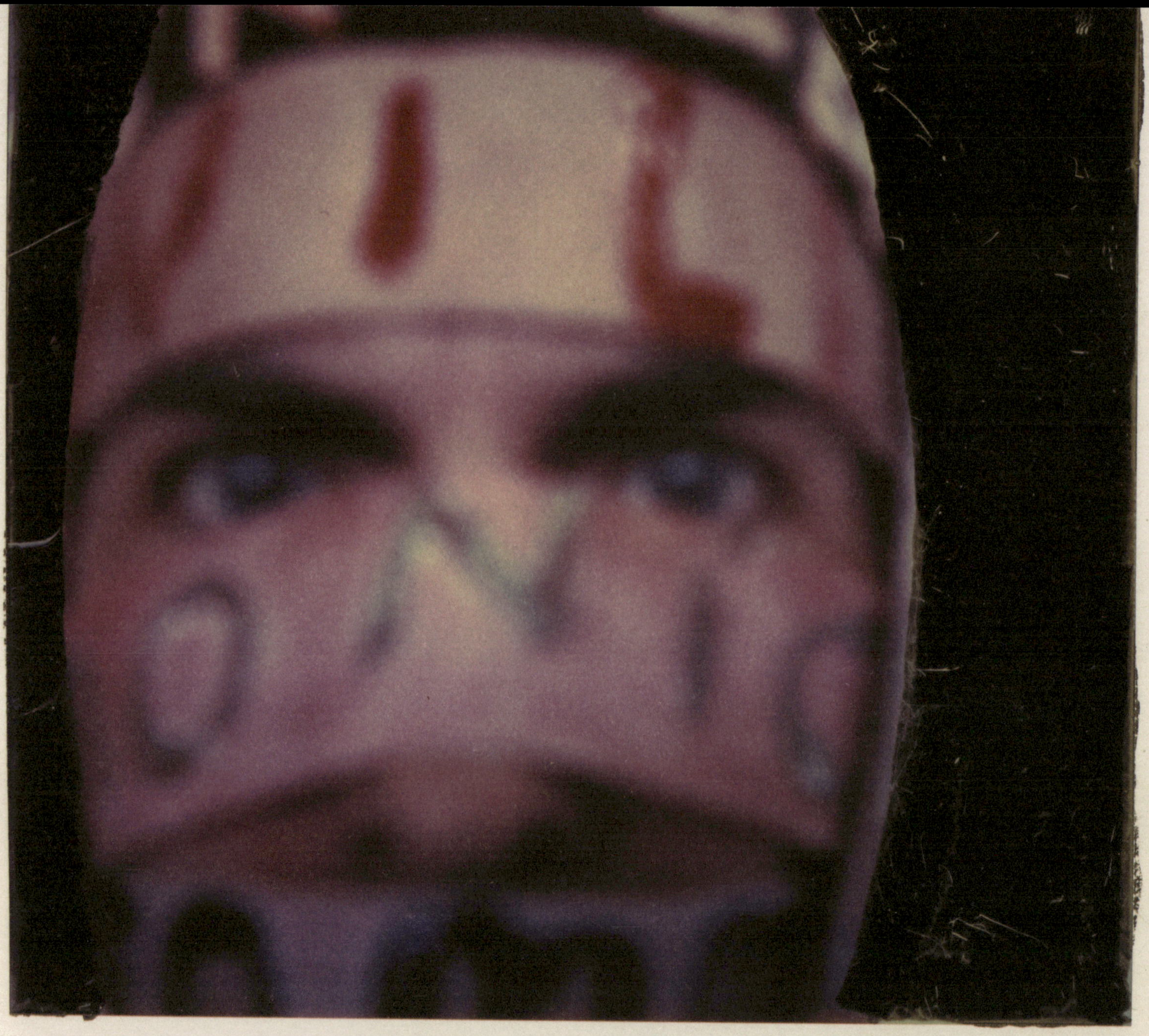

the man's hand in the woman's back pocket. **Trio** (2005) features three gold-coloured youths with black make-up around their eyes and identical headbands. The painting is based on a photo of 'problem youths' in a home who have decorated their room with guns. They look wild, and yet somehow dopey at the same time. It is impossible to determine where these rootless figures belong. **Green Man** (Groene Man, 2006), for example, could be a gardener, a cartoon figure, a member of a gang of black youths, or a devotee of some sect or other. Young, old, white, black – whatever he may be, he is the embodiment of the ultimate outsider, all by himself in an infinite void. **Couple II** (2006), in which a golden dominatrix can be seen with a man on a chain who bears more resemblance to a skeleton, demon-strates that the escape into meditation, alcohol and sex offers no consolation. The cheap red plastic sandals of the dominatrix and the foolish smile of the slave make the scene appear tragicomic rather than kinky.

However absurd or humiliated they may sometimes be, most of Meijers' figures are able to retain the last scraps of their human dignity. The tone of the work is sometimes sardonic, but it nearly always evokes empathy with the 'loser', as though we subconsciously feel that we could share the same fate. Rik Meijers deliberately chooses to depict people who drift and float, the addicts and the for-tune-hunters. They appear centre-stage, larger than life, decorated with chicken feathers, like exiles from less

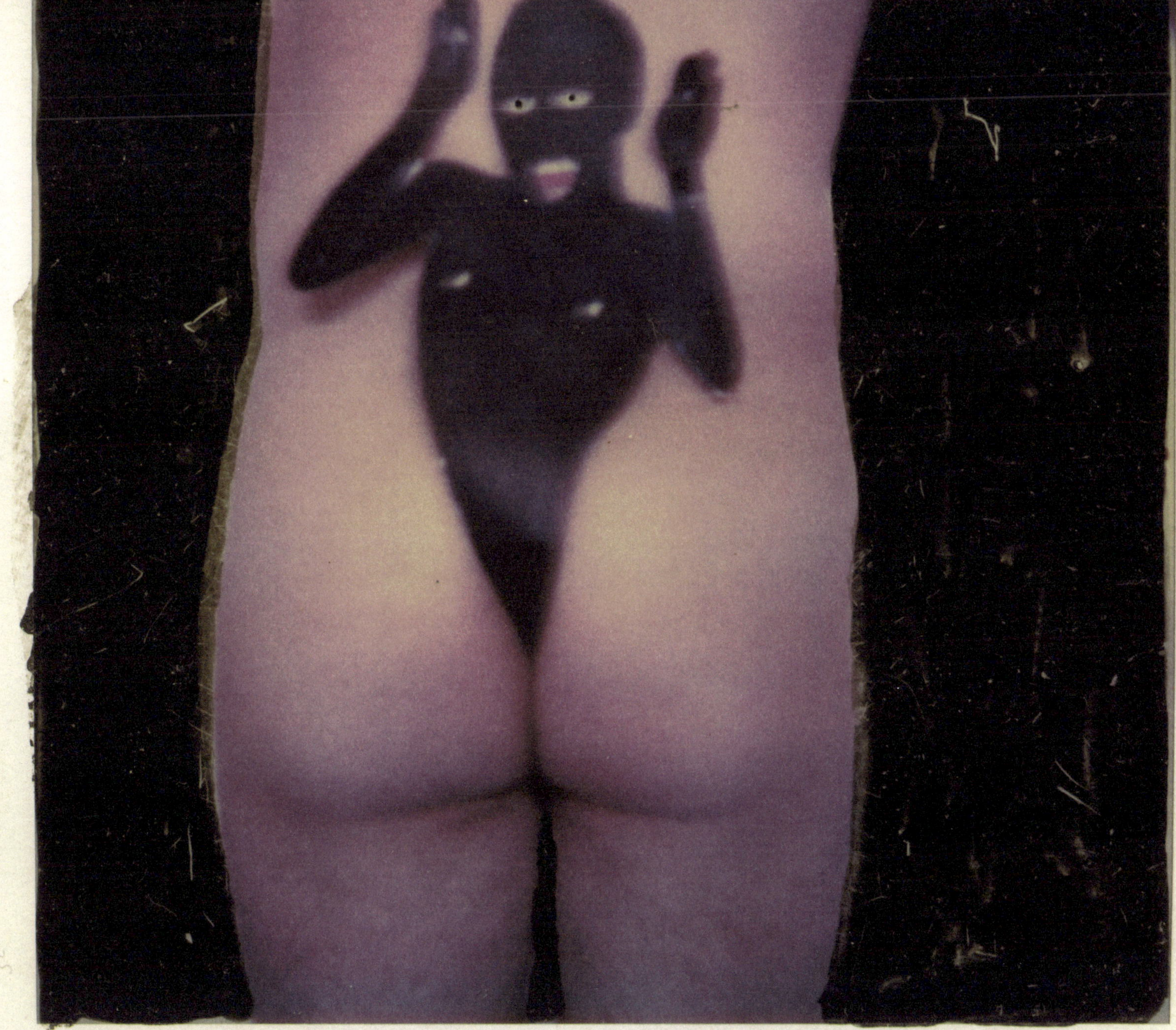

civilised times who have been tarred and feathered and then run out of town. Meijers' moral and political engagement centres upon his loyalty to the outcast. More so than the work of his contemporaries Marc Bijl or Folkert de Jong, these paintings give a face to those on the edges of society, an identity that releases them from anonymity. In a culture that is obsessed with success and perfection, Meijers calls for respect for failure and appreciation of mistakes, whilst depicting the aggression of power in angst-ridden visions such as **You have to know where you need to be in order to receive** (Je moet weten waar je moet zijn om te ontvangen, 2004, Het Domein collection, Sittard), a painting that brings to mind the decapitations in Iraq.

II

The figures are presented as flat, isolated shapes against a monochrome background, as in a mosaic, an icon, or an emblem, thereby revealing something of the artist's former passion for the graphic design of logos. Many of the paintings result from failure, says the artist, and have their origins in mistakes and errors. In the filing cabinets in his studio, he keeps pieces of painted linen that have been cut out from failed canvases. This is the store cupboard of Dr. Frankenstein, with a wide assortment of eyes, faces, hands, skulls – donor organs that can be replaced or relocated as desired. As more or less independent building blocks in the construction of the painting, they make a significant contribution to the rhythm of the composition.

A striking feature of his recent canvases has been the gold paint that should suggest luxury and affluence, but which fails miserably to do so. The metallic colour looks cheap and vulgar, has a dull lustre and blocks any suggestion of depth. A further technical imperfection results from the use of acrylics over enamel paint, which causes a chemical reaction that creates peculiar graphic patterns (**Love**, 2005). Often the paint is mixed with birdseed, gemstones, chicken feathers or other materials and in several works parts of the canvas are covered with beads, beer-bottle tops or corks. The application underlines the 'assemblage'-like character of the paintings. In this respect, Meijers' way of working is reminiscent of the patient, loving handi-work of people who create a banner for the village brass band (**Banners**, Vaandels, 2006) or decorations for the scout camp (**From the place that is the world**, Van de plaats die de wereld is, 2004, Bonnefantemuseum collection, Maastricht). The downy feathers, the sharp glass and the gleaming metal of the crown caps play a large part in determining the way the paintings feel, without our ever having to touch their surface. Their crude dinginess makes the paintings coarse and lumpish and is in stark contrast to the immaculate 'high finish' associated with aristocratic painting.

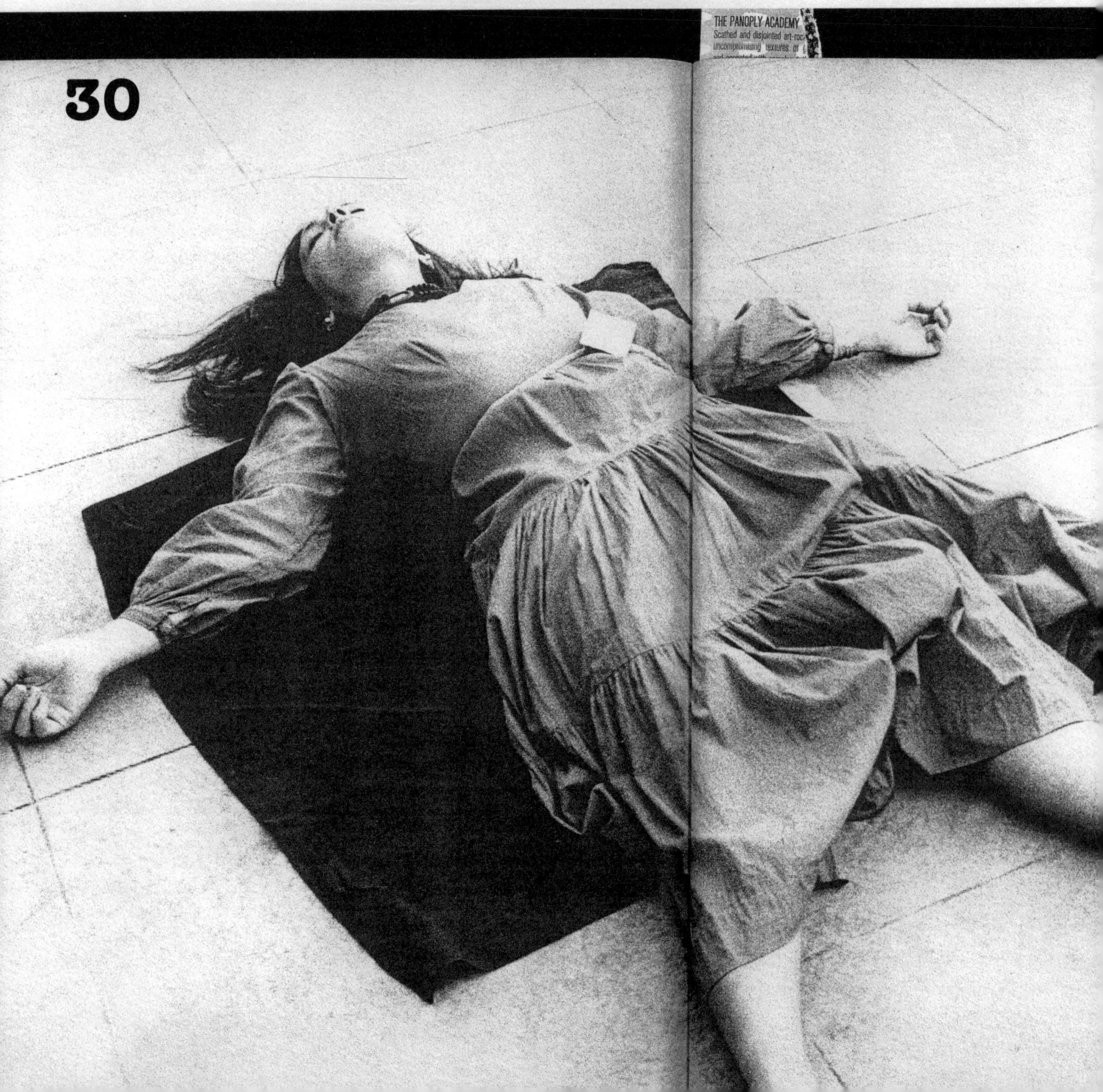

In addition to paintings, the exhibition features two other groups of works: the polaroids and the bottles. The polaroids are completely or partially covered with paint or ink. They have the harsh and direct quality of graffiti on a lavatory door. Whilst the paintings are the result of a slow and deliberate process, the polaroids are created quickly and impulsively. They bypass the critical distance that is required for the creation of a painting, forming a playing field of little squares for the artist, where he can give free rein to his ideas, with no sense of shame and unhindered by good taste. The way is clear for banalities of an anal and genital nature. For example, the city of Maastricht is threatened by a tidal wave of diarrhoea, a little black guy pops out of an anus like an uncontrollable fart, whilst an 'eight-cunted star' beams with intense satisfaction. The cartoon-like pictures are sometimes brilliant, sometimes corny, and are interlarded with allusions to Meijers' own paintings and those of colleagues such as René Daniëls and Natasja Kensmil.

The dozens of painted bottles form a collection that has been created, on and off, since 1998. The idea was inspired by a number of wine bottles that the Belgian surrealist René Magritte painted with depictions of a nude, a cloudy sky, or a laughing pig. Meijers has constructed most of the paintings more or less symmetrically, starting at the position of the label, where he sticks fragments of photos, drawings or photocopies, usually depicting the heads of hypnotic gurus or empty masks. These faces may be seen as the personification of the spirits that once filled the bottles. A white skull grins at us, as though in a print by the Mexican José Posada. 'Don't do that anymore', the drinker reminds himself, but the booze fairy has the last laugh. There are other scenes on display, such as a visual pun on the name of the band that Meijers plays in, The Incompetents. The necks of the guitars droop limply, although, according to the cultural commentator Roger Scruton, the attraction of the electric guitar actually lies mainly in the way you can strap it on and wave it around like a dildo.

The painted bottles have the jocular quality of a hand-painted milk churn used as an umbrella stand, but differ from innocent home handicrafts because of their self-mockery, black humour and allusions to impotence and powerlessness. The large number of bottles involved means that the collection steers clear of any casual connotations of the rather childish idea of painting a bottle. Just as with the polaroids, the repetition forcefully draws our attention to the differences between the individual pieces and to the variety of forms resulting from one single concept or technique. The muse of painting does not always sleep in her own bed.

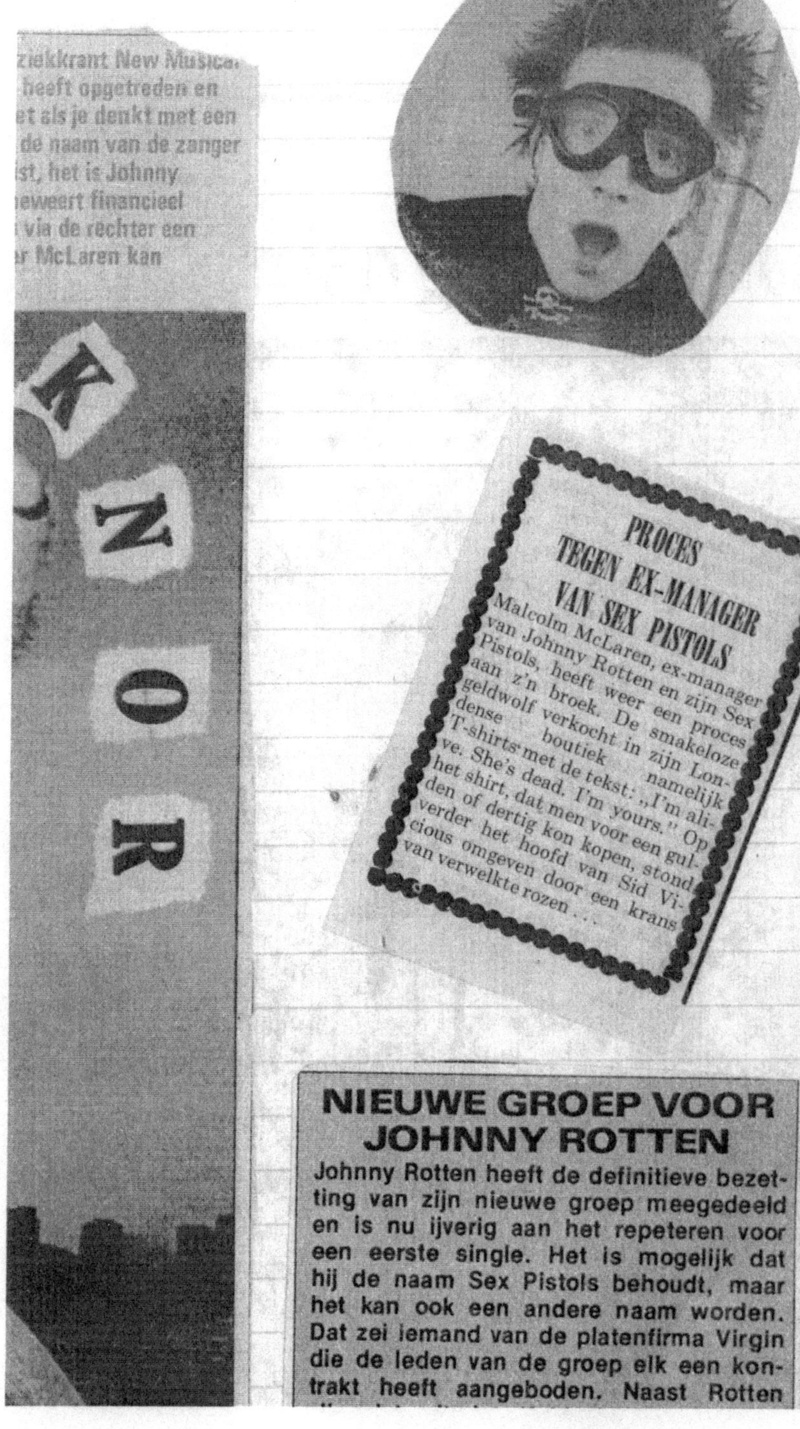

PROCES TEGEN EX-MANAGER VAN SEX PISTOLS

Malcolm McLaren, ex-manager van Johnny Rotten en zijn Sex Pistols, heeft weer een proces aan z'n broek. De smakeloze geldwolf verkocht in zijn Londense boutiek namelijk T-shirts met de tekst: „I'm alive. She's dead. I'm yours." Op het shirt, dat men voor een gulden of dertig kon kopen, stond verder het hoofd van Sid Vicious omgeven door een krans van verwelkte rozen . . .

NIEUWE GROEP VOOR JOHNNY ROTTEN

Johnny Rotten heeft de definitieve bezetting van zijn nieuwe groep meegedeeld en is nu ijverig aan het repeteren voor een eerste single. Het is mogelijk dat hij de naam Sex Pistols behoudt, maar het kan ook een andere naam worden. Dat zei iemand van de platenfirma Virgin die de leden van de groep elk een kontrakt heeft aangeboden. Naast Rotten

III

It is well known that Rik Meijers admires the work of the American painters William Copley and John Wesley; their influence can clearly be seen in his work.[1] Less well known is his appreciation of American folk art. Many of the creators of the paintings and pictures that are considered as folk art are homeless people and psychiatric patients from the black and Hispanic underclass of the large American cities. They are amateurs in the same way as Henri Rousseau was, painters without any training, working every day to depict their own preoccupations. Some of the appeal of their work lies in the absurd choices that self-trained artists make, for example, in the way they divide up the surface, or in their composition or use of scale, making instinctive

⊗ I · C · C · less
✗ ONE WAY OR ANOTHER ✱

⊗ I AM †   !   ✱   ?
✗ WHAT GOES AROUND ?
⊗ y m m feel so DGB ?

⊘ the news
✗ I dont know u TFUCK ✱ ?   (ACC)
⊗ won't you help me ! ✱
⊗ et best friend ! ✱

② Hope ✱ git Herdeling   [nieuw: ♪]
? in 2 minds
✗ happiness   ! ✱
✗ I did nothing wrong

? ✱ dance w. me / stand by
✱ w. G. T CRACK
✱ beck → ASShole ?
→ sett laws

? TVP's — PT PUNX
— where z bill GR
— P. AT. The Roun
lo

✱ louis collins
— be hit
— true blue
— I w B SED
— stronger

— killing time ?
— RAIN

<table>
<tr><td>⊖ I AM †
⊘ PR. GIRL
— news
⊃ W Y H M
— HOPE
⊃ mod Age
(cover)</td><td>⊖ W G. AROUND
(dub. Z)

— et best FR

⊖ happiness
— 3rd degree</td><td>⊖ Y m m feel
⊖ I DKN WTF
(ACC)

(— ASS hole)
(— W. G. T
(CRACK))</td></tr>
</table>

1. **Jesus**
2. **One Way or the Other**
3. **Modern Age**
4. **Who's Got the Crack**
5. **Asshole**
6. **3RD Degree**
7. **Killing Time**
8. **I'm Gonna Die**
9. **Pretty Girl**
10. **PT Punks**
11. **Drivin'**
12. **Mr. Tambourine Man**

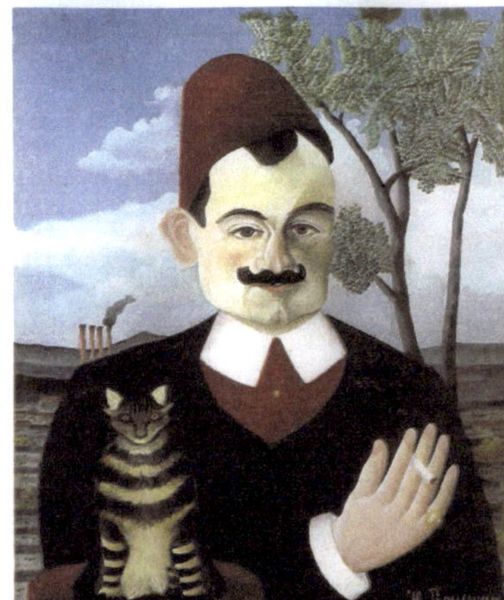

Henri Rousseau, Portrait of Pierre Loti, 1905

decisions that are sometimes completely at odds with what professional artists have been taught.

Amongst the street artists from California that Meijers appreciates are Raymond Chavoya (b. 1929), a learning-disabled Hispanic man who depicts life under the freeway overpasses of Los Angeles; Greg Pelner (b. 1968), a mildly autistic artist who is convinced that he was abducted by a UFO and who models bizarre figures made of clay and aluminium foil; and John Stoss (b. 1940), from Monterey, who lives in a gold-coloured car wreck and is the chronicler of what he refers to as 'the community on the fringe', particularly the unhappy life of the alcoholic poet Everett Maddox. Meijers also makes reference to the black artist Gregory Warmack (b. 1948) from Chicago, who was shot during a robbery in 1978. 'While I was in coma', Warmack has explained, 'I went back in time and saw myself as an African king. I was reborn as Mr. Imagination, and I began to make art that reflects my ancient tribal position in life.'[2]

Warmack, who goes around in a heavy overcoat made of crown caps, creates totem-like sculptures from litter off the streets. This self-sufficiency, rawness and fundamental simplicity are familiar to Meijers from the punk movement that he was part of in the late 1970s.

The resemblance between these outsiders and the underdogs of the achievement-oriented society that feature in Meijers' paintings is striking. Both involve people for whom things have gone wrong, who are trying to survive on the fringes of society, befuddled by alcohol and delusions, in painful or embarrassing circumstances that present a glimpse of the truth of the 'condition humaine'.

In 'Bildnerei der Geisteskranken' (1922), Hans Prinzhorn distinguishes three factors that make up the creative urge of mentally ill people: the urge to play ('Spieltrieb'), the urge to decorate ('Schmucktrieb') and the urge to imitate ('Nachahmungstrieb').[3] Similar mechanisms are at work

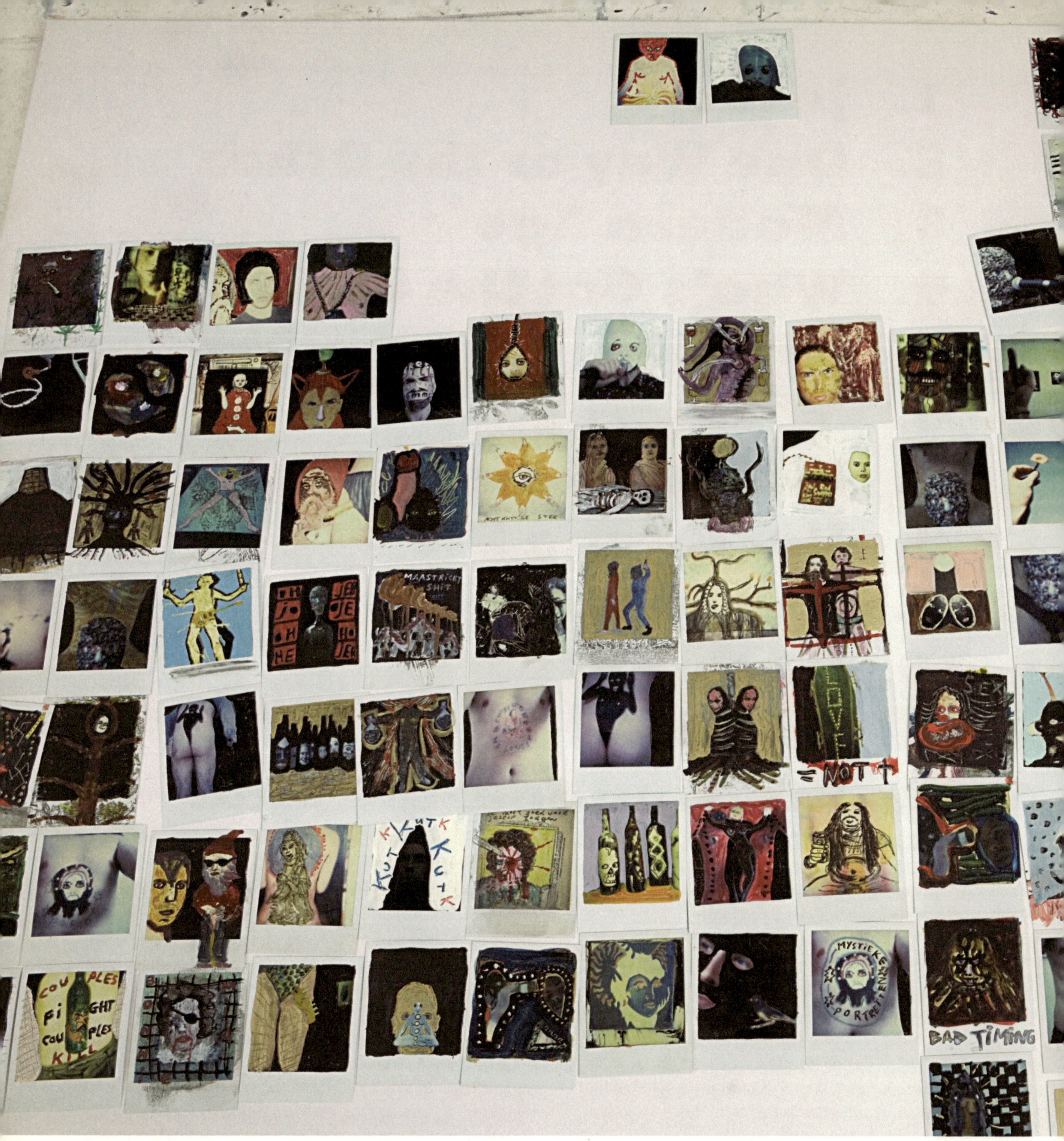

within the paintings of Rik Meijers. What the artist has in common with many 'outsider artists' is his restriction to one single theme or subject, which is repeated and tested in all possible variations. What makes him different is that his choice is a self-assured and deliberate one, whereas for outsider artists it is more a case of compulsion. Just like Henri Rousseau in his day, the naïve painter strives for recognition by others in his profession, but his status remains ambiguous, because he is admired for the ineptitude that is, at the same time, the reason for his exclusion. Meijers draws inspiration from these imperfections, but as a visual artist he is inextricably a part of aesthetic and art-historical traditions and, as such, he has more in common with Asger Jorn, Dieter Roth, Mike Kelley and Chris Ofili than with the homeless painters of America. Indeed, it is within the artistic tradition that these paintings, made

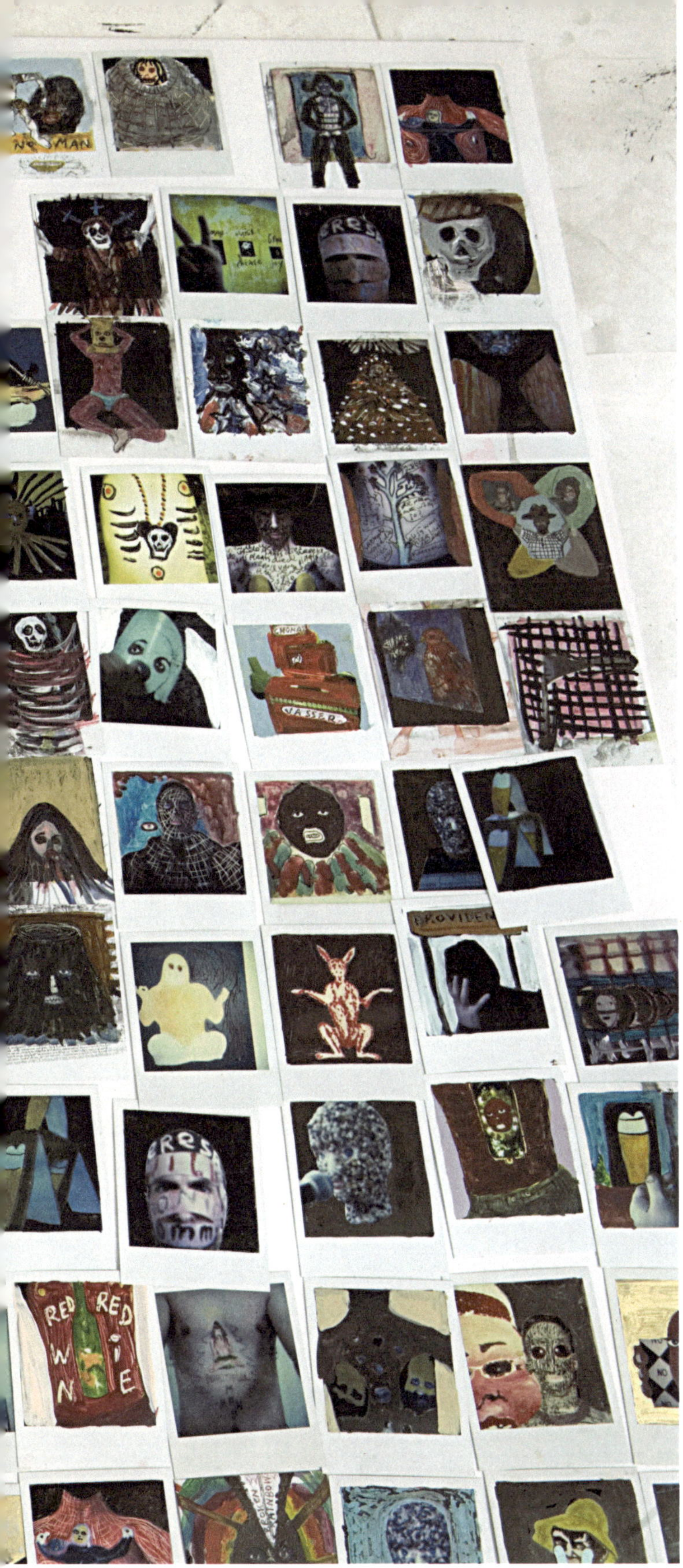

The jingle of Mr. Imagination's crown-cap coat echoes in **Couple III** (2006), where the figure on the left is wearing a jacket covered in bottle tops. The item of clothing is reminiscent of carnival costumes, of teenagers' jackets studded with button badges; it took the artist a long time before he surrendered to his desire, which can hardly be described as sophisticated, to stick dozens and dozens of beer-bottle tops onto a painting. As Francis Bacon knew: a good artist shouldn't be afraid to make a fool of himself.

'Don't do that anymore' – this instruction is pointless. It is better, so Meijers' work appears to suggest, to accept human weaknesses and mistakes, to reconsider the difference between winners and losers and to realise that classifications such as 'success' and 'failure' are never used innocently. Henri Rousseau may have been a dilettante, but he was one of the first to have unerringly identified the influence of African folk art on the work of Picasso. Indeed, André Malraux saw in Rousseau 'the type of child-like but cunning power that poets often have', a power that can also be identified in the 'beautiful underdogs' of Rik Meijers.

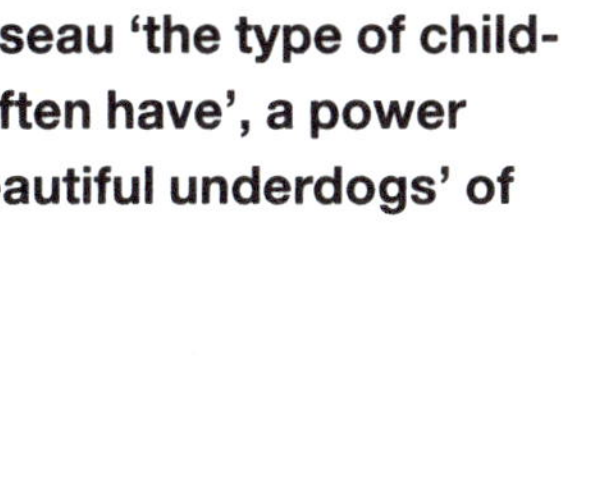

35

Notes
[1] Dominic van den Boogerd, 'Arme Drommels',
HP/De Tijd, 6 October 2000, pp. 86-91
[2] Chuck & Jan Rosenak, Contemporary American
folk art. A collector's guide, Abbeville Press,
New York/London/Paris, 1996
[3] Roger Cardinal, Outsider Art, Studio Vista,
London, 1972

with chicken feathers, beer-bottle tops and cheap gold paint, are capable of blurring the distinction between artists and dabblers, between noble art and popular entertainment. His work is not yet another attempt to upgrade 'low' culture to the level of 'high' culture, but a request for us to stop thinking in terms of such diametrically opposed categories.

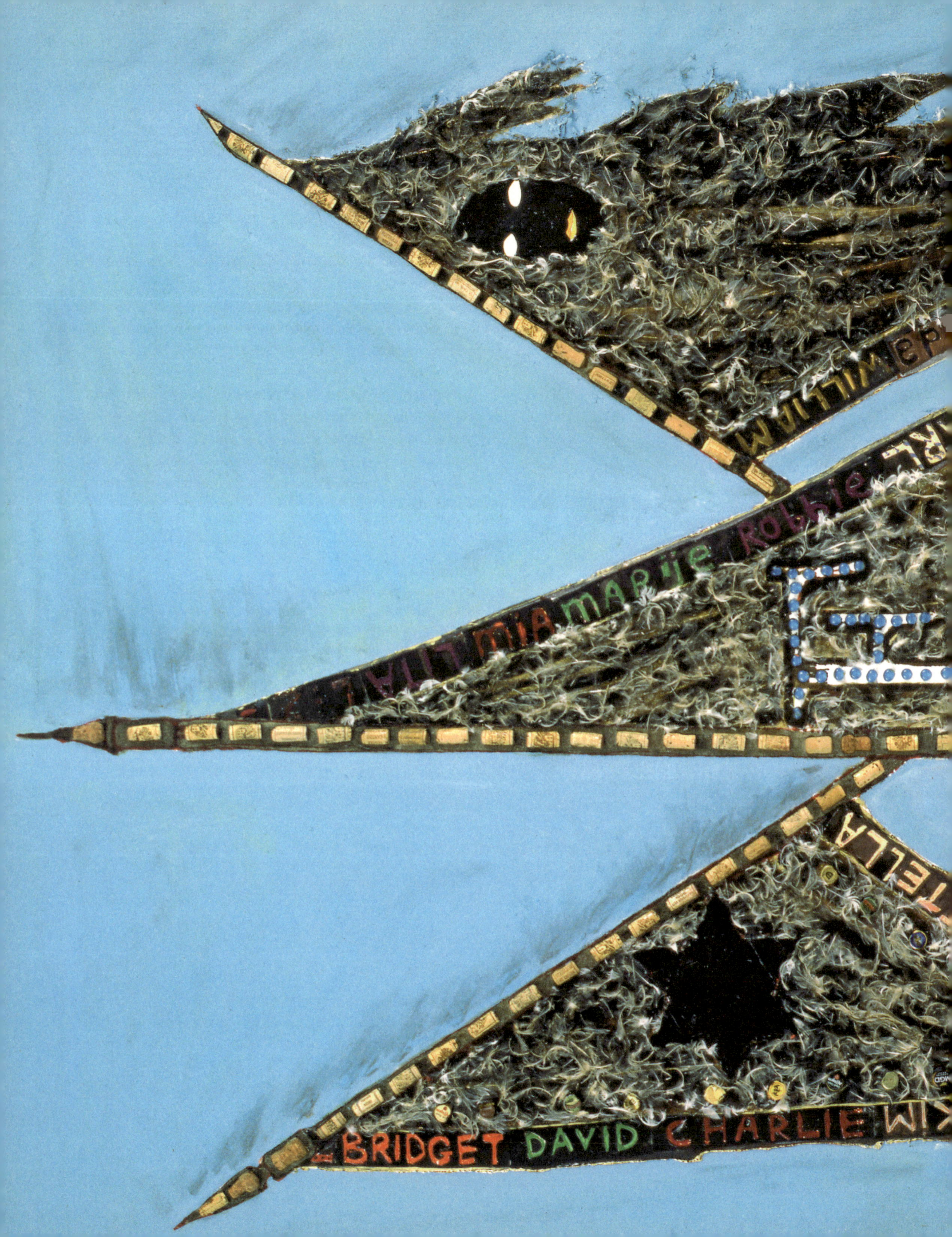
WILLIAM
MIA MARTJE ROBBIE
BRIDGET DAVID CHARLIE
TELLA

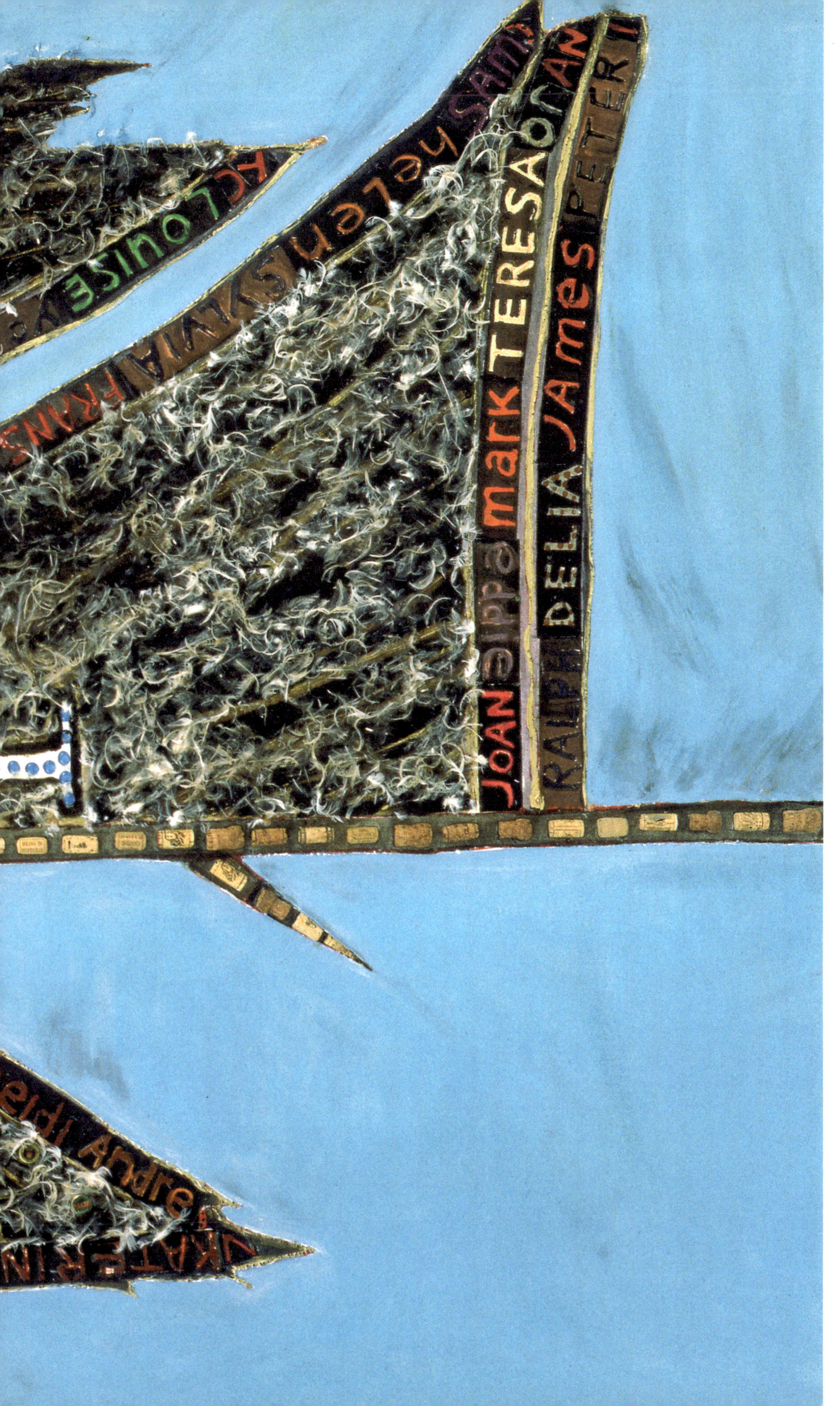

KC LOUISE
helen SYLVIA FRAN
SAM
mark TERESA
JOAN PIPPA
RALPH DELIA JAMES PETER
heidi Andre
VKATERIN

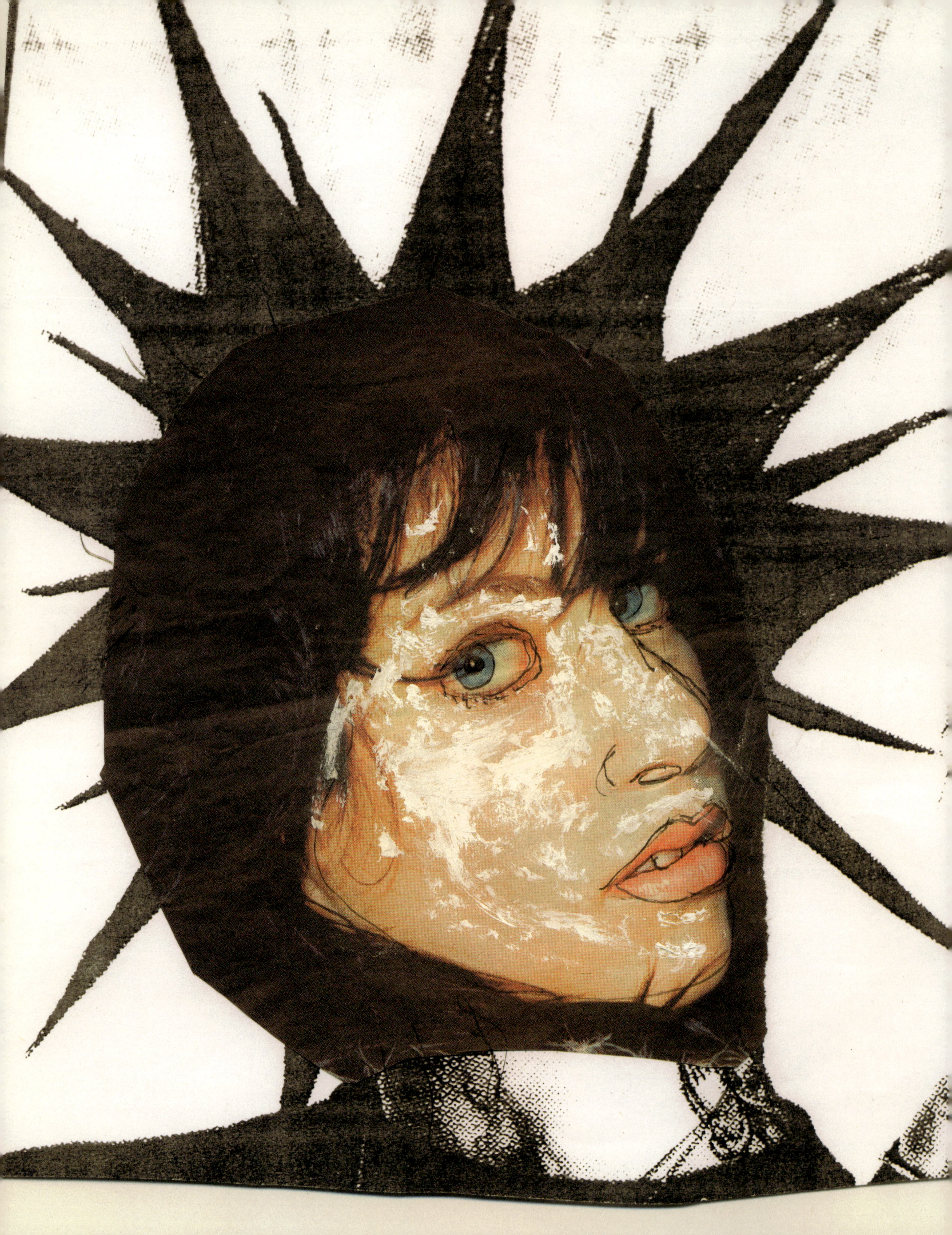

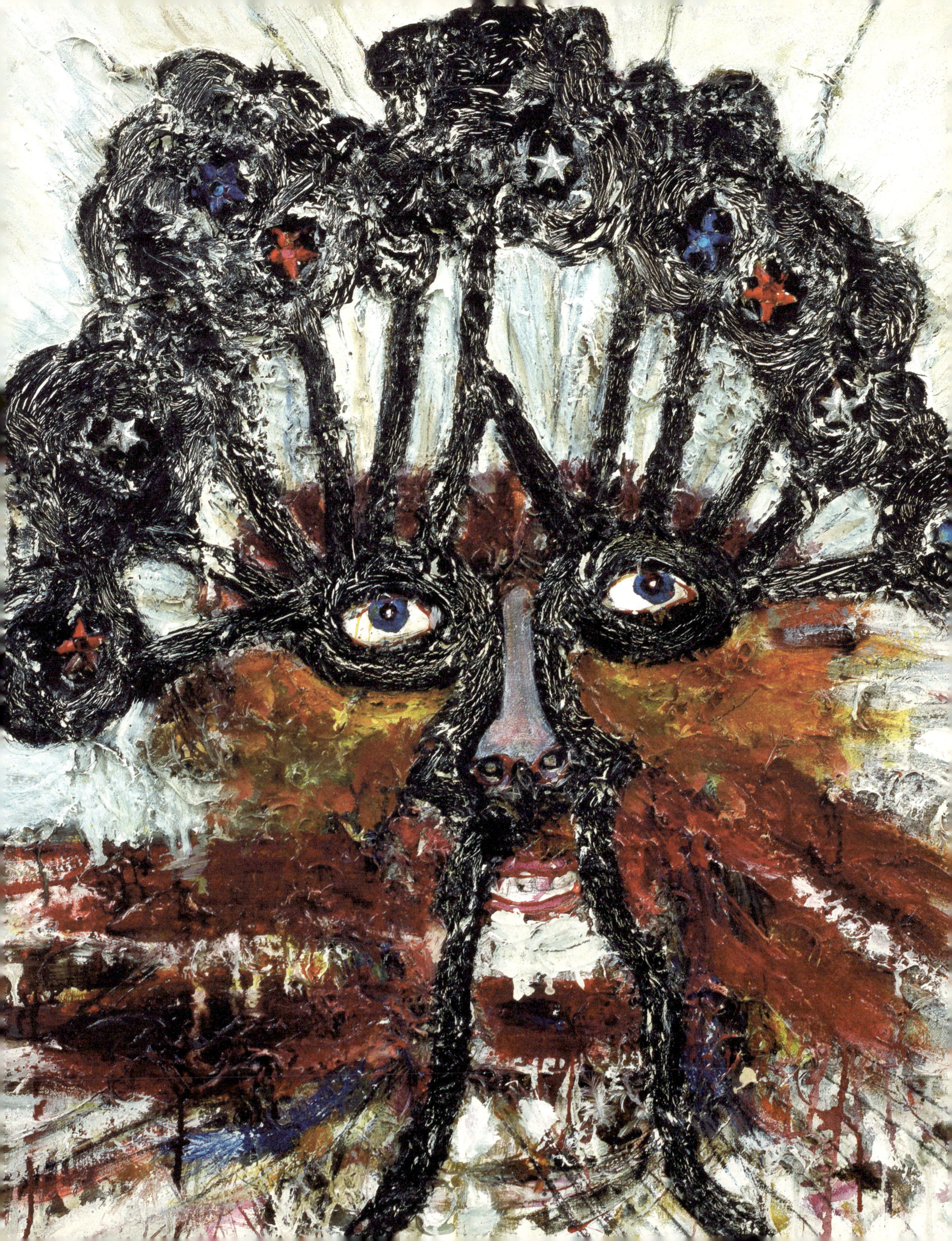

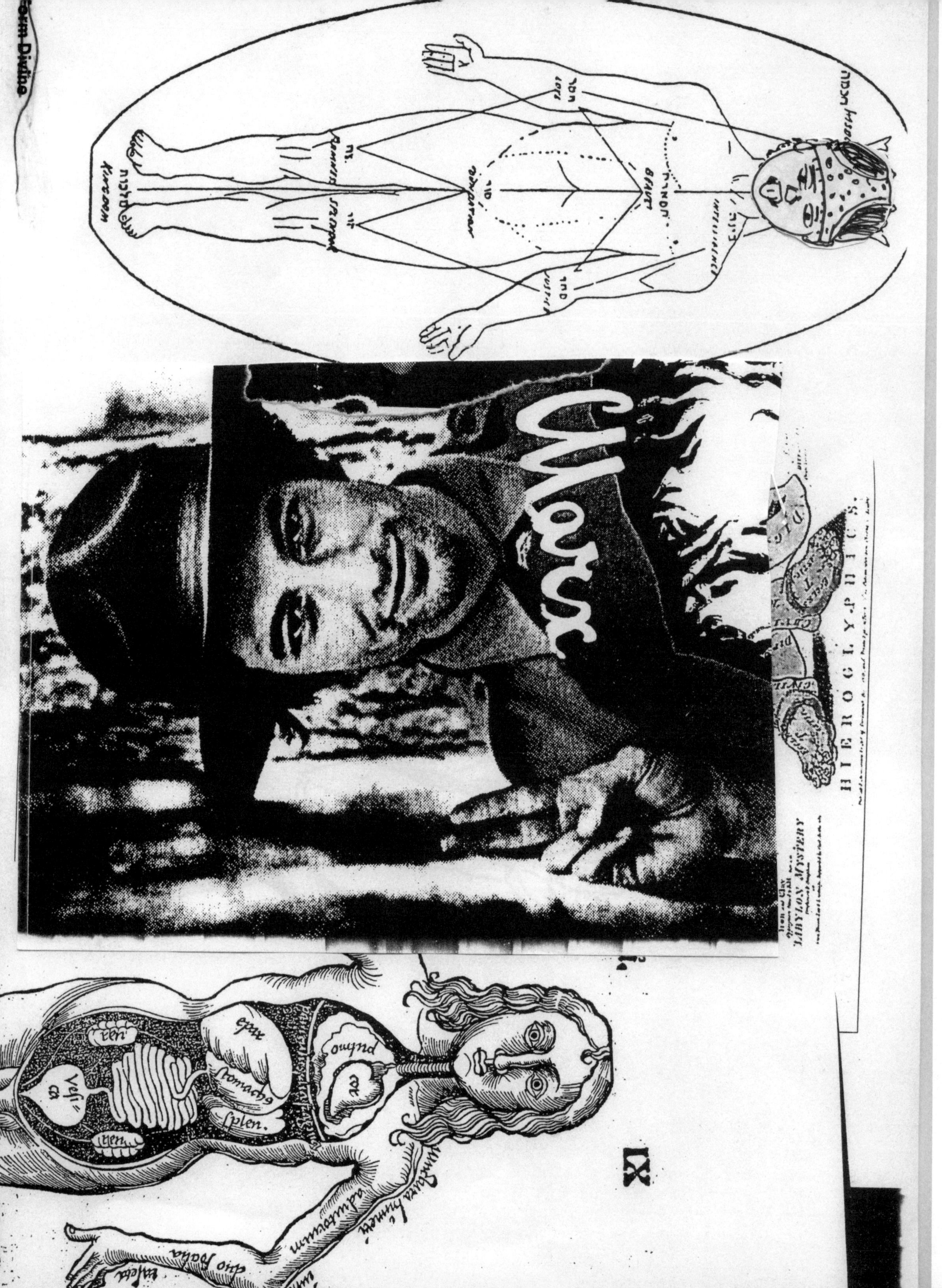

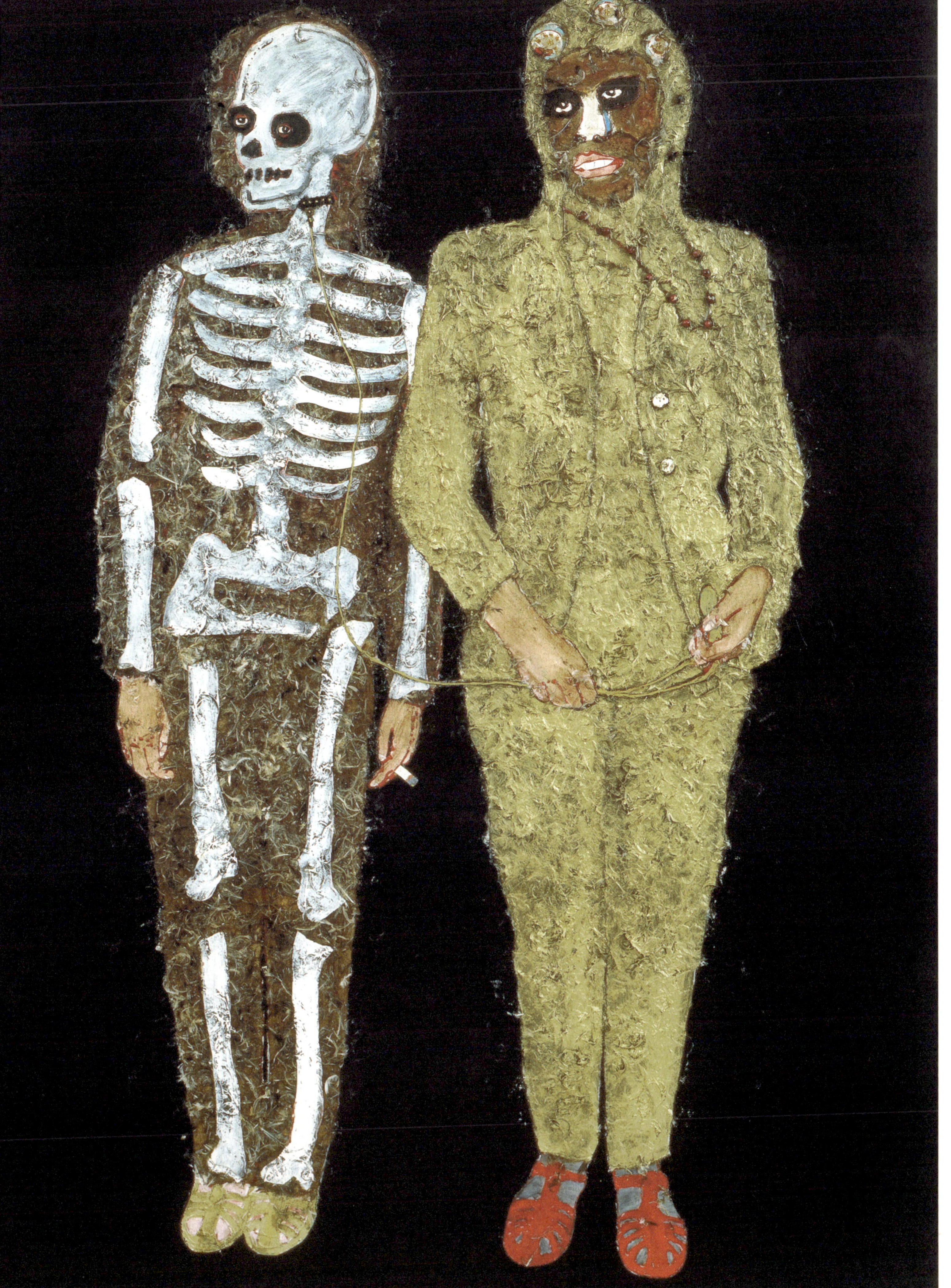

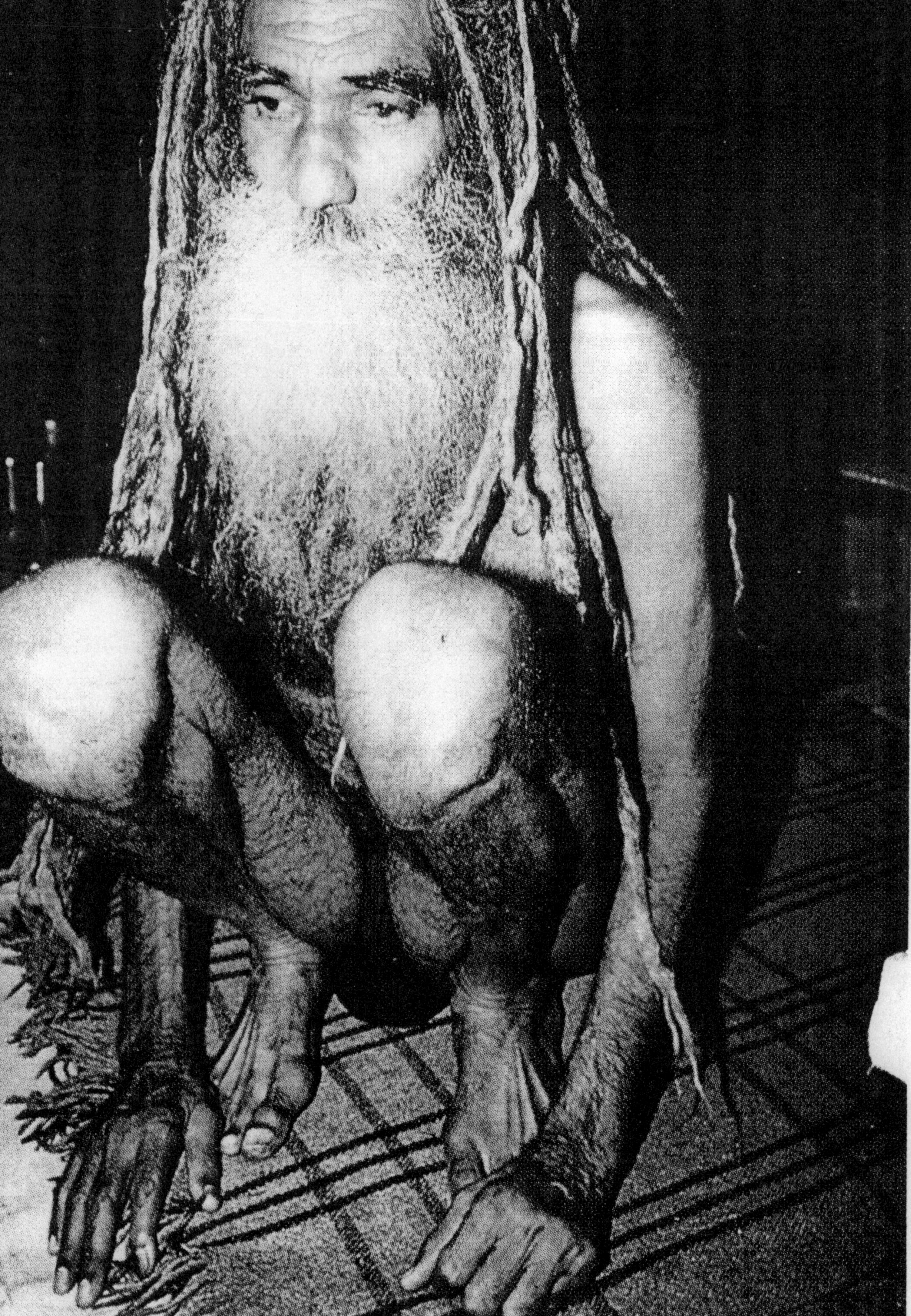

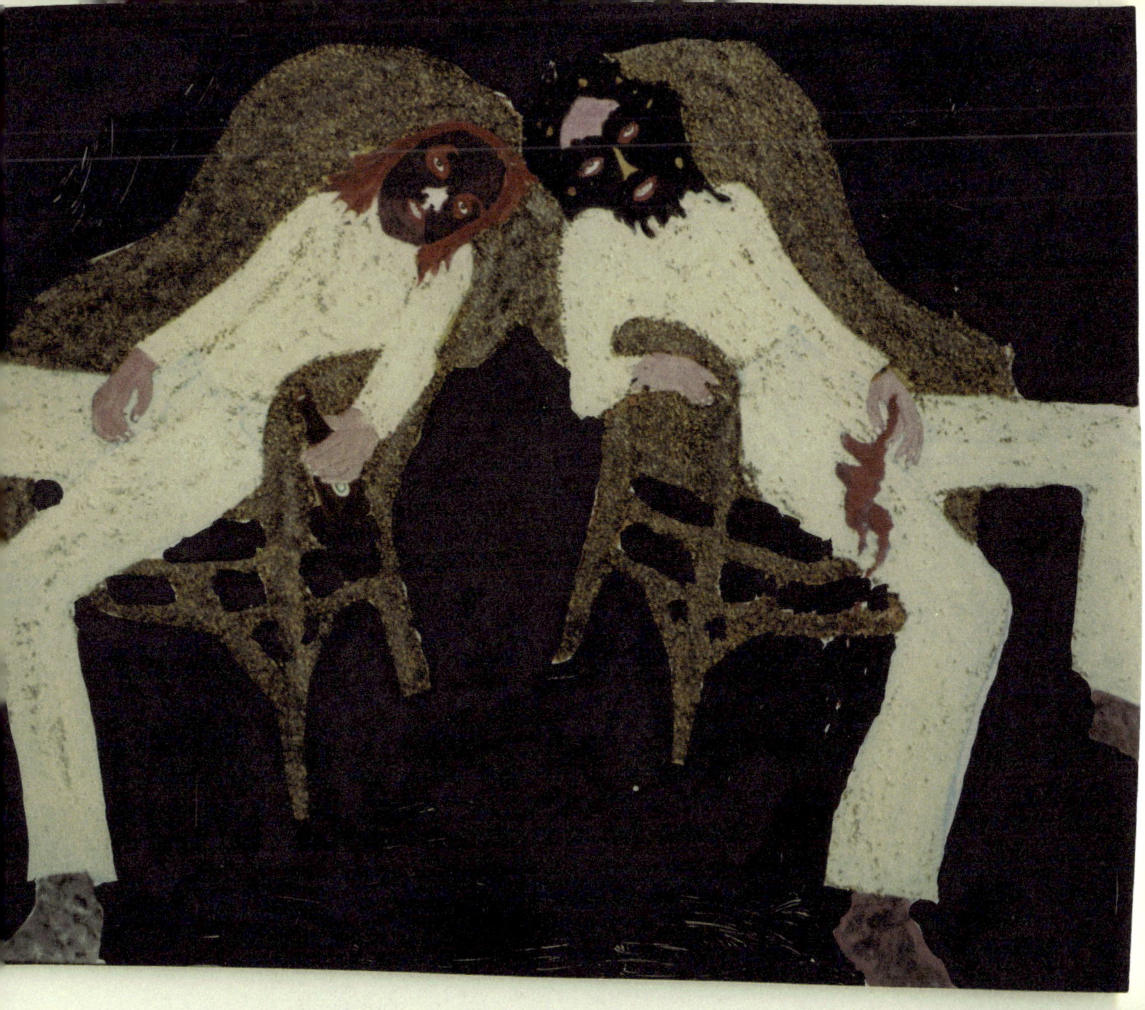

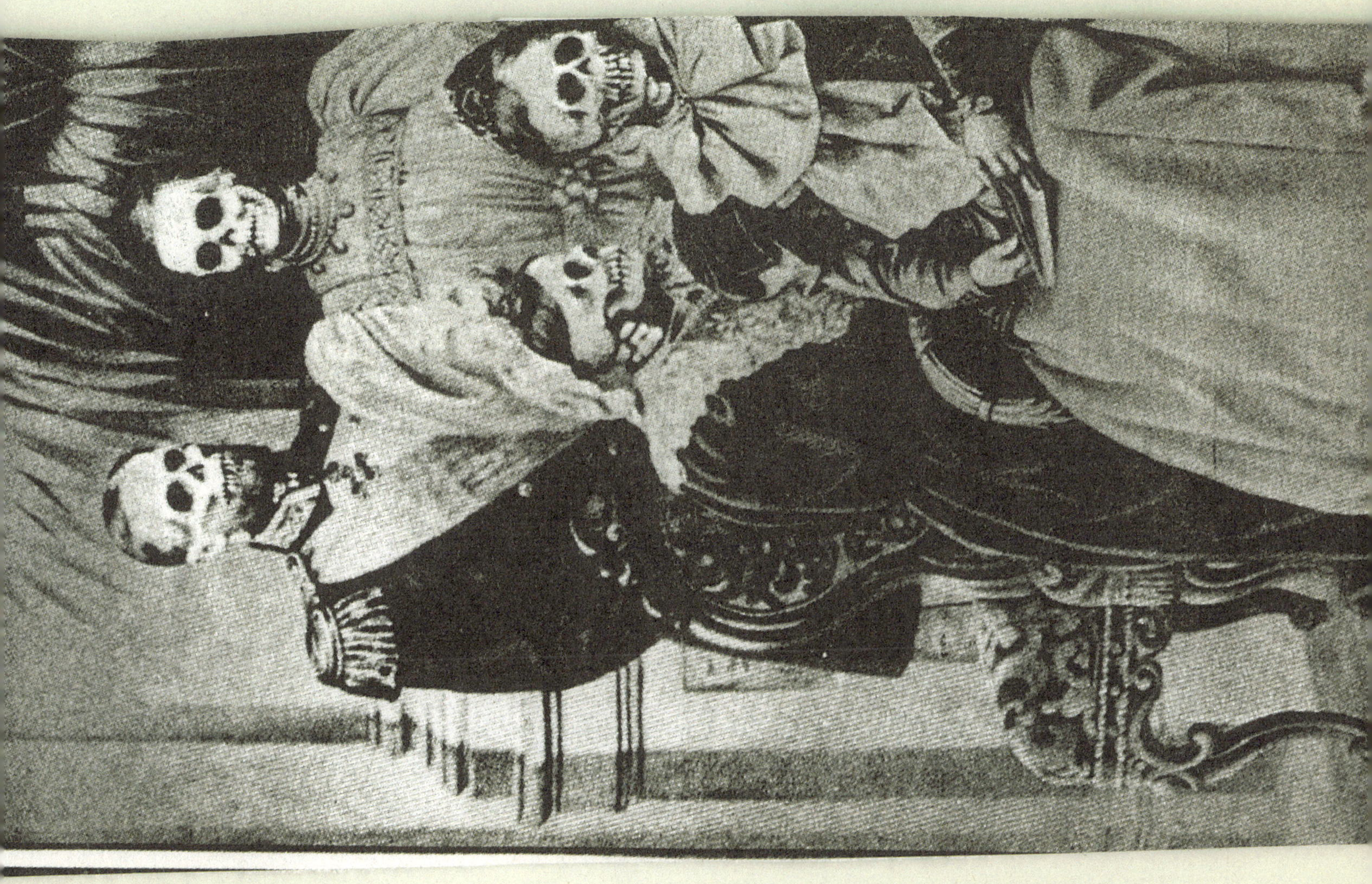

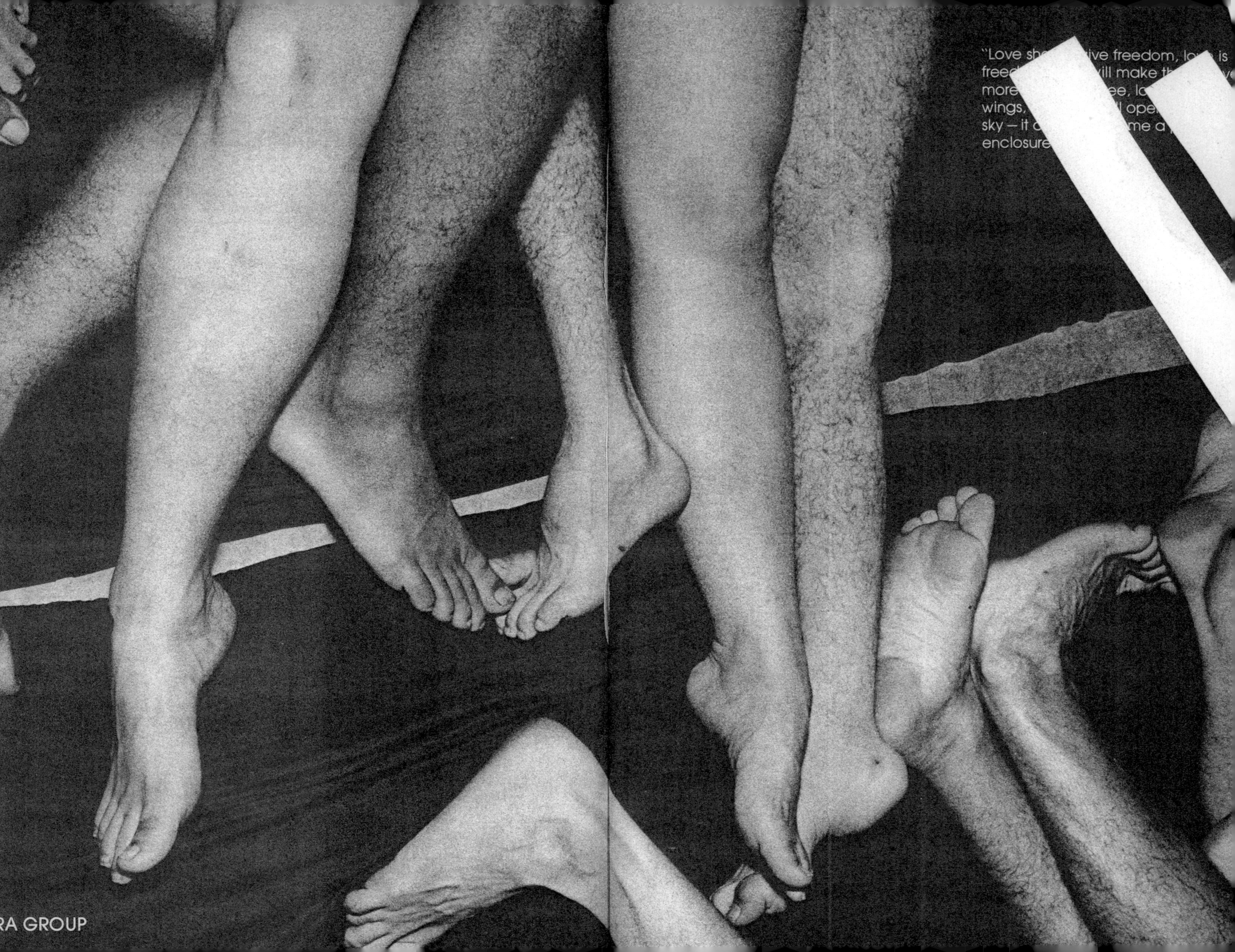
"Love sh   ive freedom, lo   is
freed   ill make th   v
more   ee, lo
wings,   ll ope
sky — it c   me a
enclosure

RA GROUP

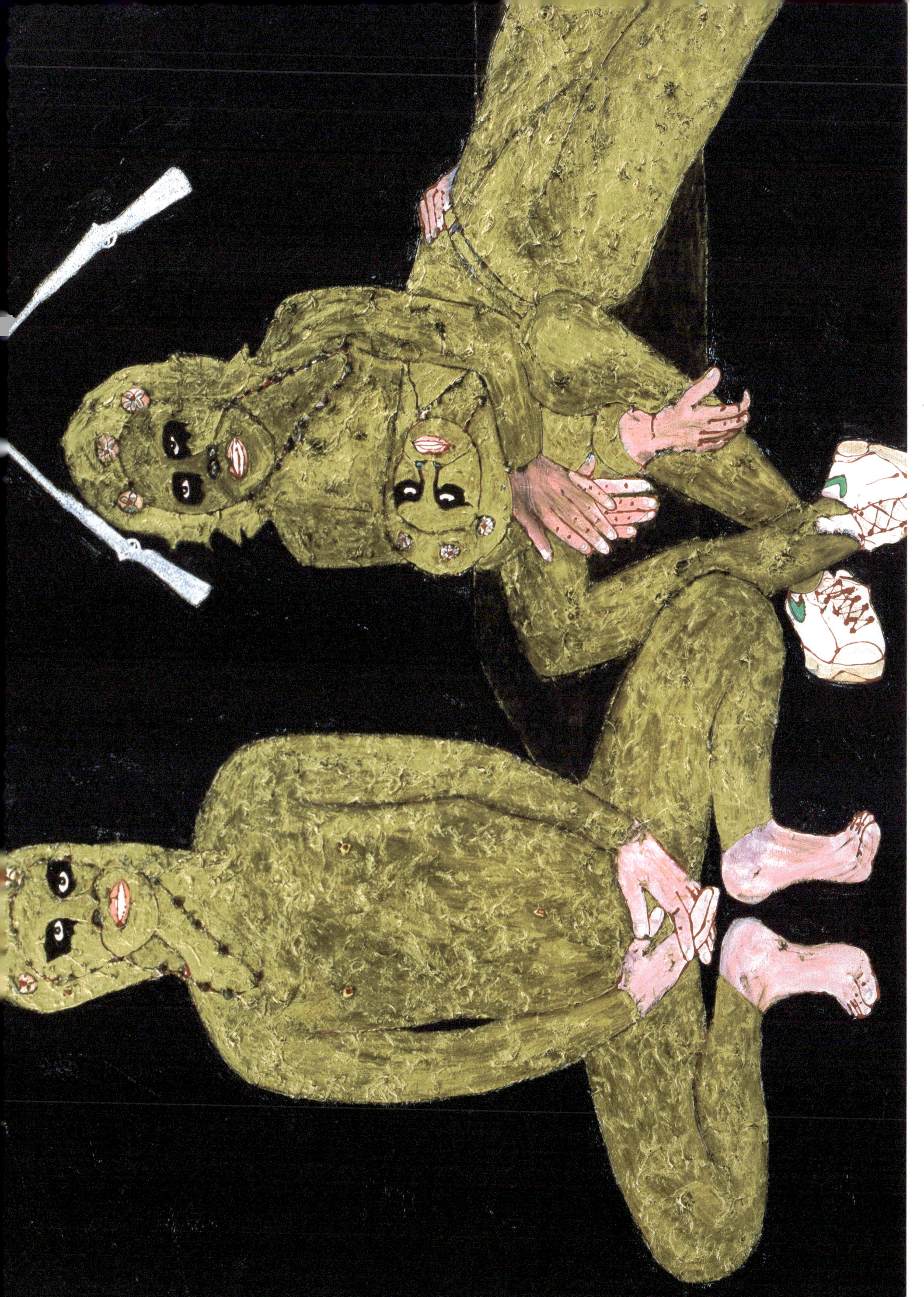

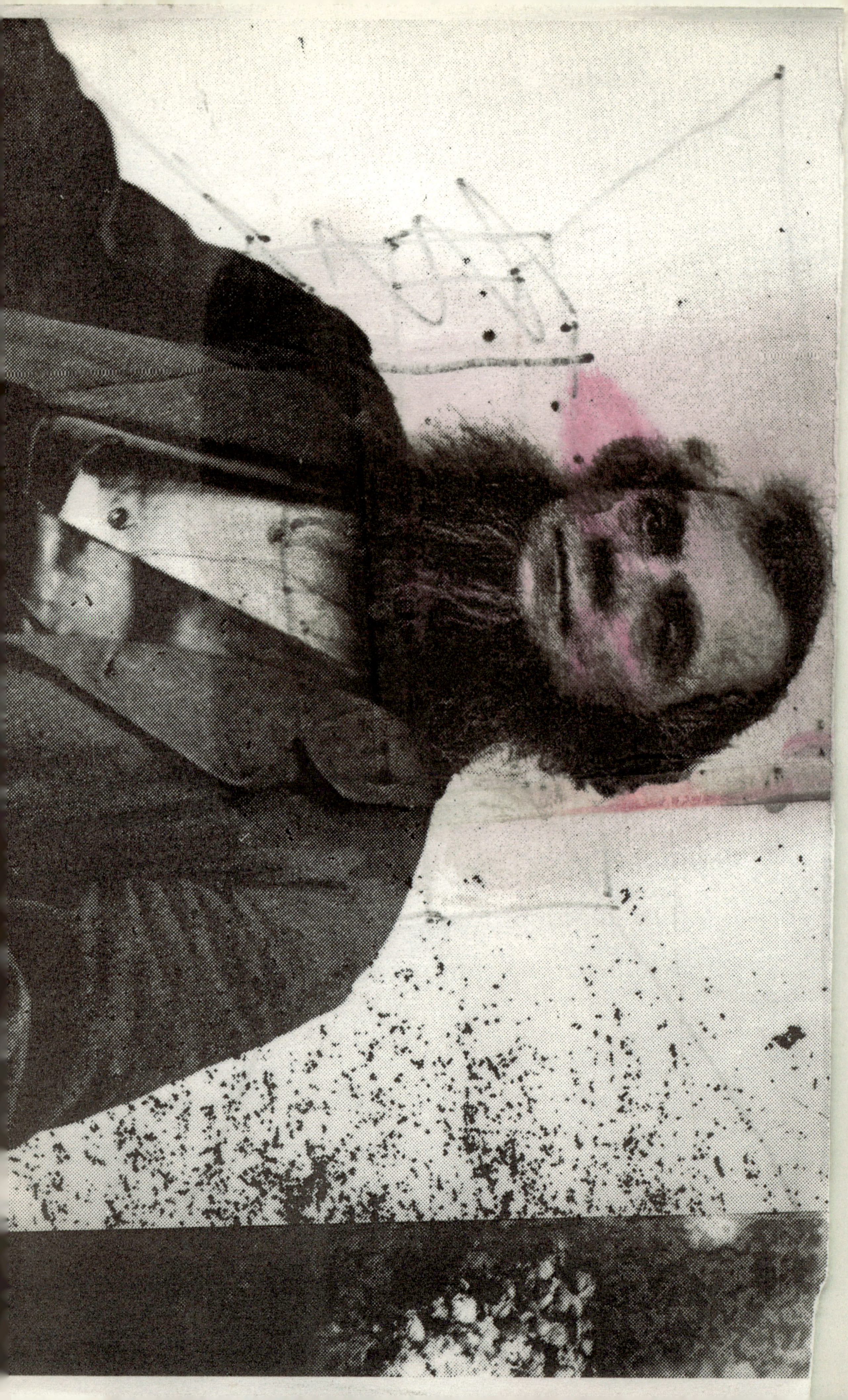

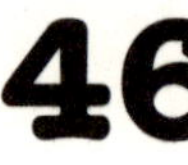

46

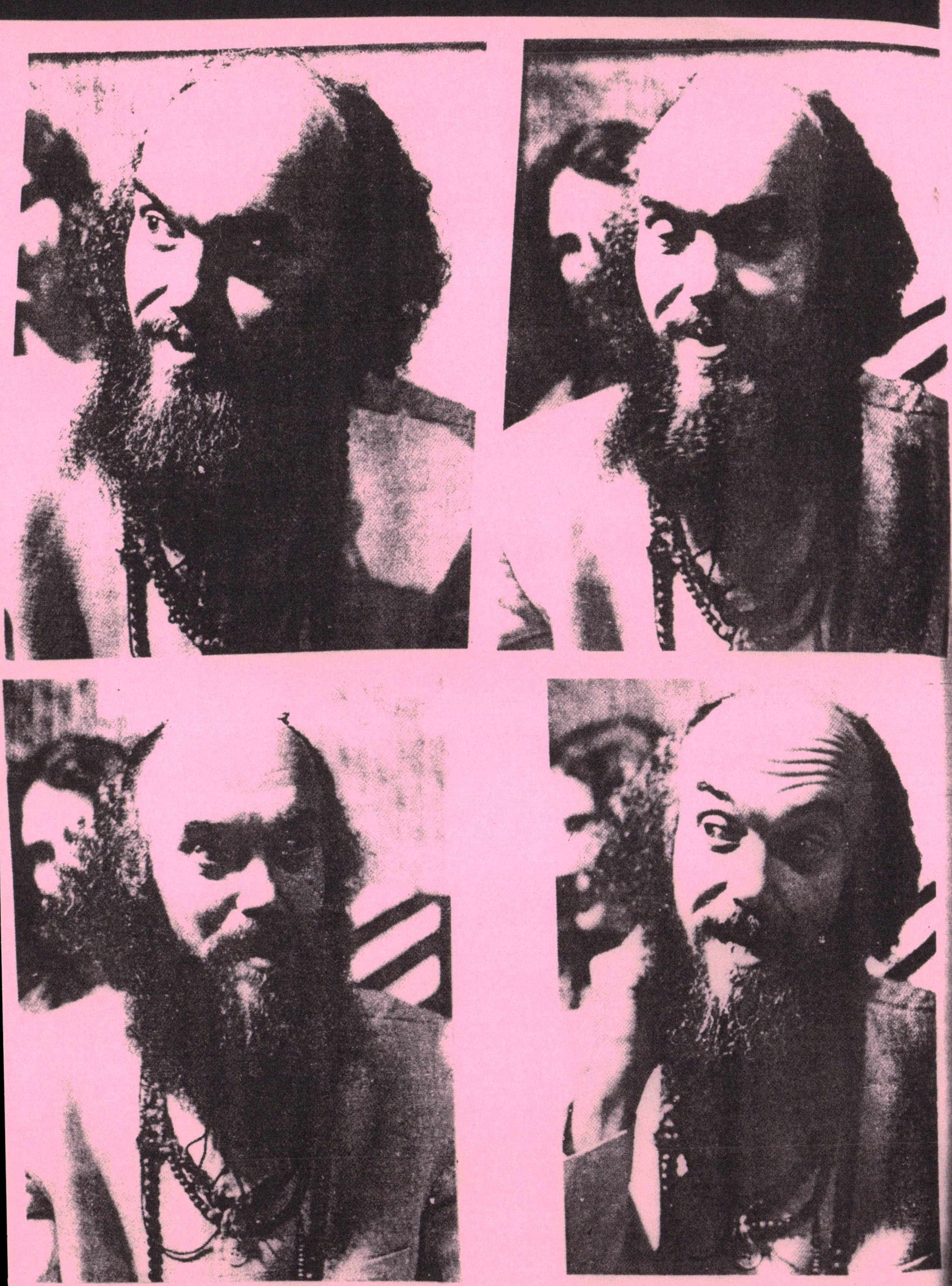

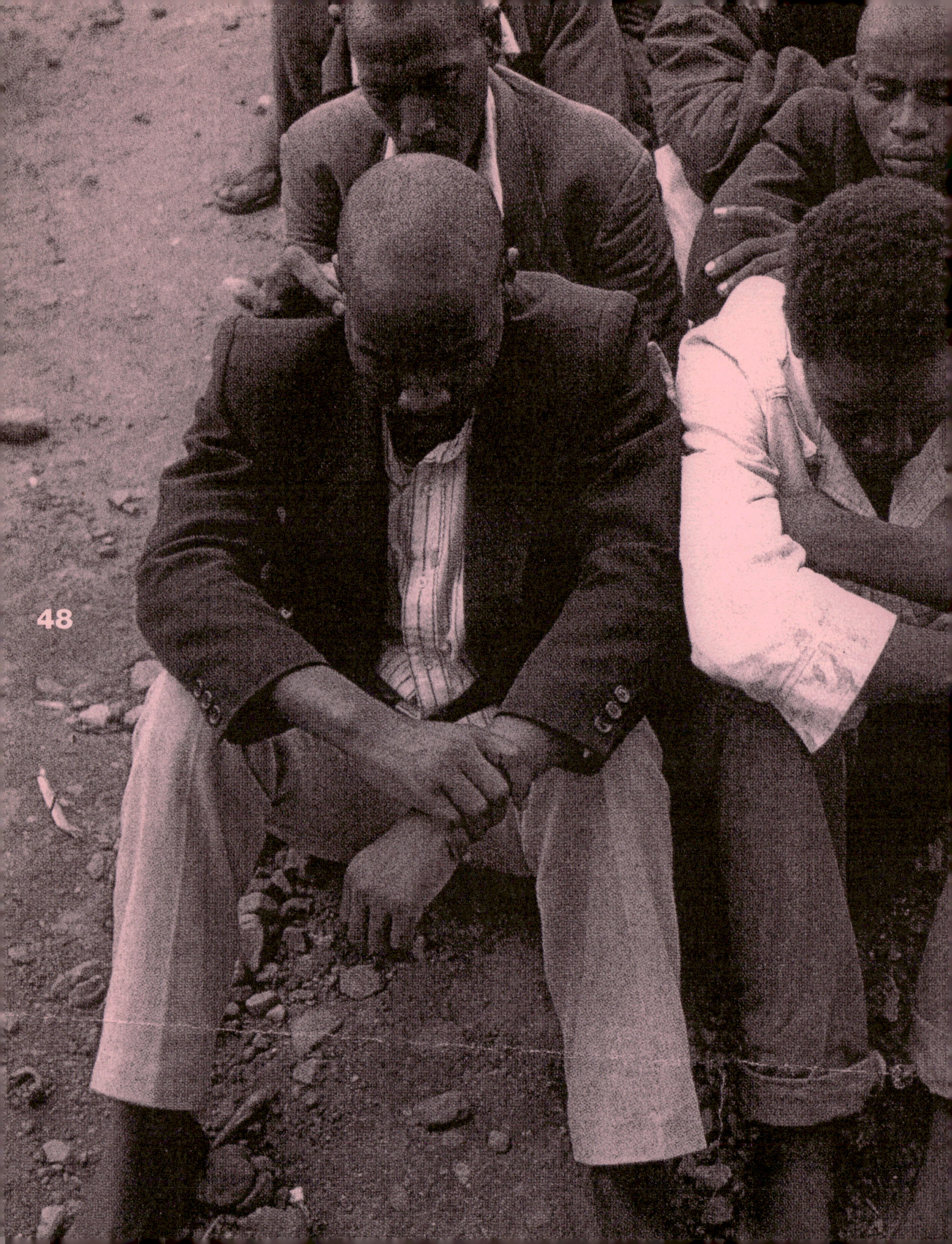

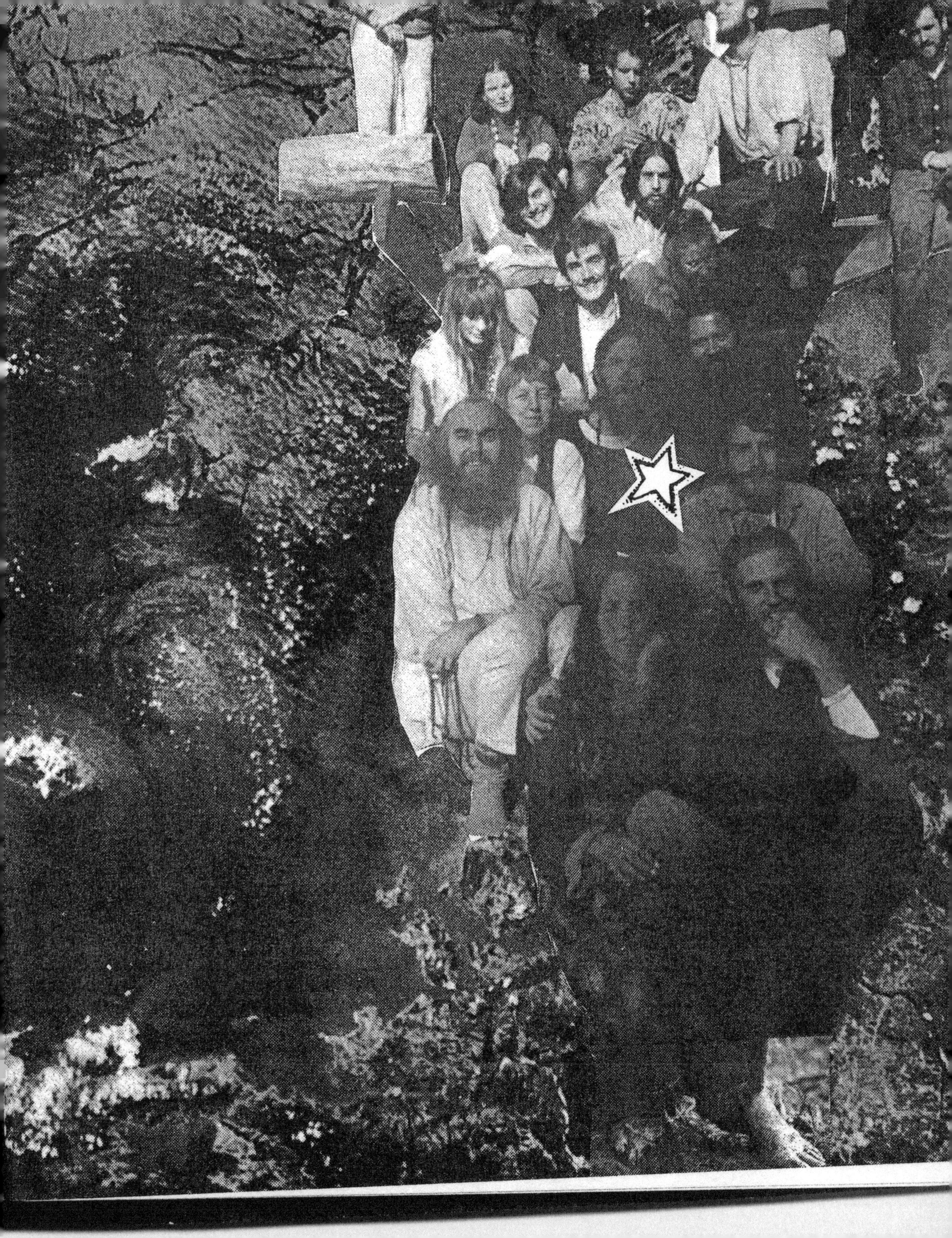

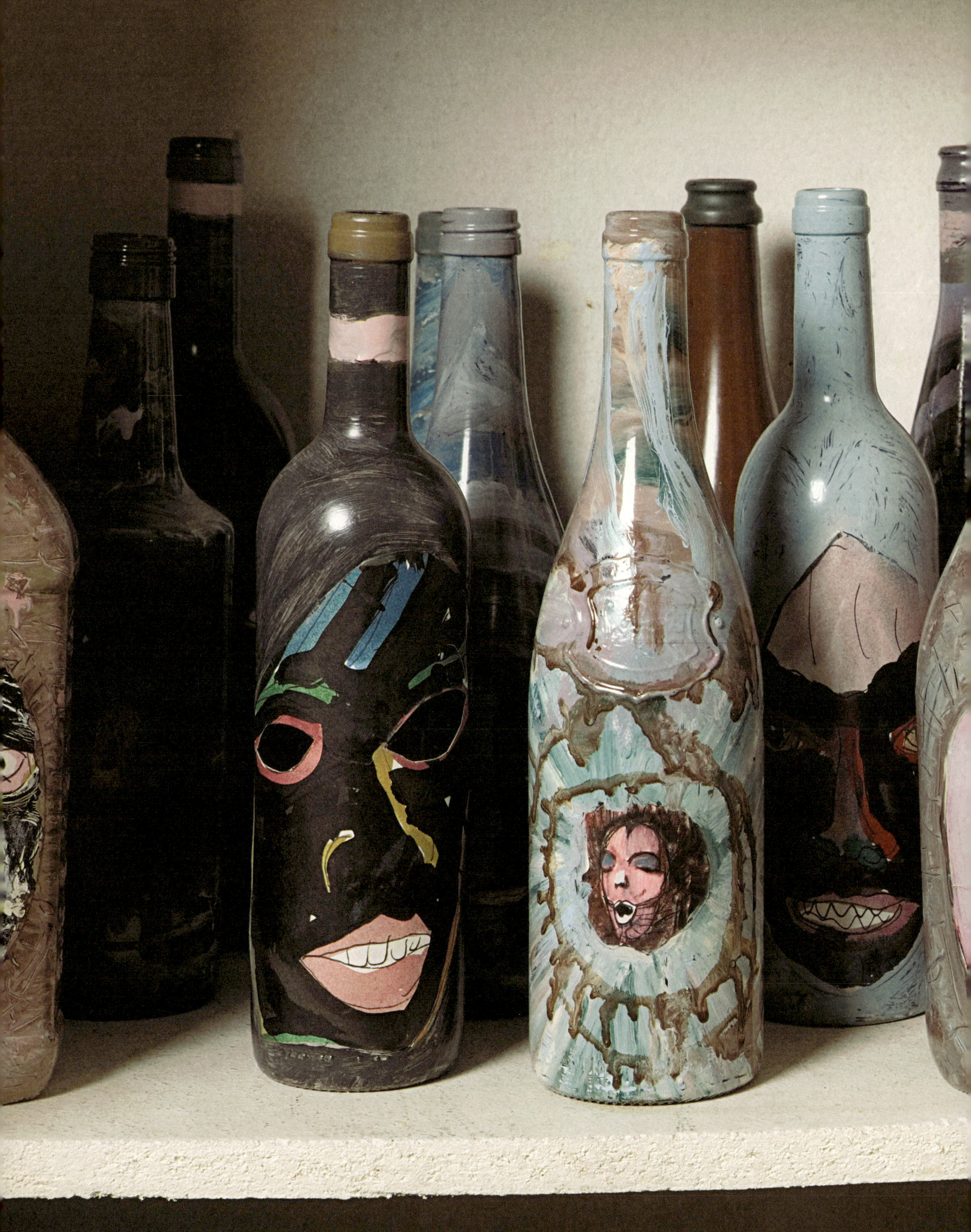

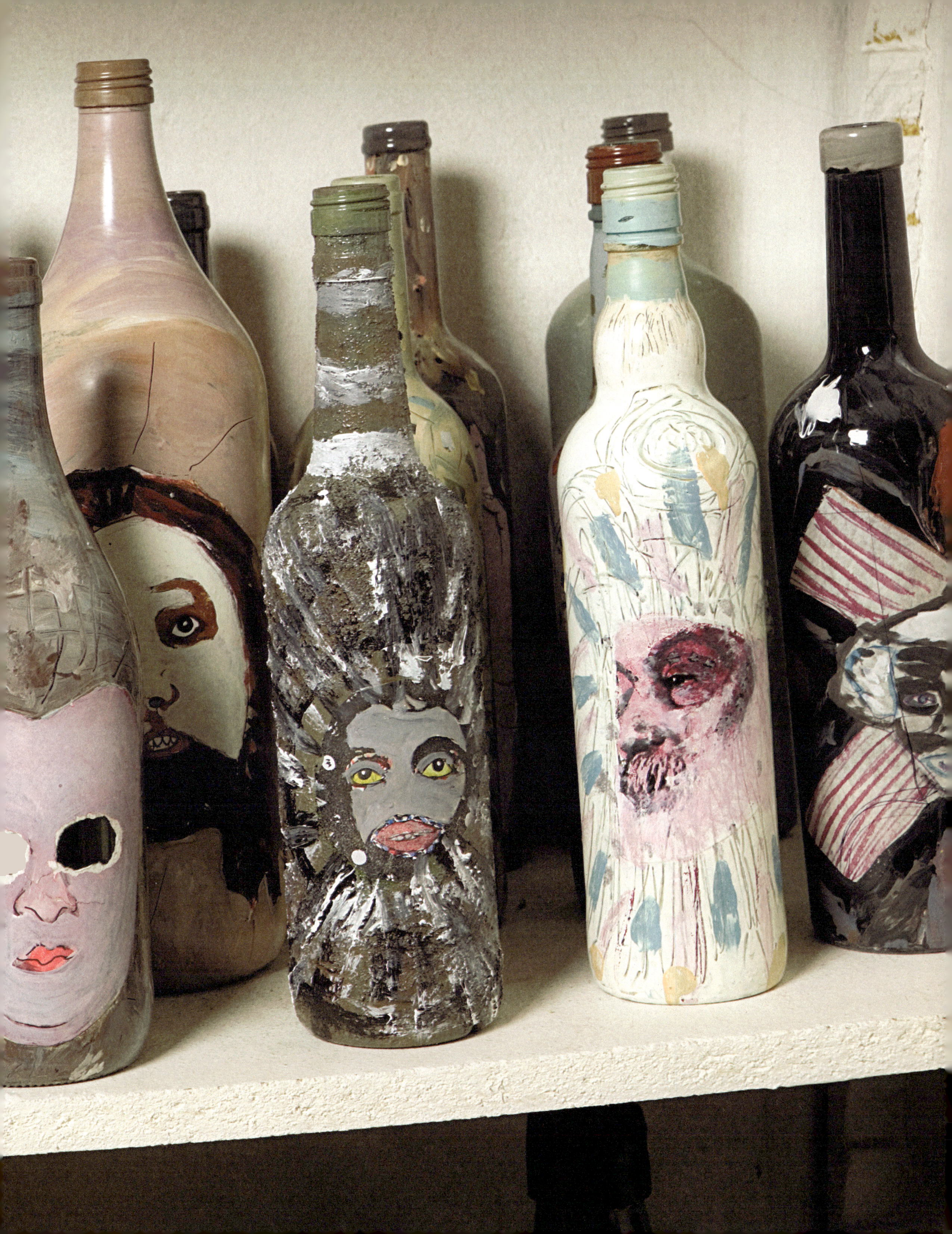

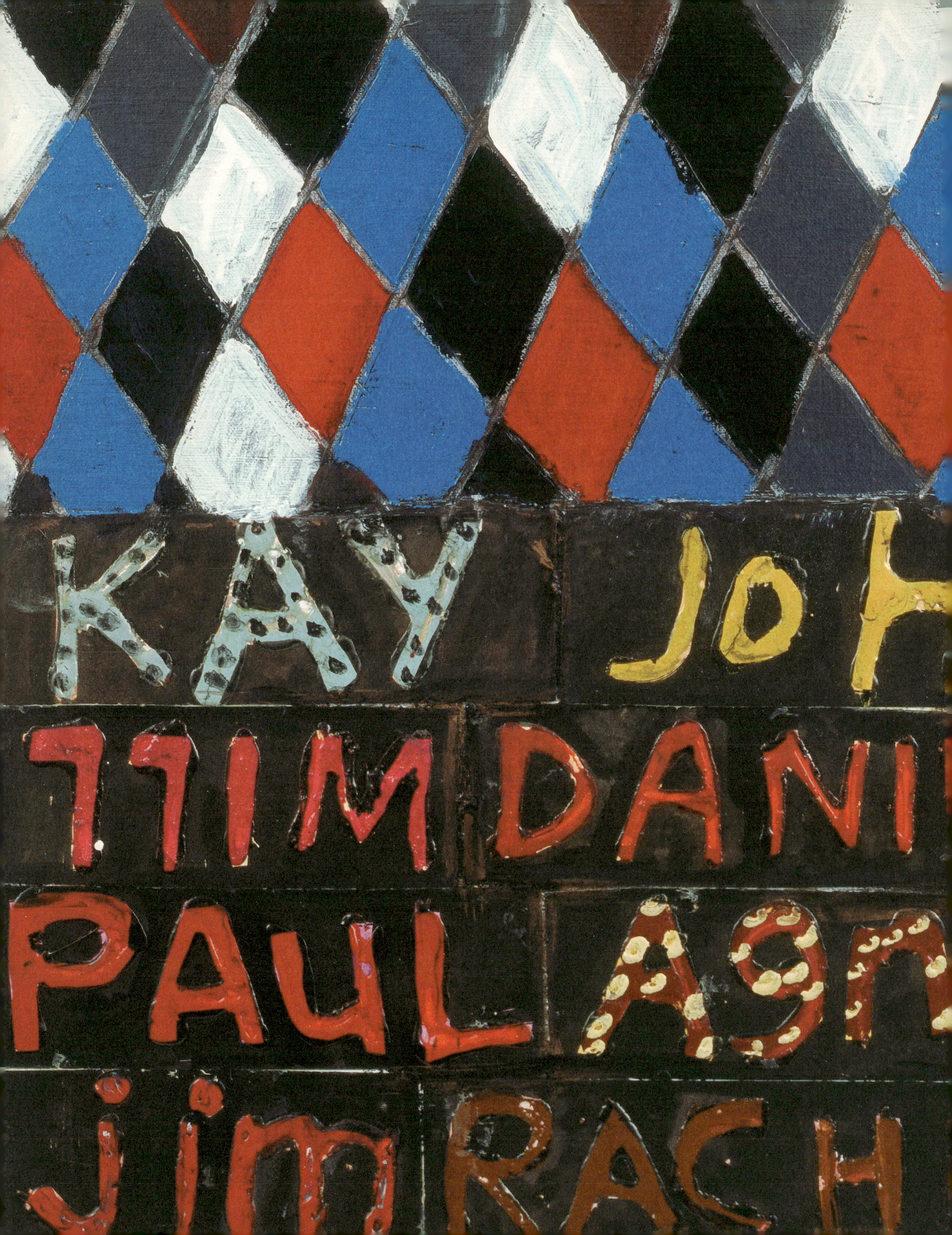
KAY
Joh
TIM DANI
PAUL AGN
JIM RACH

ALAN
ANN
BILL
Binky
BUBBA
johnny
TARA
Abdul
baba
Syeed
MARK
MARTIN
ERIKA
KARL
mONIQUE
lOUISE
JOY
Bridgett.
honey

TERRY
jOAN
LENA
MARIE
helen
joe
FRANCOIS
LyDIA
Adam
Kimya
will
PAUL
tom
JAmes
milli
myah
VERONIKA
jenny
cheRRy
ARTHUR
Ronald

LUCAS
DANIEL
bonnie
coDy
lucinda
wesley
Charlie
eddie
LAURA
GEORGIA
RAymond
MARVIN
jane
GREG
jon
jolanda

Elis
PA
Zo
j
will

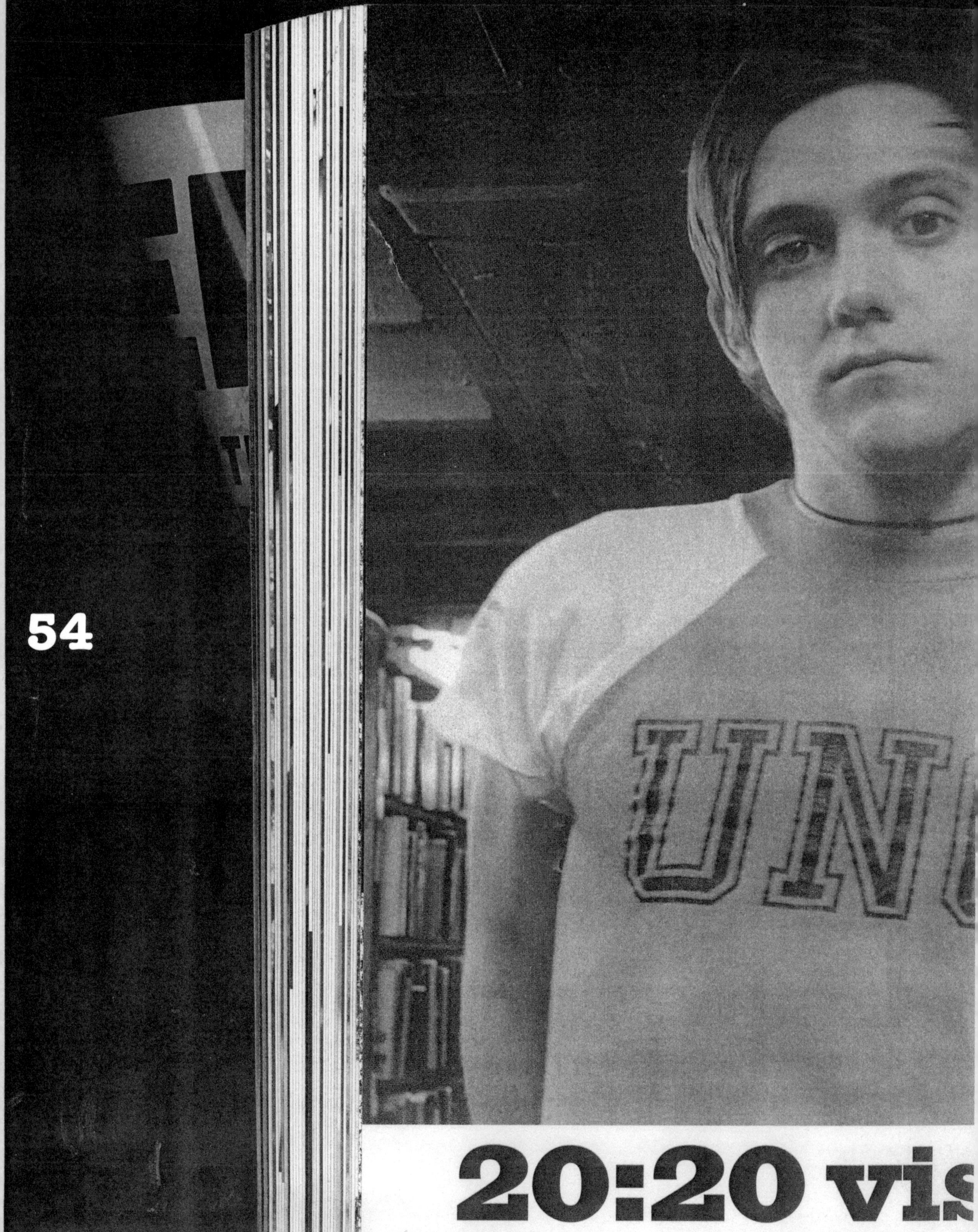

20:20 vis

Dylanesque singer-songwriter and underground hea

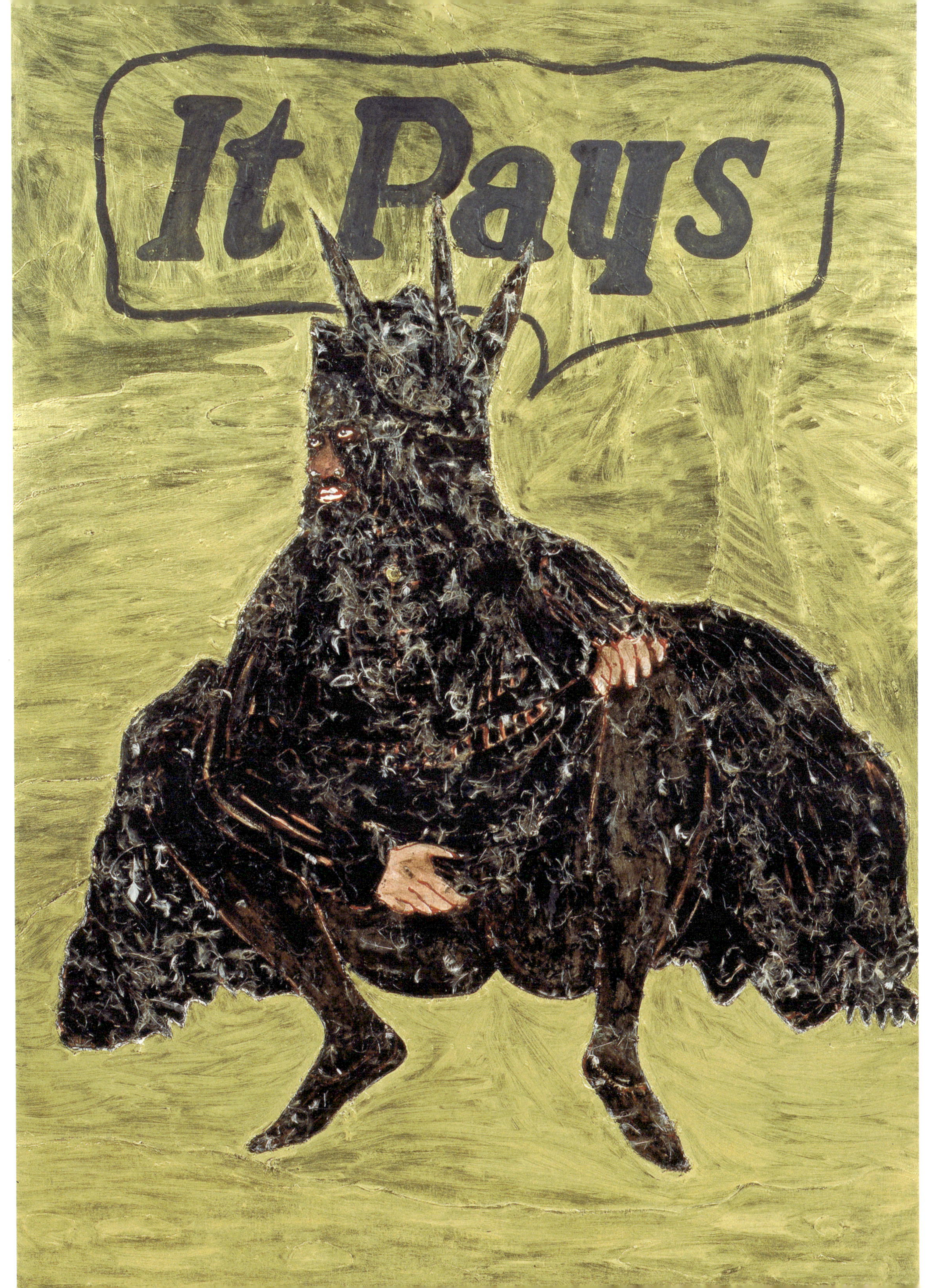
It Pays

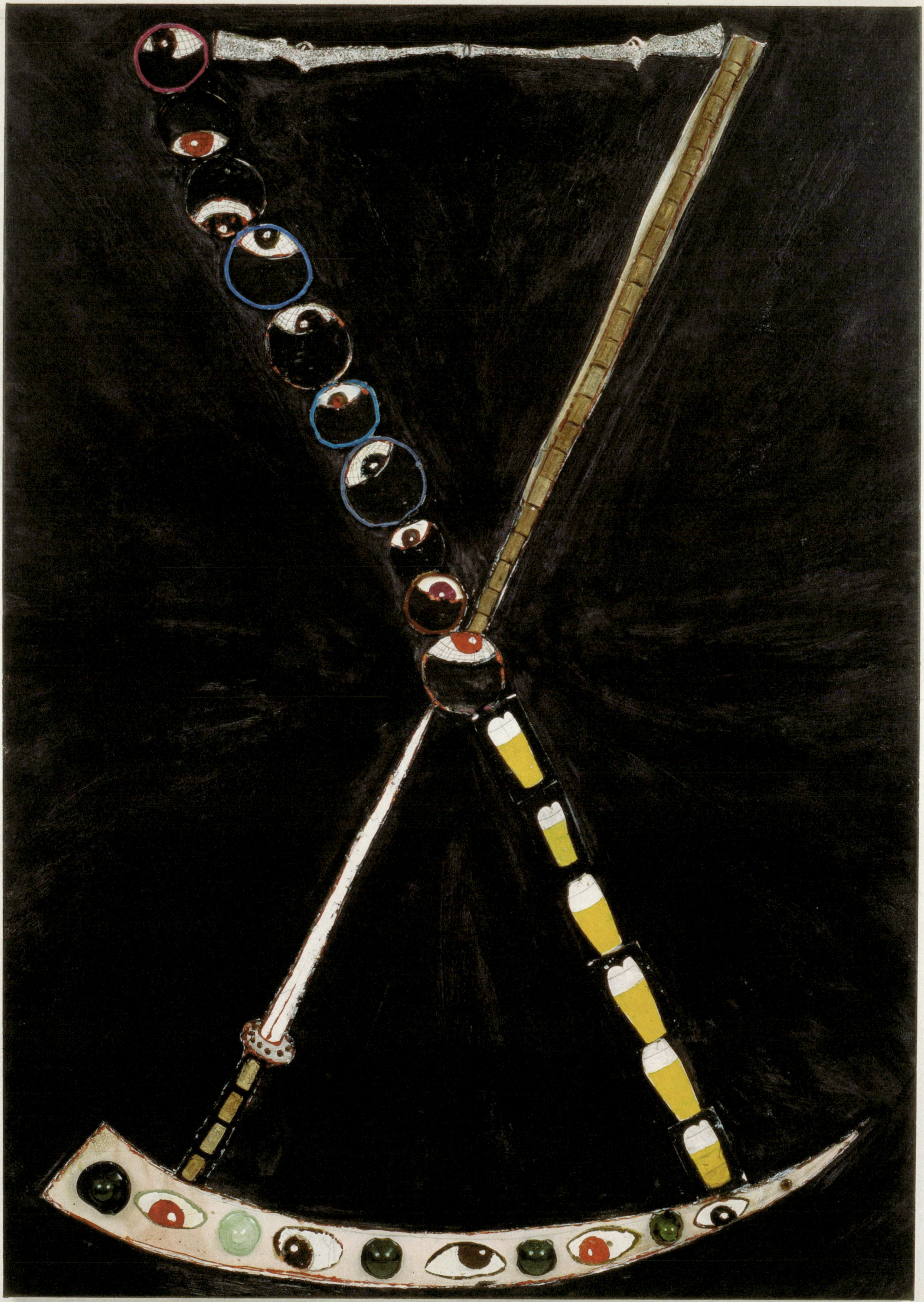

56

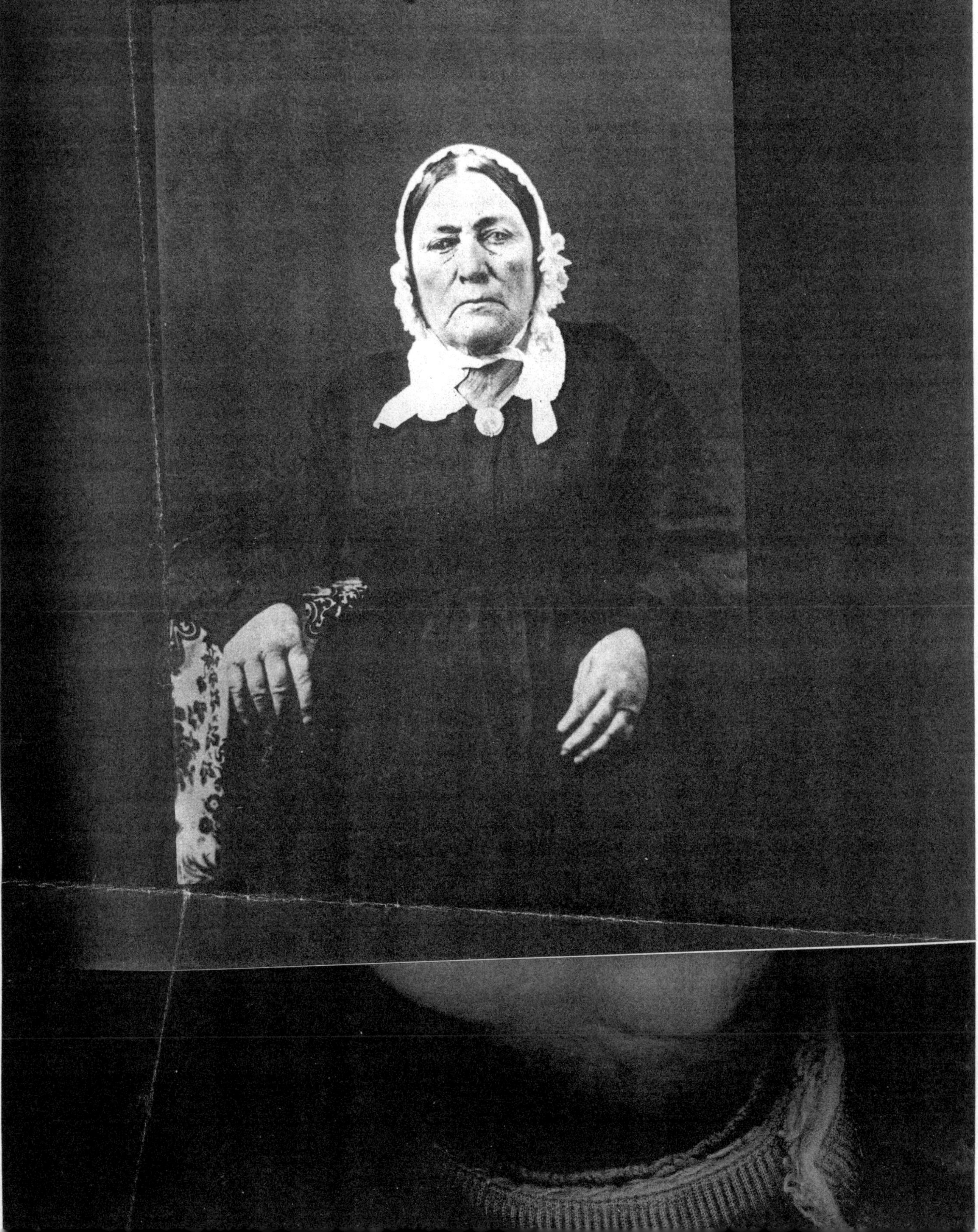
JOHR/DEAD BLONDE GIRLFRIEND

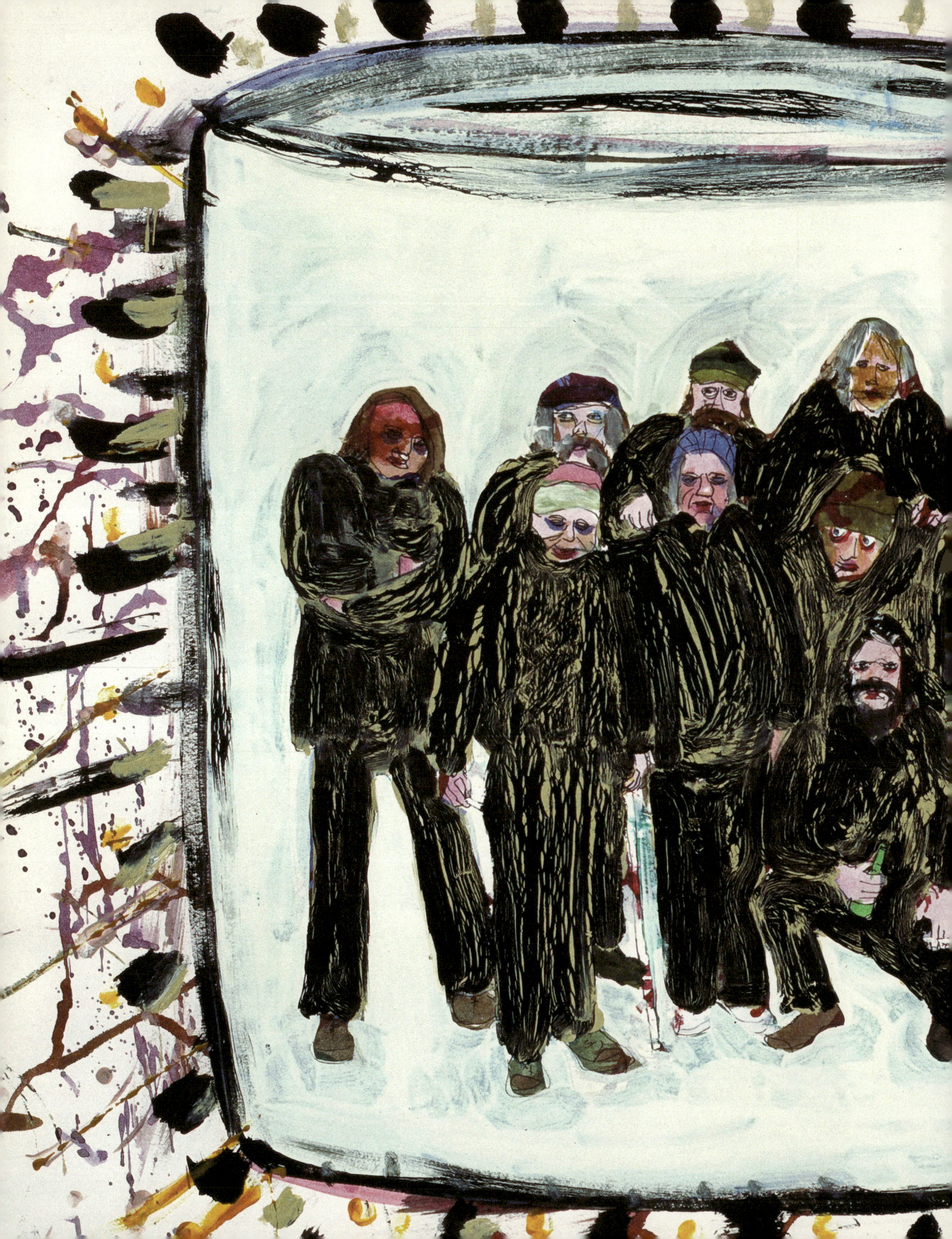

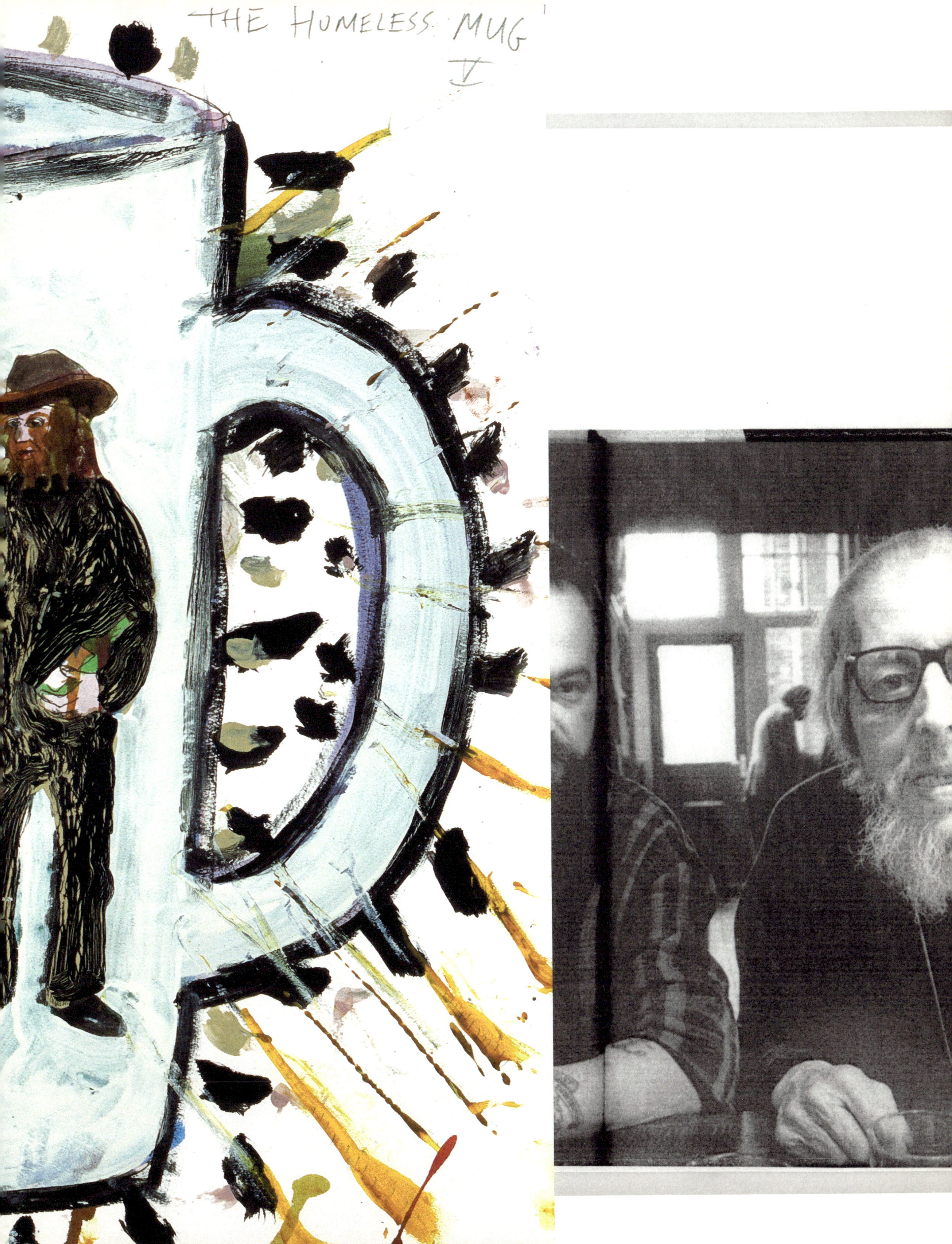
THE HUMELESS MUG
I

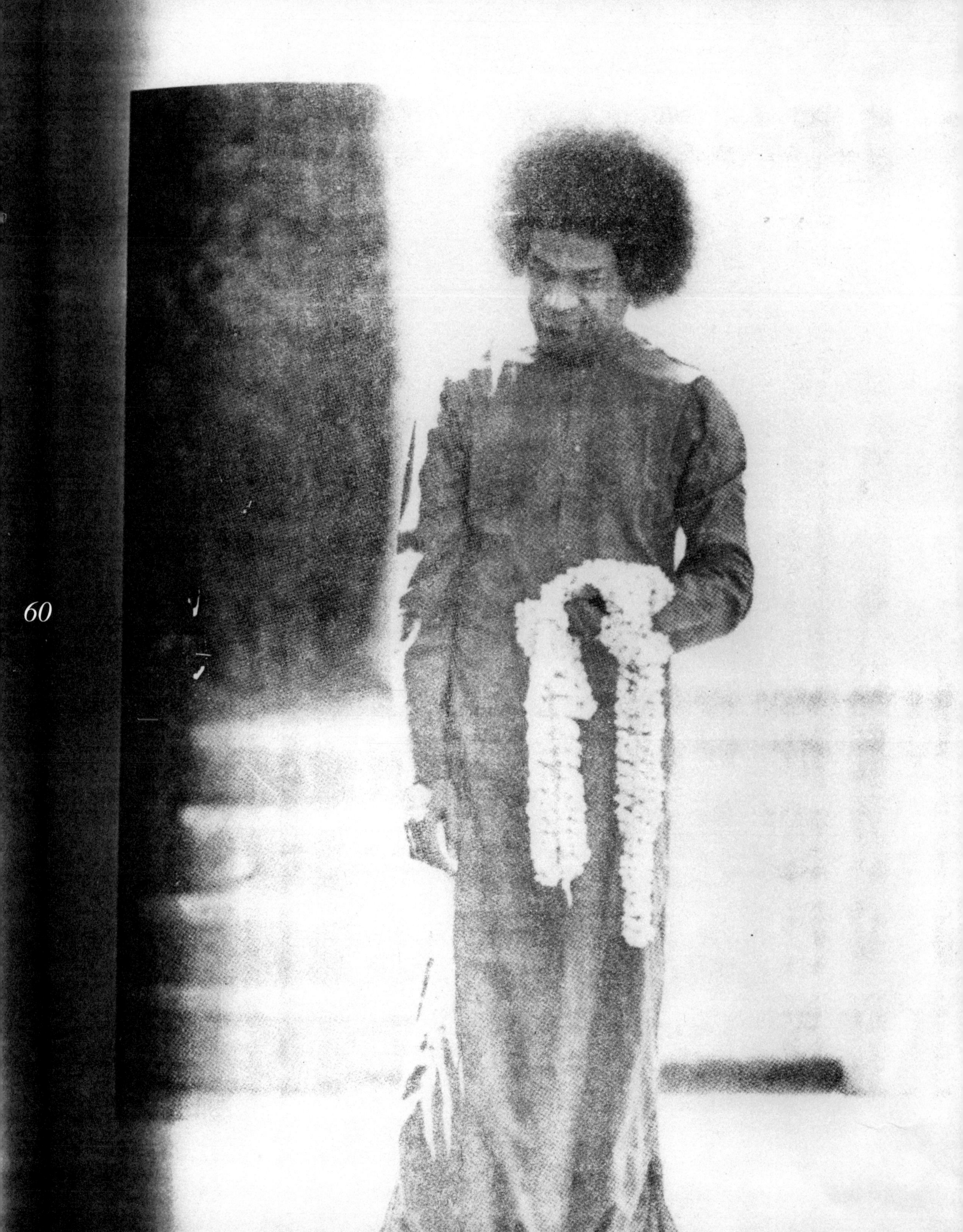

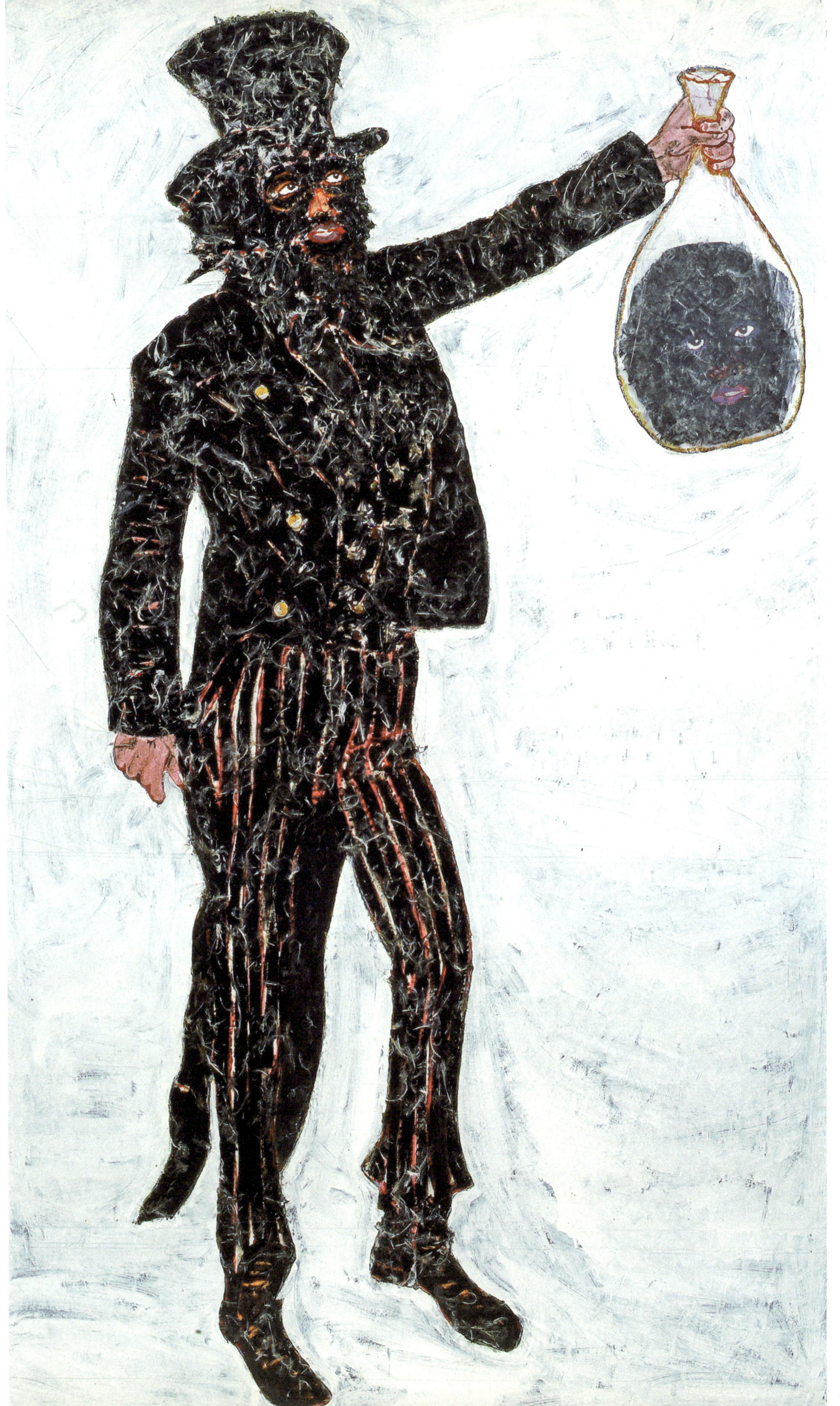

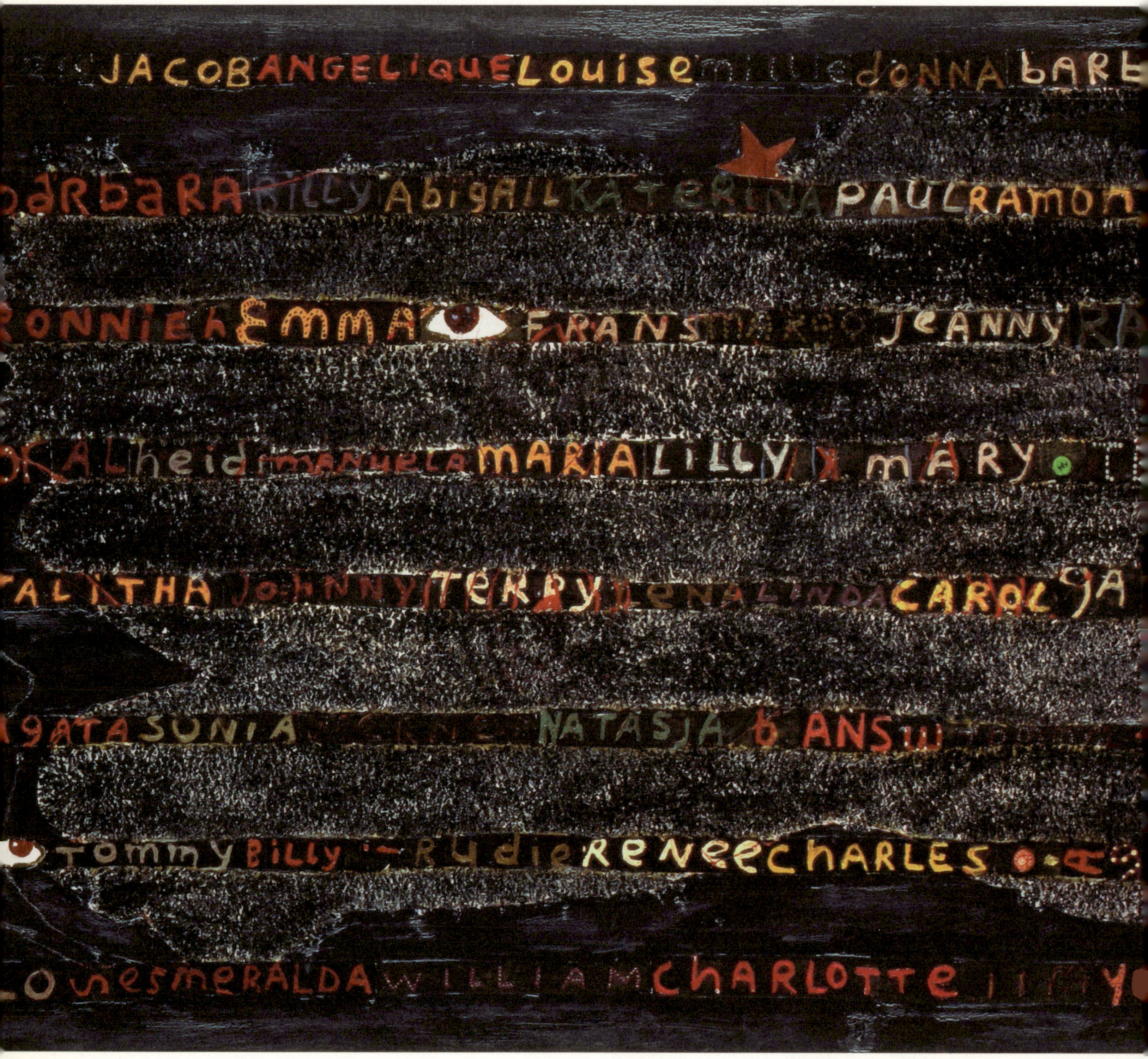

JACOB ANGELIQUE LOUISE mille DONNA BARB
BARBARA BILLY ABIGAIL KATERINA PAUL RAMON
RONNIE EMMA FRANS JEANNY RA
AL heidi MANUELA MARIA LILLY MARY
TALITHA JOHNNY TERRY RENA LINDA CAROL SA
AGATA SONIA NATASJA 6 ANS
TOMMY BILLY RUDIE RENEE CHARLES
LO ESMERALDA WILLIAM CHARLOTTE

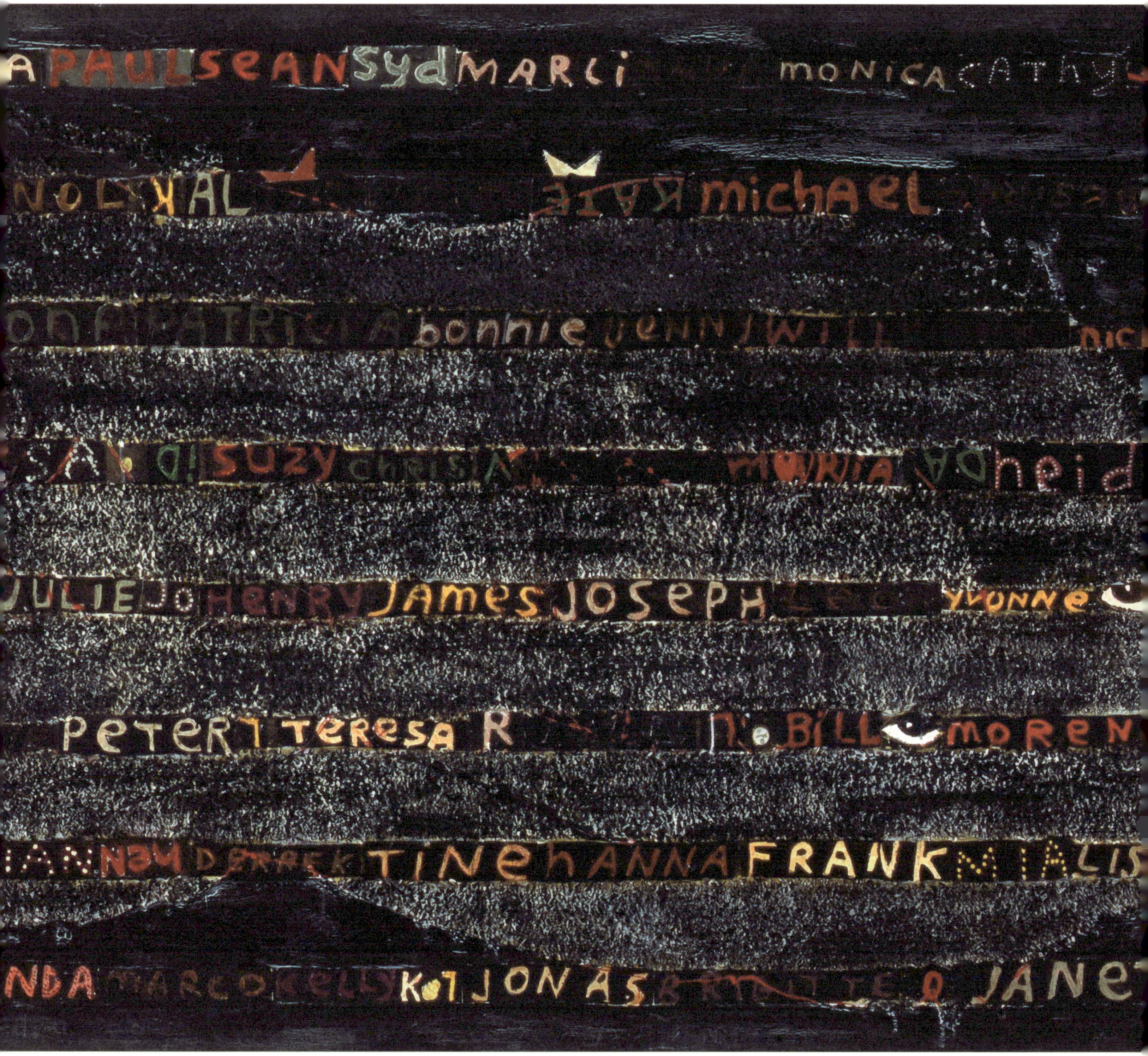

A PAUL SEAN SYd MARLi MONICA CATHY
NOLKAL KATE michAEL
ON A ATRI A bonnie JENN WILL
D! SUZY CHRISA MaRiA heid
JULIE JO HENRY JAMES JOSEPH YVONNE
PETER TERESA R m BILL MOREN
AN DEREK TINE hANNA FRANK M
NDA MARCO K JON AS JANE

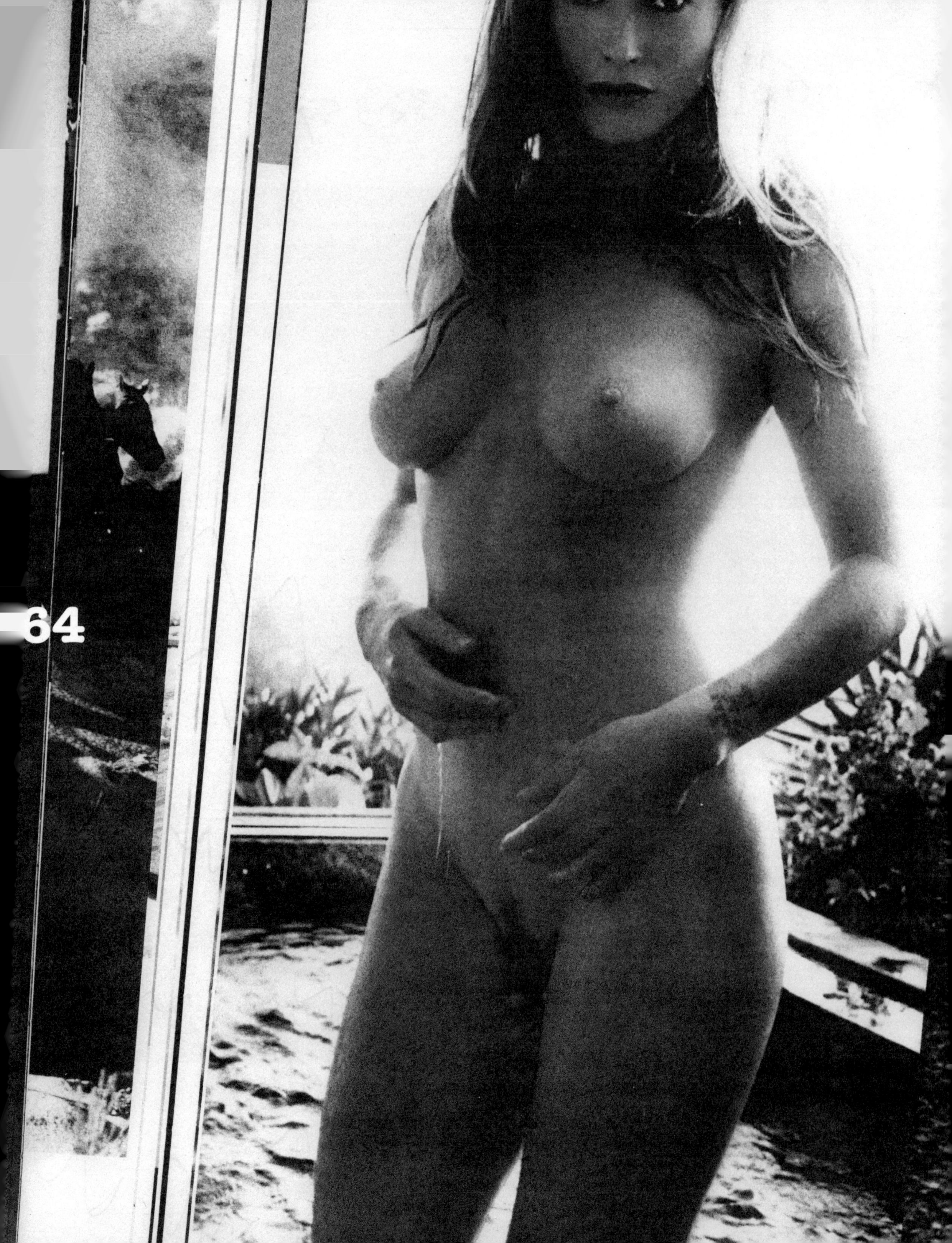

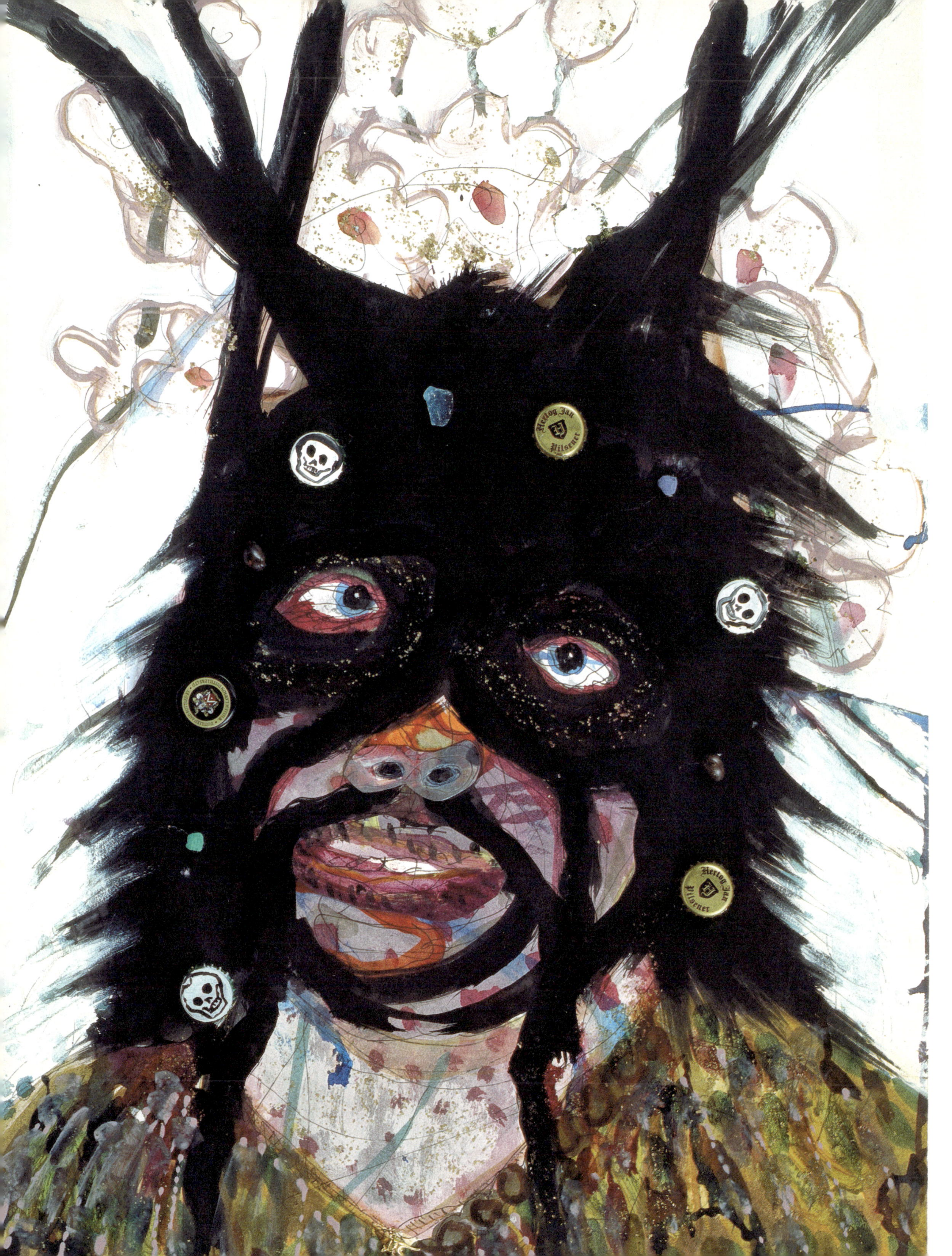

PN

TF

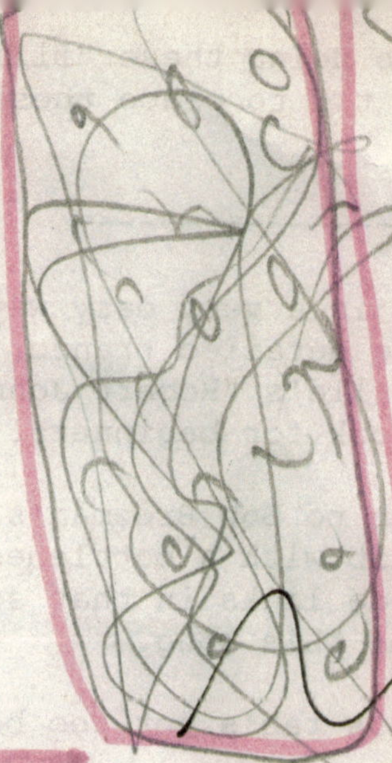

HATE
AND
WAR

HEAR

TEAR

pollock

chaos

Zwart

wit bladeren

HATE
AND
WAR

HATE
AND
WAR

HATE
AND
WAR

police

STEN
GUNS
IN
KNIGHTS
BRIDGE

WHITE
RIOT
hot hit tit

BRIGADE
ROSSE

NUDE
NUTS
TITS

GAS

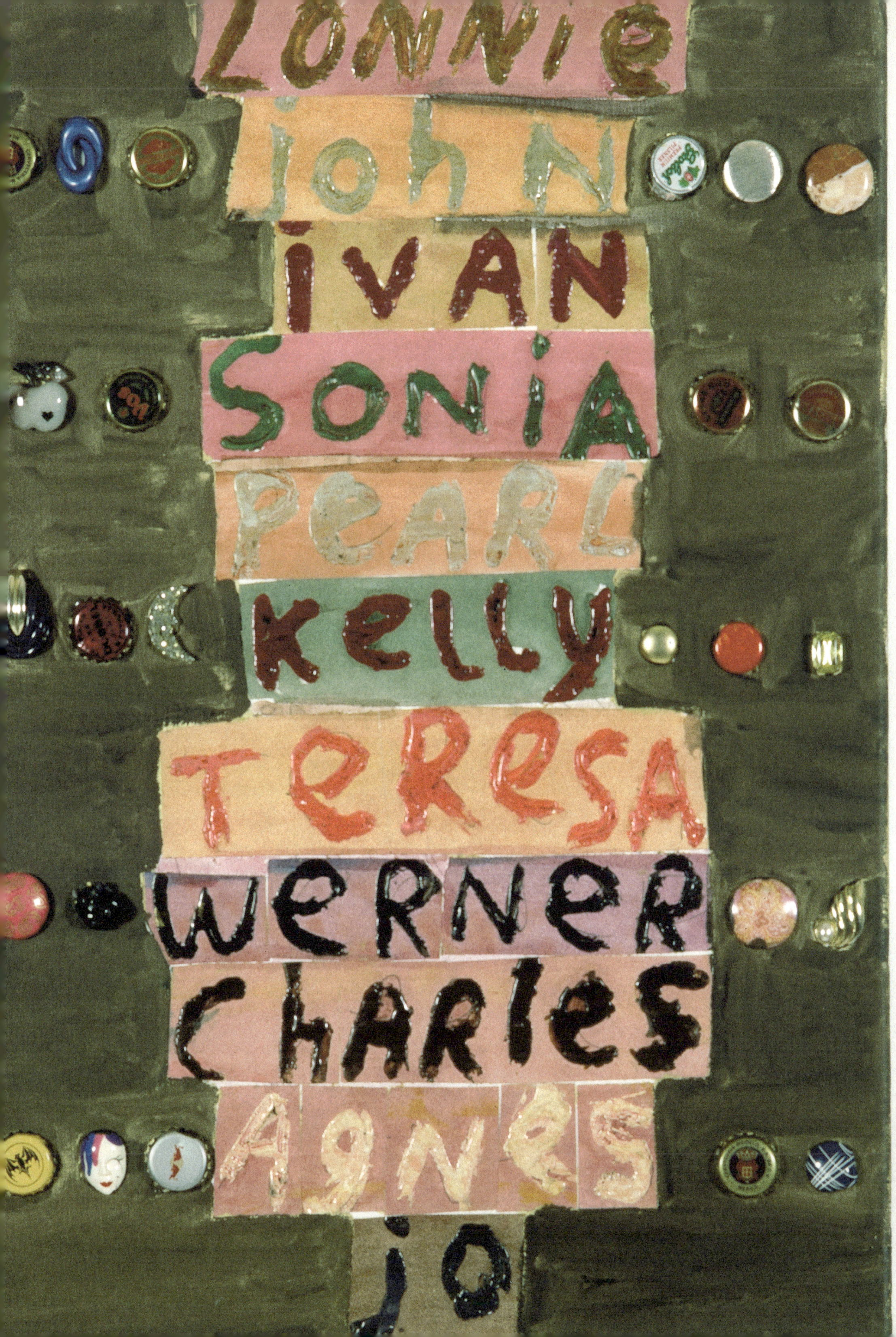

Lonnie
John
Ivan
Sonia
Pearl
Kelly
Teresa
Werner
Charles
Agnes
Jo

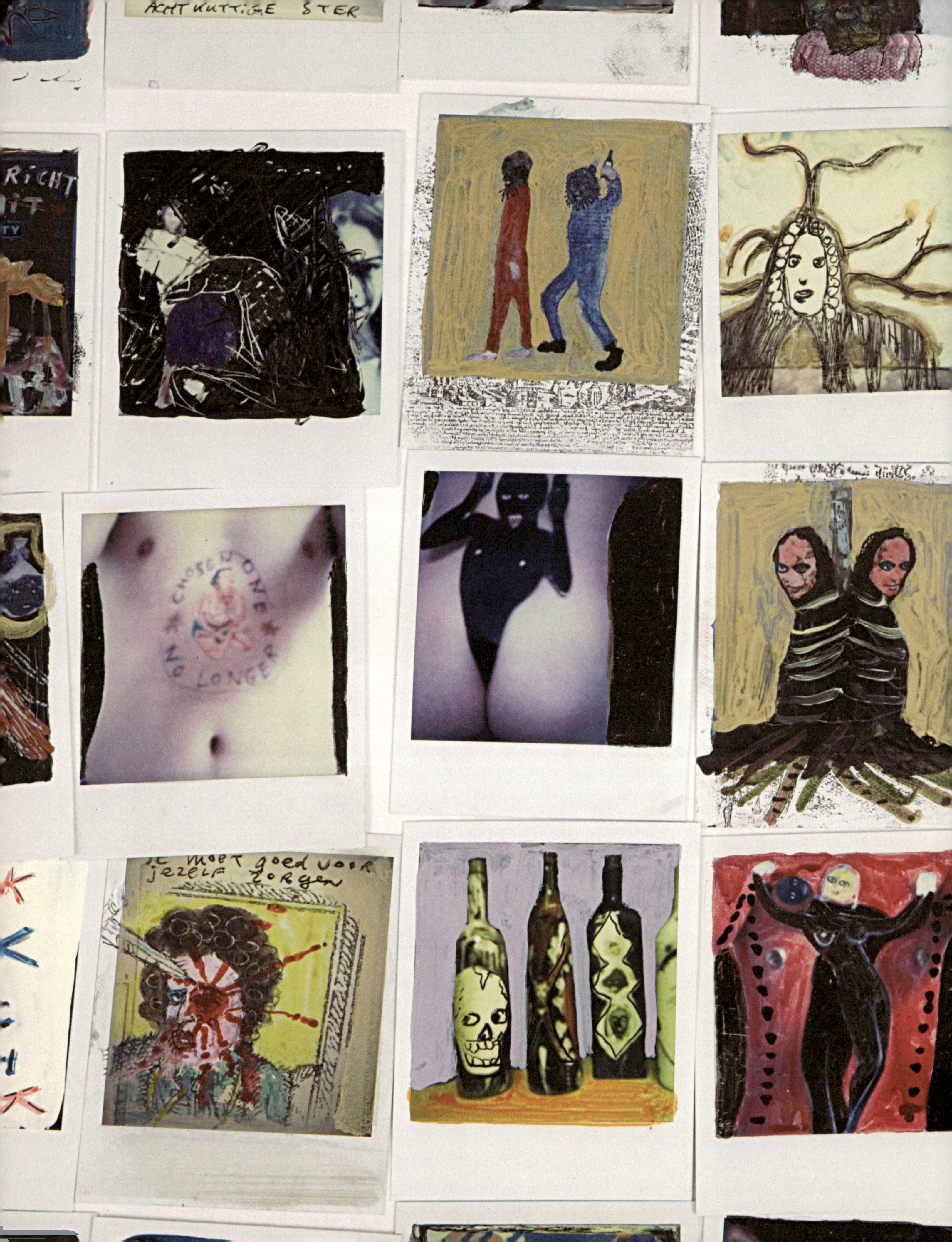
ACHTKUTTIGE STER
RICHT
UIT
TY
CHOSE IT ONCE
NO LONGER
JE MOET GOED VOOR
JEZELF ZORGEN

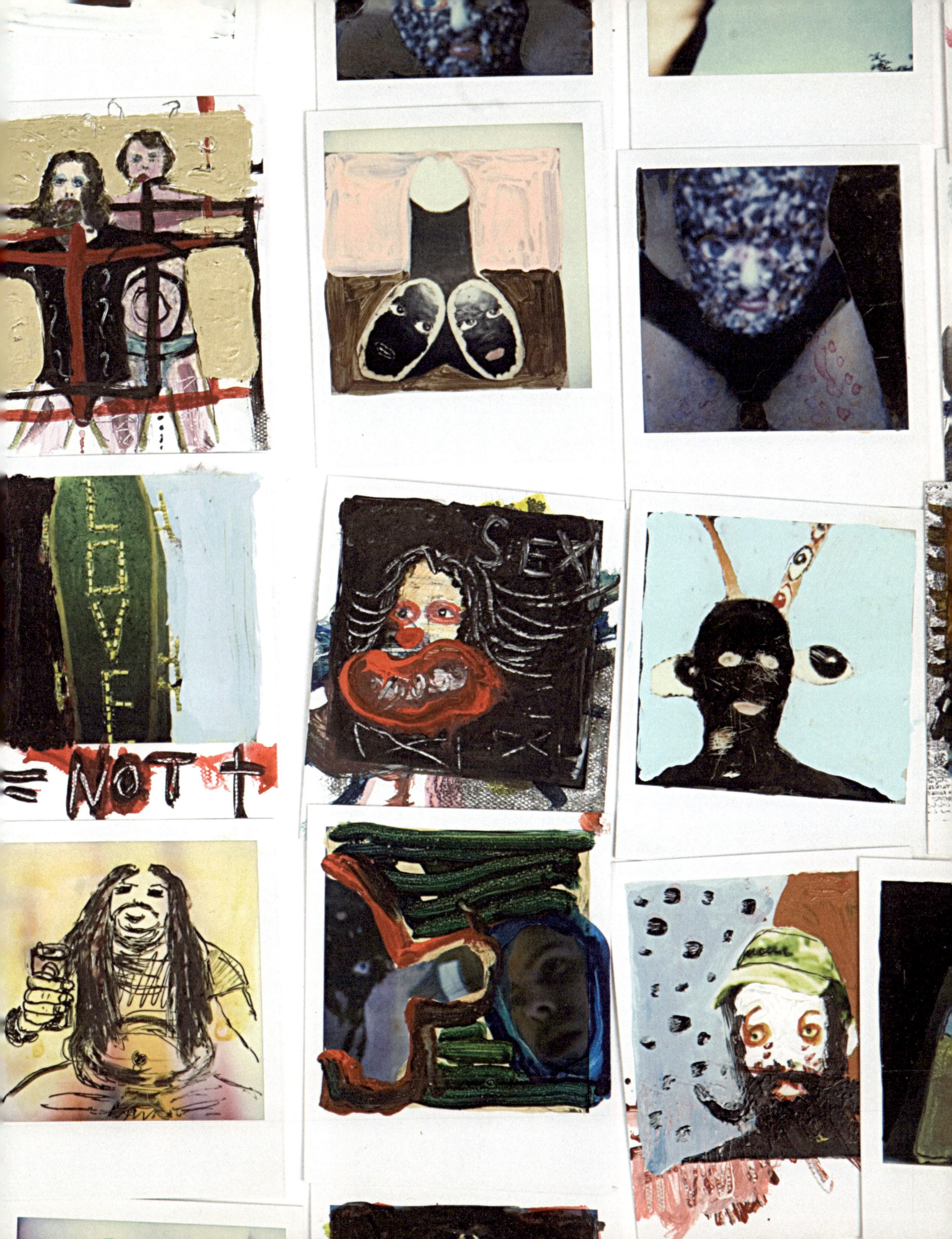
NOT
SEX
LOVE

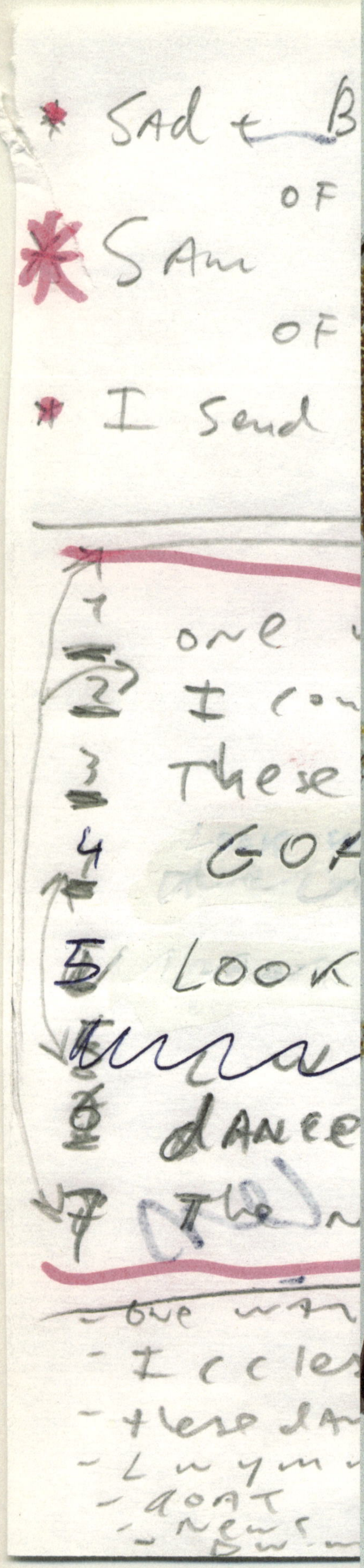

* Sad & B
          of
* Sam
          of
* I send

1   one
2   I con
3   These
4   GO
5   Look
    una
    dance
7   The

- ove wa
- I ccles
- these da
- Lu y m
- goat
- news
- bws

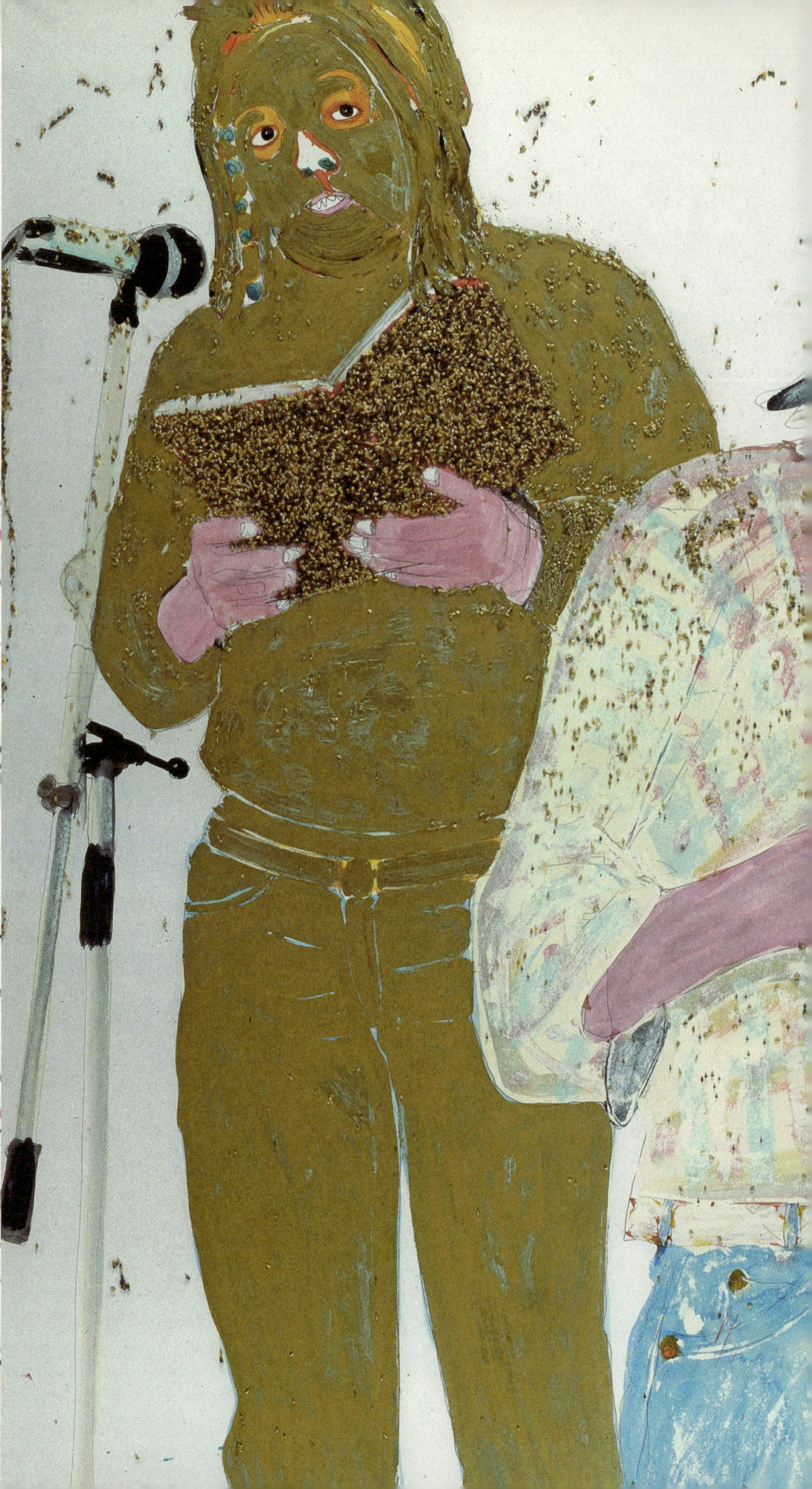

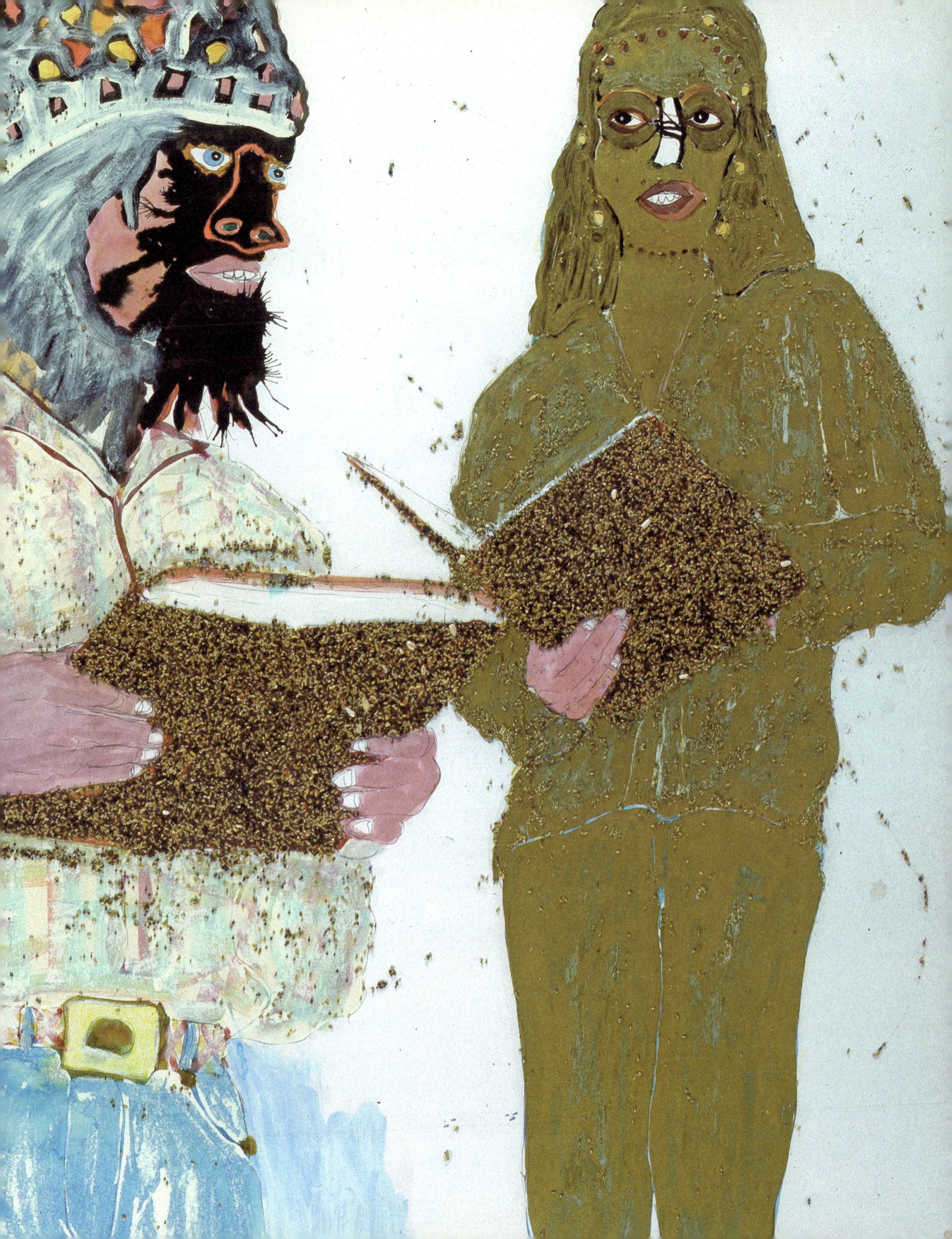

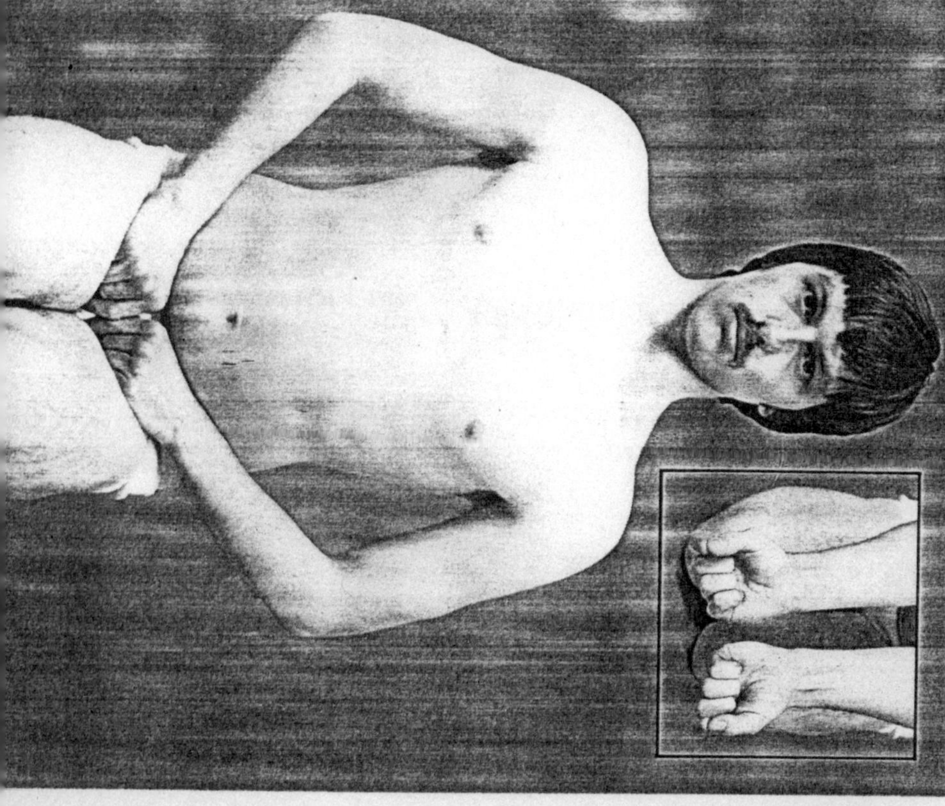

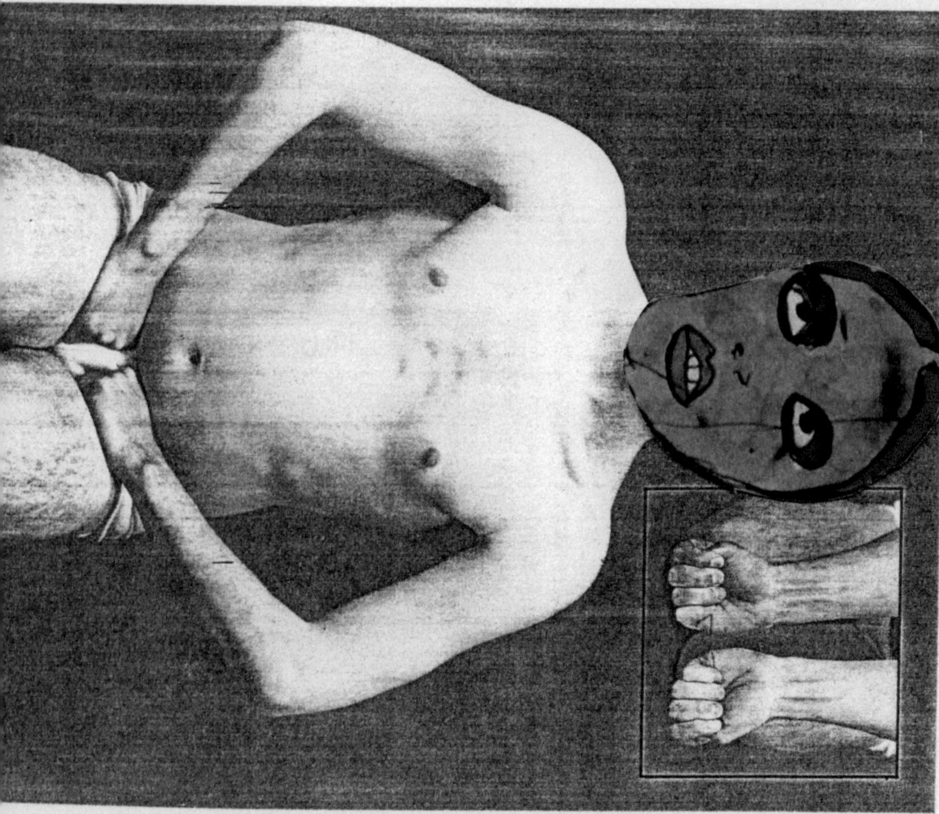

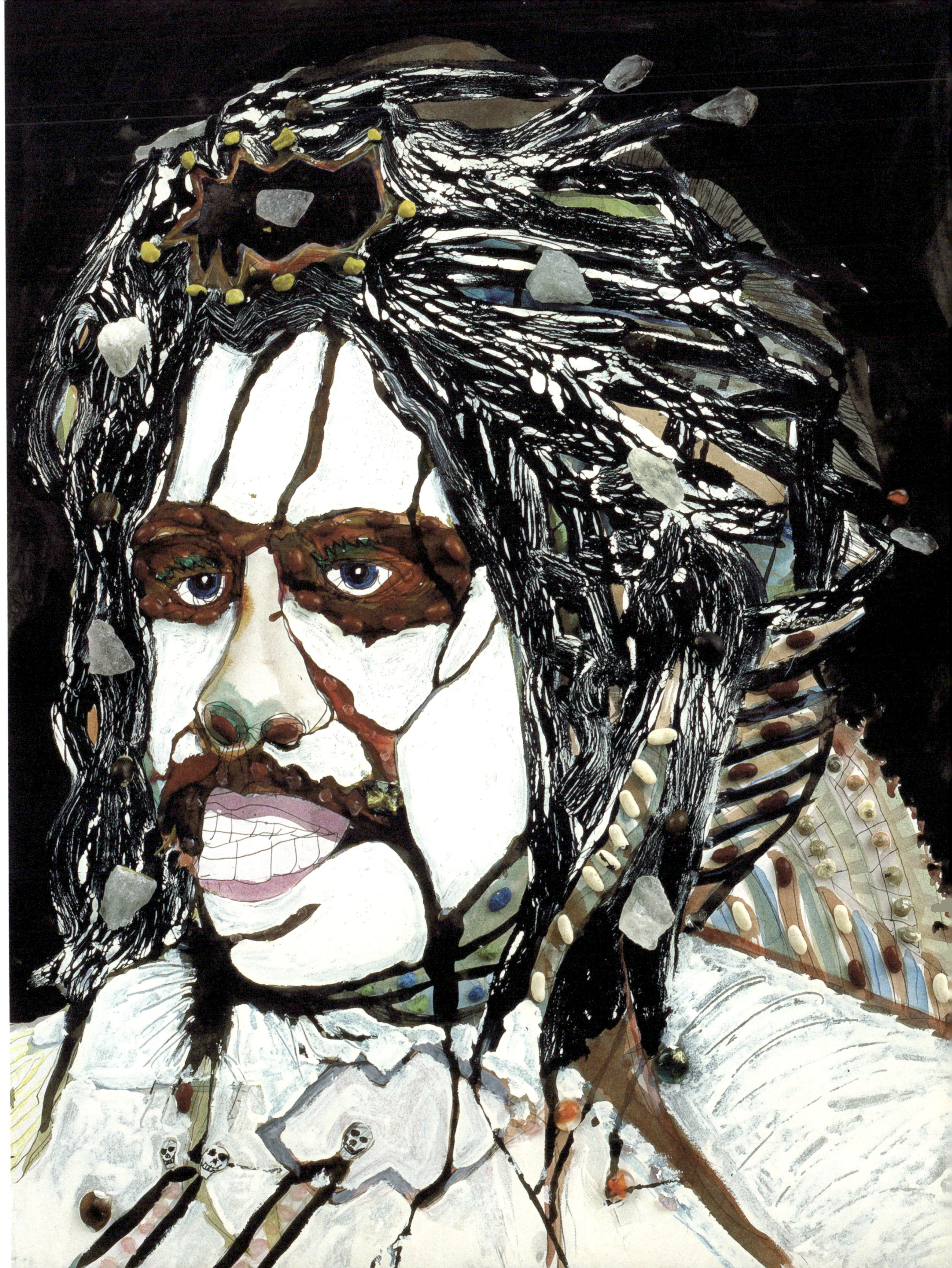

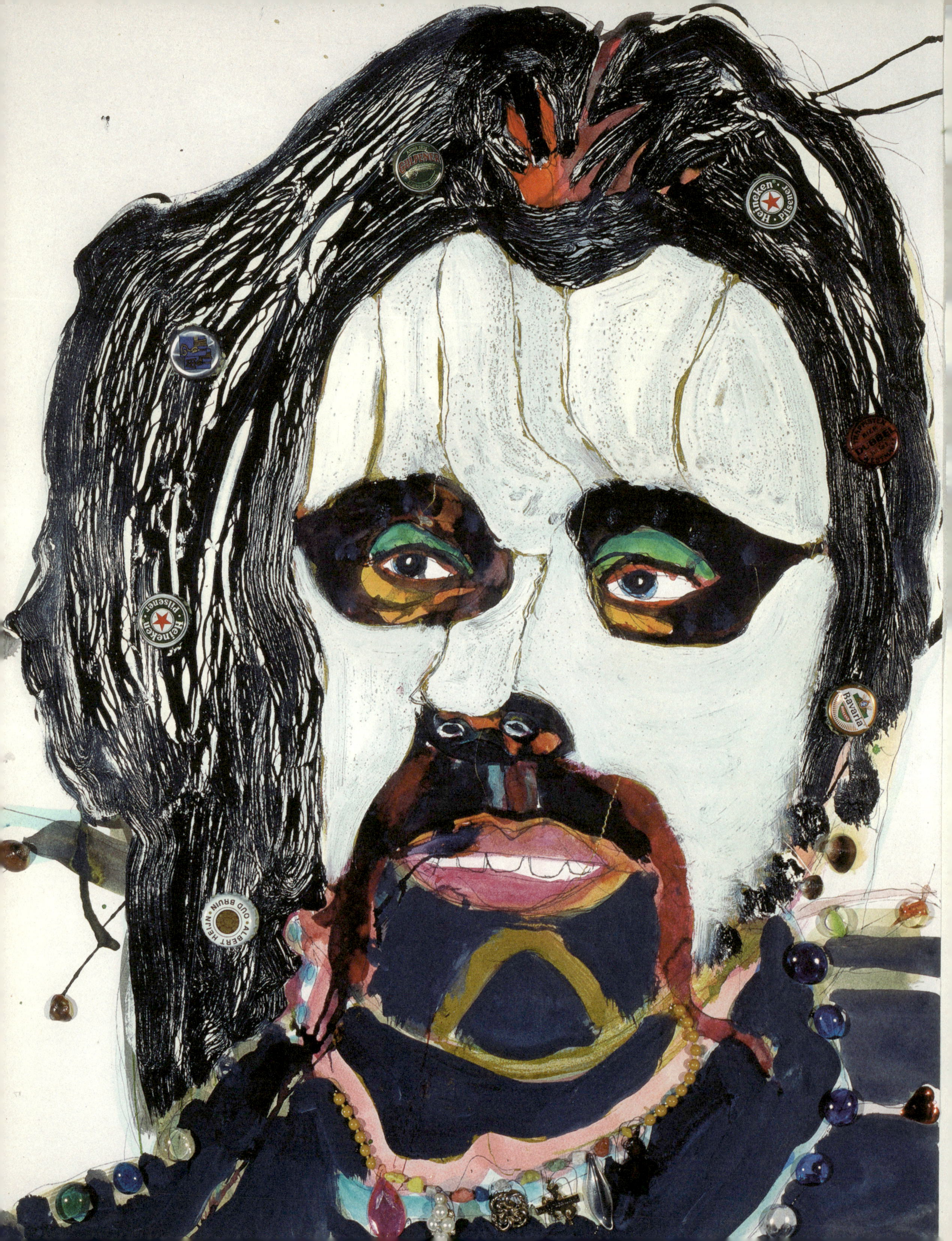

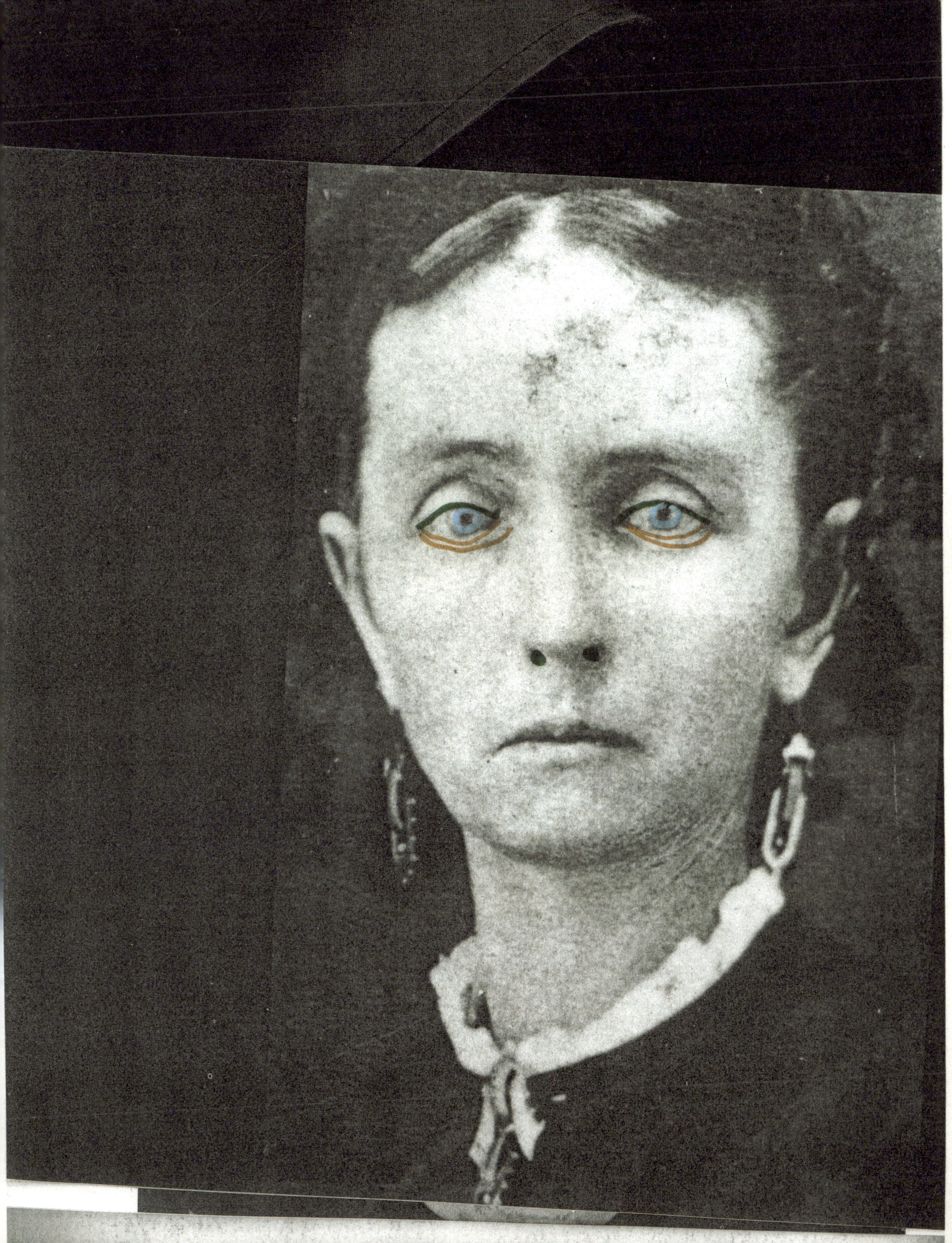

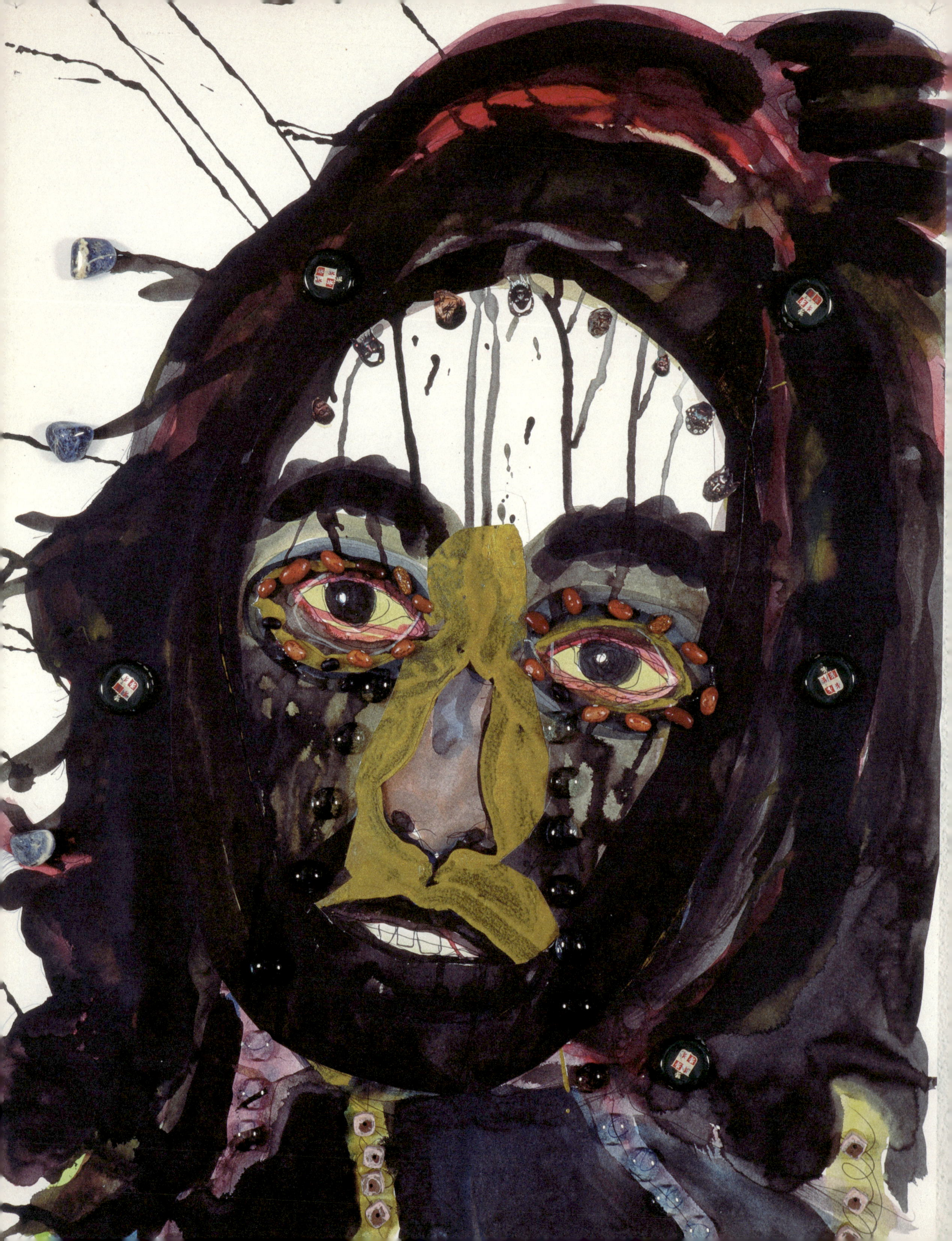

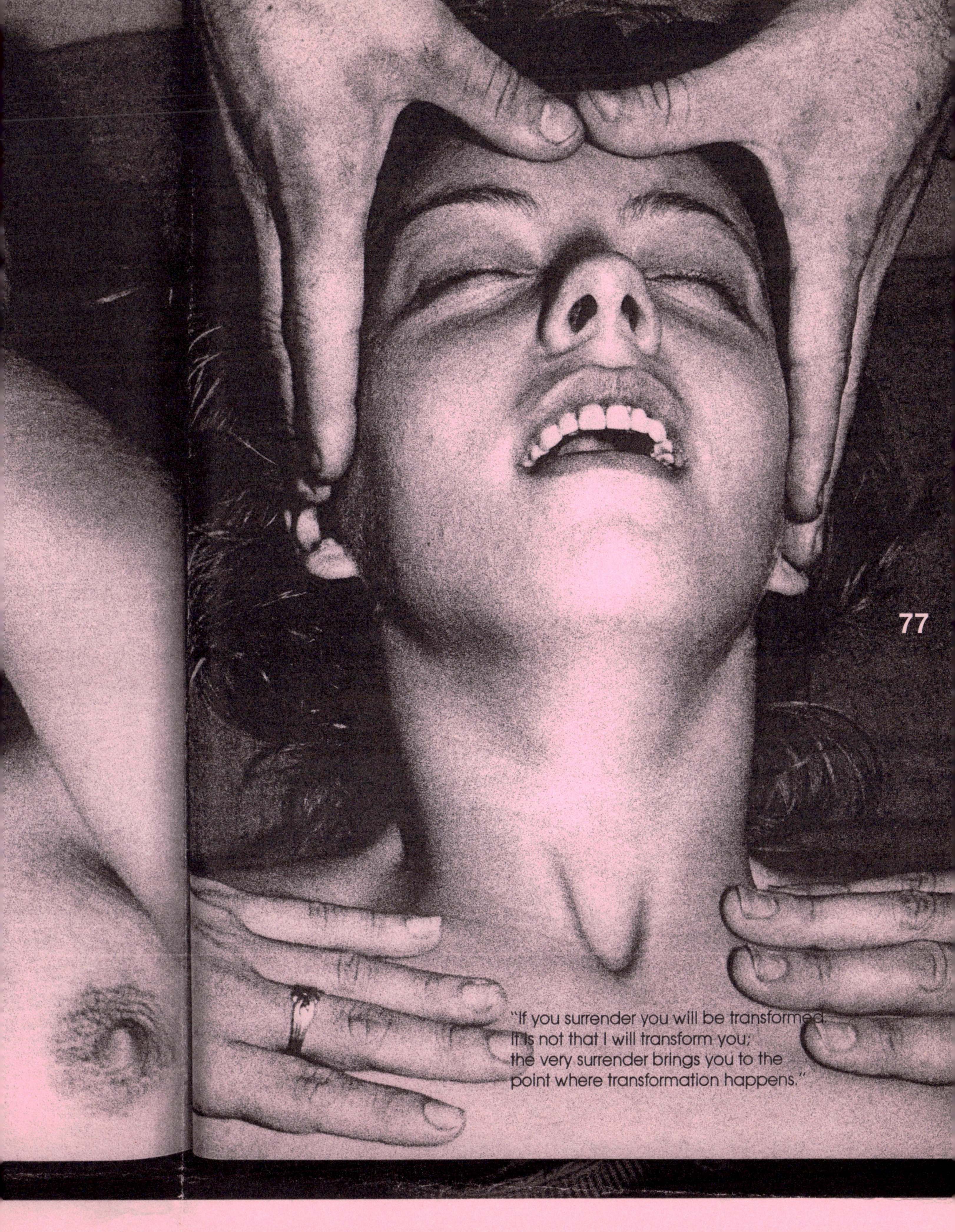
"If you surrender you will be transformed.
It is not that I will transform you;
the very surrender brings you to the
point where transformation happens."

Wild Thing

Drew Barrymore

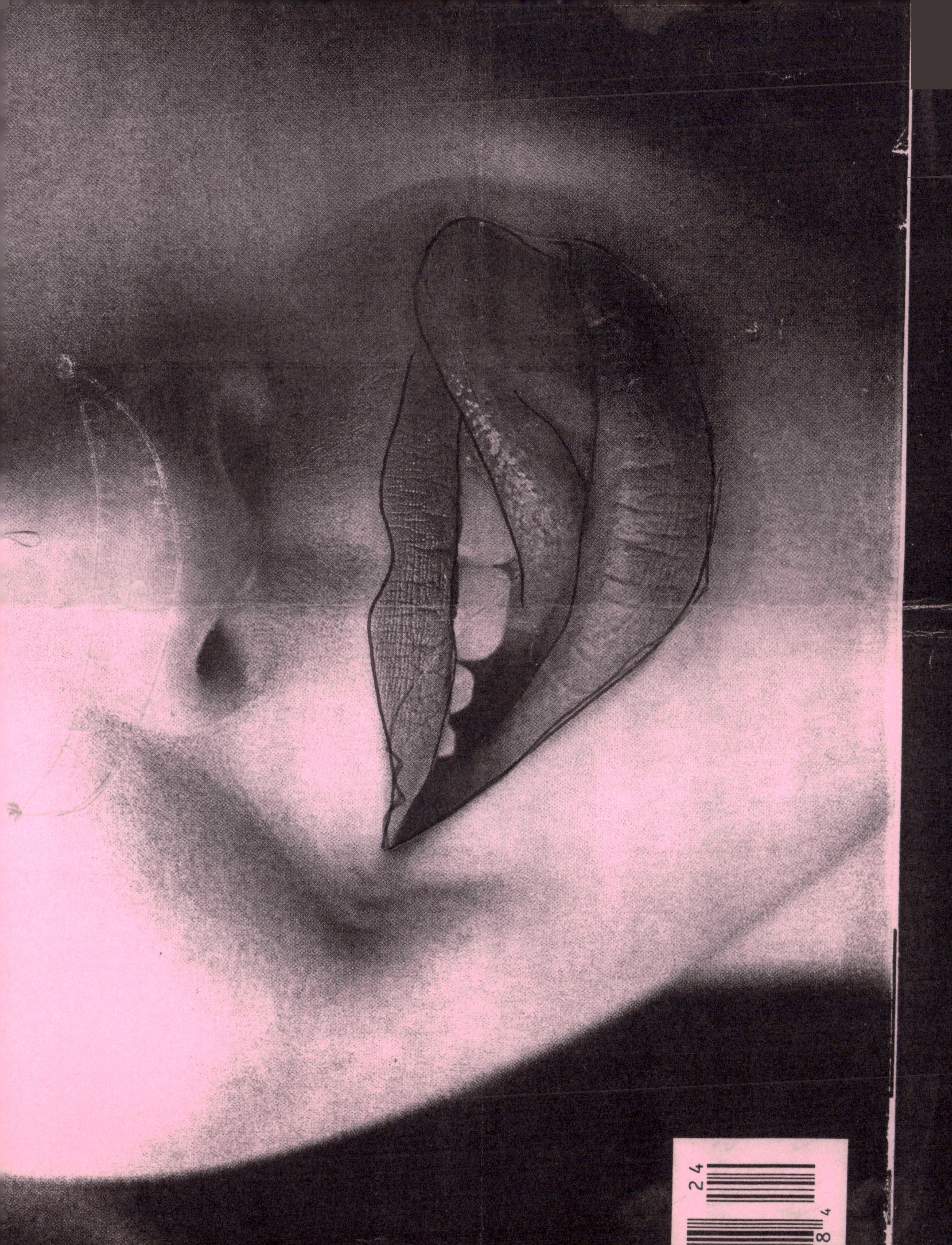

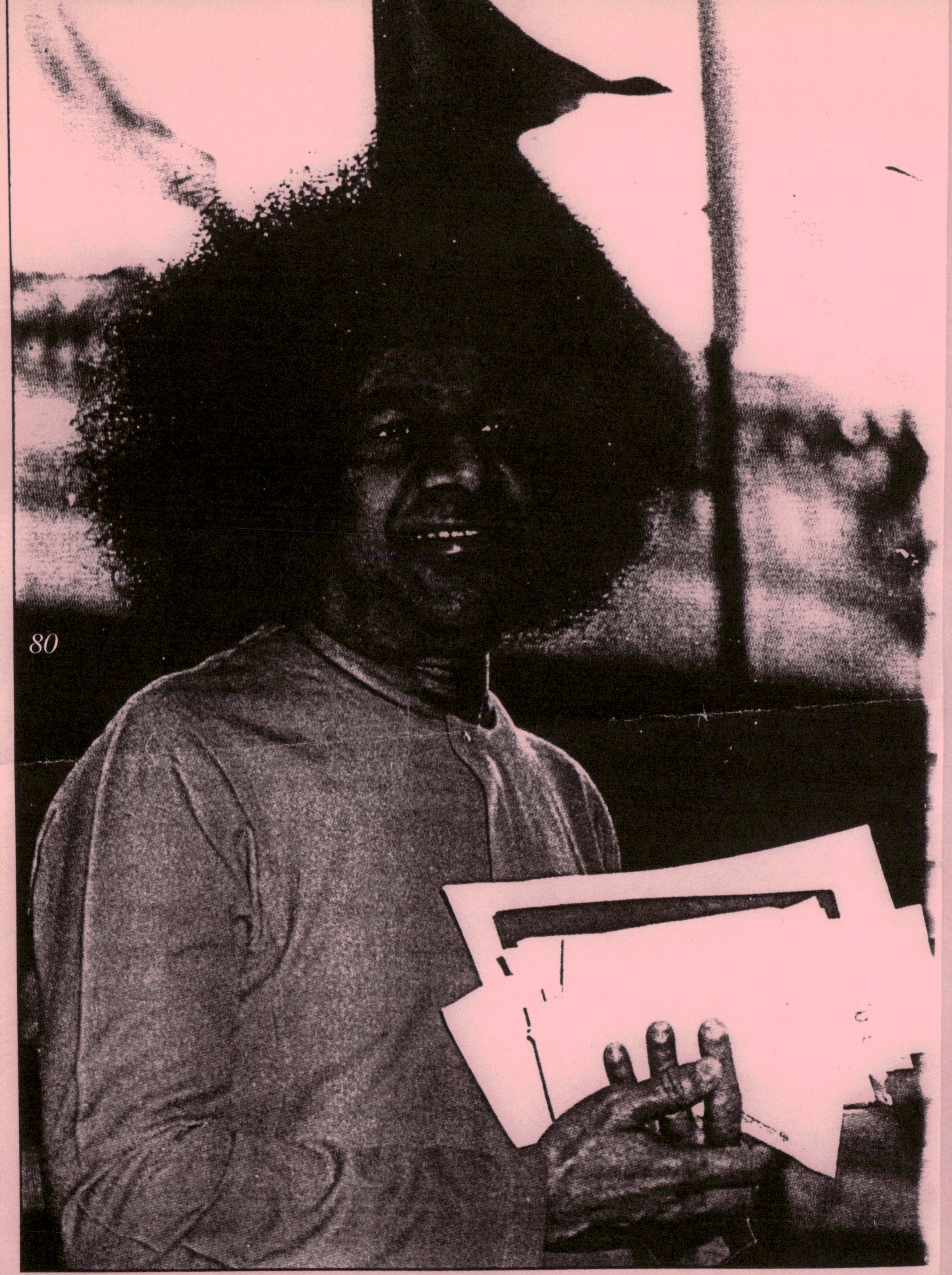

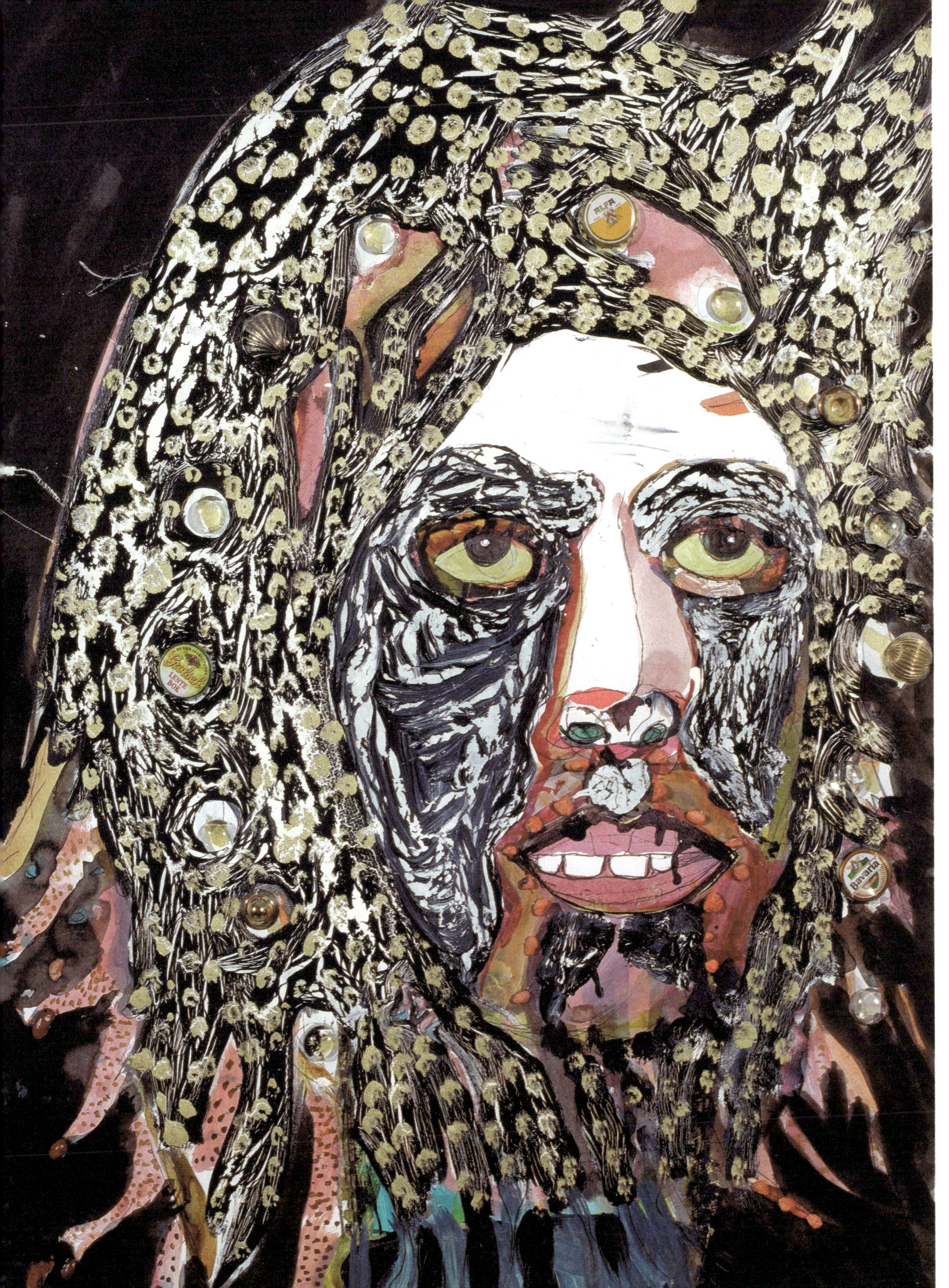

Beautiful Underdog
Dominic van den Boogerd

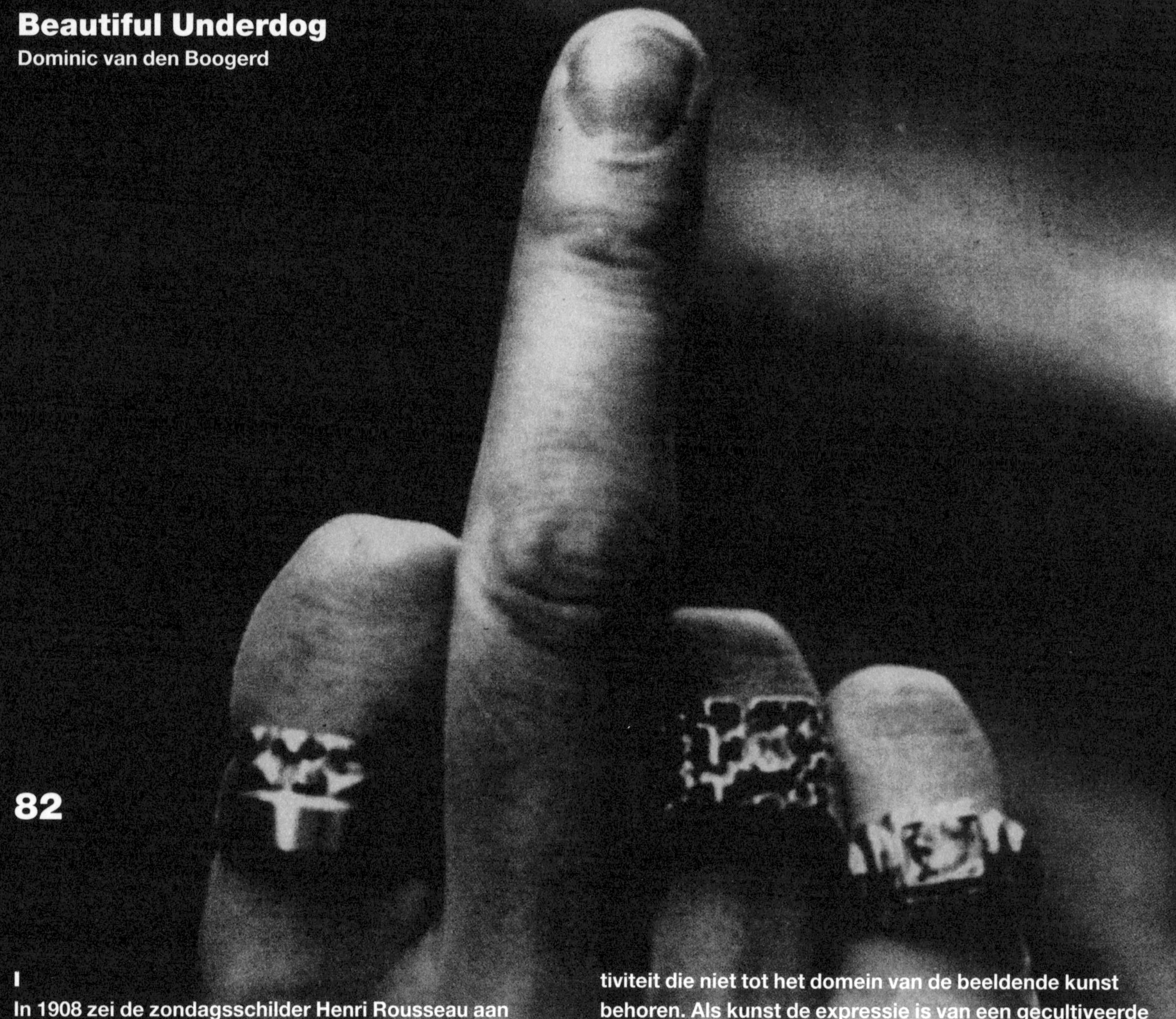

I

In 1908 zei de zondagsschilder Henri Rousseau aan Picasso: 'Wij zijn de grootste schilders van deze tijd; jij in de Egyptische stijl en ik in de moderne stijl.' De uitspraak tekent de intuïtie van de douanebeambte die op zijn een-enveertigste besloot te gaan schilderen. Rousseau werd bekend om zijn betoverende junglescènes, gebaseerd op het kleurboek van zijn dochtertje en bezoeken aan het Jardin des Plantes. Van moderne kunst had hij geen benul (hij bood Cézanne vriendelijk aan diens gouaches te voltooien) maar als autodidact mocht hij zich verheugen in de waardering van Brancusi, Gauguin en andere voormannen van de artistieke avant-garde. Picasso organiseerde ter ere van hem een banket; Apollinaire hield een rede bij zijn begrafenis. Voor de meeste tijdgenoten echter bleef Henri Rousseau een amateur.

Rik Meijers is een kunstenaar die net als de avant-garde van weleer de naïeve schilderkunst heeft omarmd. Zowel de onderwerpen als de vormgeving van zijn werk geven blijk van zijn sensibiliteit voor visuele uitingen van crea-tiviteit die niet tot het domein van de beeldende kunst behoren. Als kunst de expressie is van een gecultiveerde klasse, dan weerspiegelt volkskunst of 'outsider art' het leven van de gewone man. Het onttrekt zich aan stromin-gen en modes en is geworteld in tradities van ambacht en nijverheid die ten grondslag liggen aan zulke uiteenlopende artefacten als geborduurde merklappen, gedecoreerde kaasplanken, handbeschilderde tuinkabouters, als ook de 'Schmuck' van Meissen porselein en Swarovski kristal. Maar ook tattoo's, graffiti en de beschilderde jacks van motorrijders horen tot de beeldende expressie van leken en liefhebbers. Het is deze visuele cultuur der hobbyisten die in de schilderkunst van Rik Meijers wordt weerspiegeld.

De titel van de tentoonstelling 'Doe dat niet meer' heeft betrekking op het feit dat mensen altijd weer vervallen in dezelfde fouten en de gevangenen zijn van hun eigen zwakheden en tekortkomingen. De vermaning is een citaat van een obscure goeroe uit de jaren zeventig, Bubba Free John. Als zelfverklaarde belichaming van God op aarde was Bubba Free John de spirituele leider van de Californische

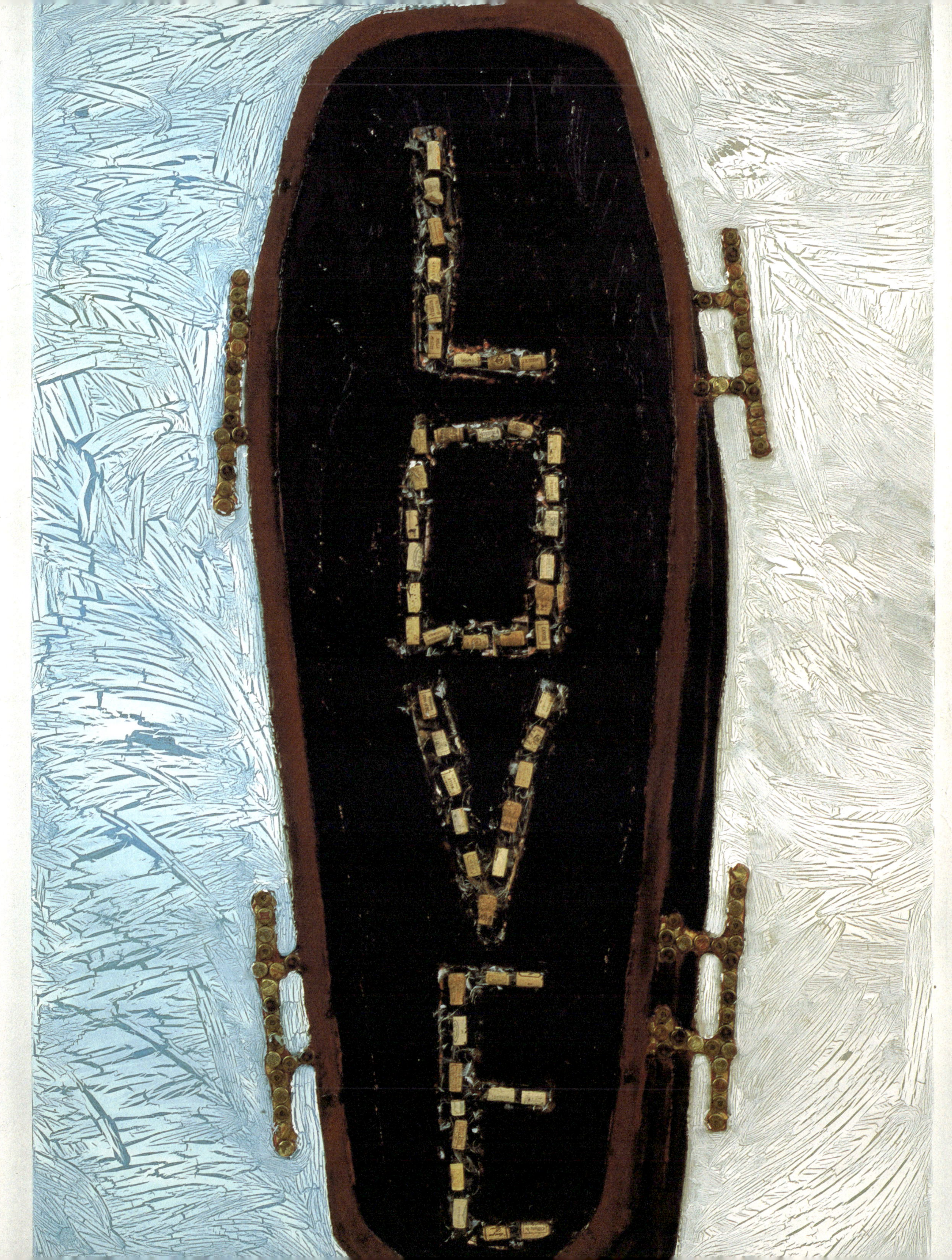

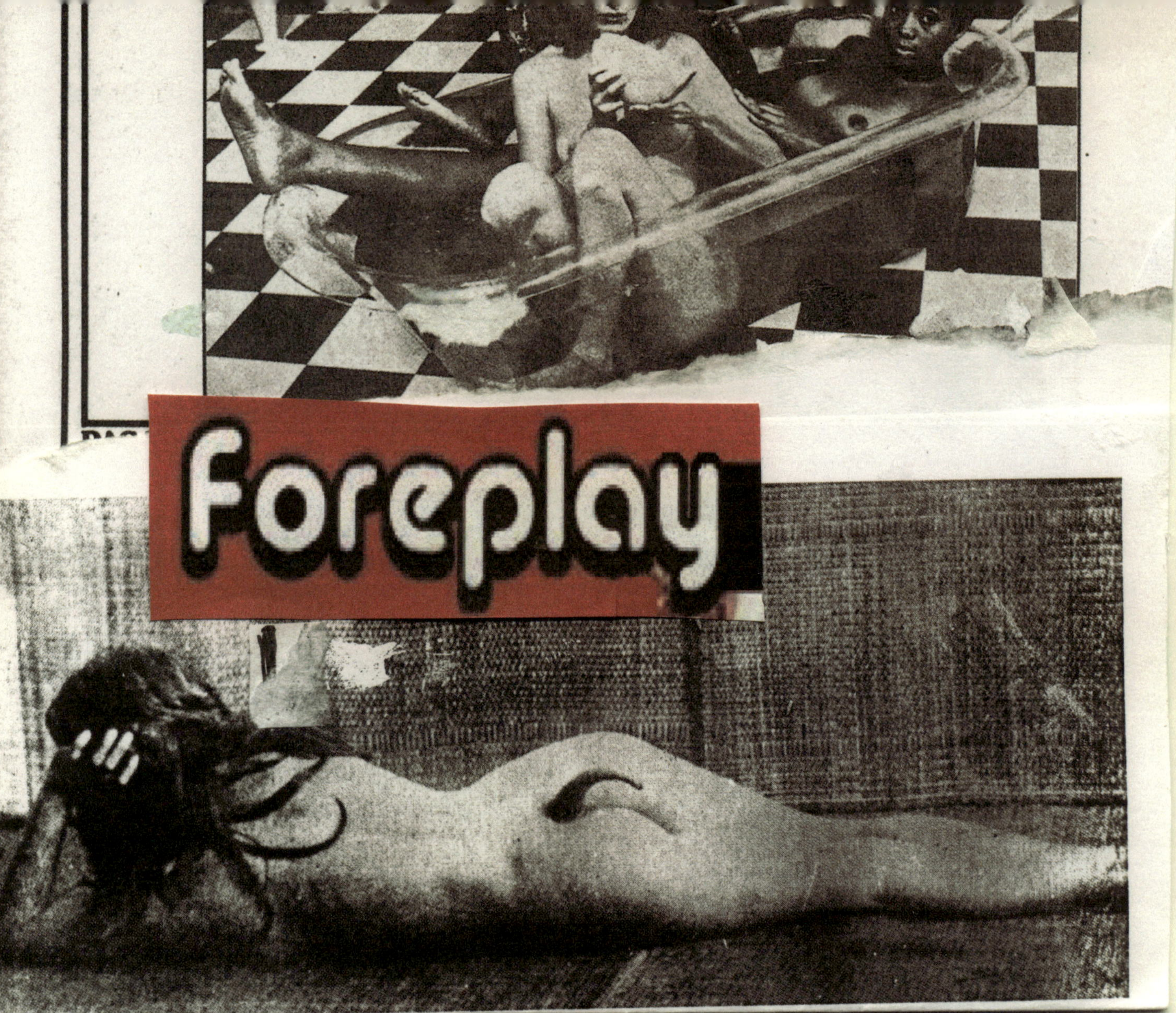

sekte The Dawn Horse Communion. Via 'Laughing Man Magazine', 'Crazy Wisdom' en andere publicaties verspreidde hij zijn leer en wist hij ruim tweeduizend volgelingen aan zich te binden. Na financiële malversaties en aanklachten wegens psychische en seksuele mishandeling van zijn vrouwelijke getrouwen is Bubba Free John de Verenigde Staten ontvlucht.

Het zal niet verbazen dat Bubba Free John weer opduikt in de wereld van Rik Meijers (**Mystieke Portretten**, 2000-2006). Daar weet de gesjeesde goeroe zich in gezelschap van dronkaards en lijmsnuivers, van ontspoorde jongeren en ontredderde ouders. Zij allen zijn dolende zielen die aan hun mislukte leven willen ontsnappen en die de eenzaamheid trachten te ontvluchten, op zoek naar verlossing en verlichting. In **SG** (2006) zitten twee figuren van onbepaalde leeftijd ruggelings tegen elkaar geleund lijm te snuiven. De voorstelling is een 'Umwertung' van het beeldmerk Kappa, waarbij junkies de plaats van atleten hebben ingenomen. In **Couple I** (2006) herkennen we het laveloze stel dat 's nachts over straat zwalkt, bierglas in de hand, sigaret bungelend in de mondhoek, de hand van de man in de kontzak van de vrouw. In **Trio** (2005) figureren drie goudkleurige jongelingen met zwart opgemaakte ogen en identieke haarbanden. Het schilderij is gebaseerd op een foto van 'probleemjongeren' in een jeugdinternaat die hun kamer hebben gedecoreerd met geweren. Ze zien er verwilderd uit, maar tegelijk ook sullig. Onmogelijk is vast te stellen waar deze losgeslagen figuren thuishoren. **Groene man** (2006) bijvoorbeeld zou een tuinman kunnen zijn, of een stripfiguur, of een lid van een zwarte jeugdbende, of aanhanger van een of andere sekte. Jong, oud, blank, zwart - wat hij ook moge zijn, hij is de belichaming van de ultieme buitenstaander, alleen met zichzelf in een eindeloze leegte. Dat de vlucht in meditatie, alcohol en seks geen soelaas biedt, bewijst **Couple II** (2006), waarop een vergulde dominatrix is te zien met een man aan de ketting die meer weg heeft van een skelet. Door de goedkope rode plastic sandaaltjes van de meesteres en de onnozele glimlach van de slaaf oogt de scène eerder tragikomisch dan kinky.

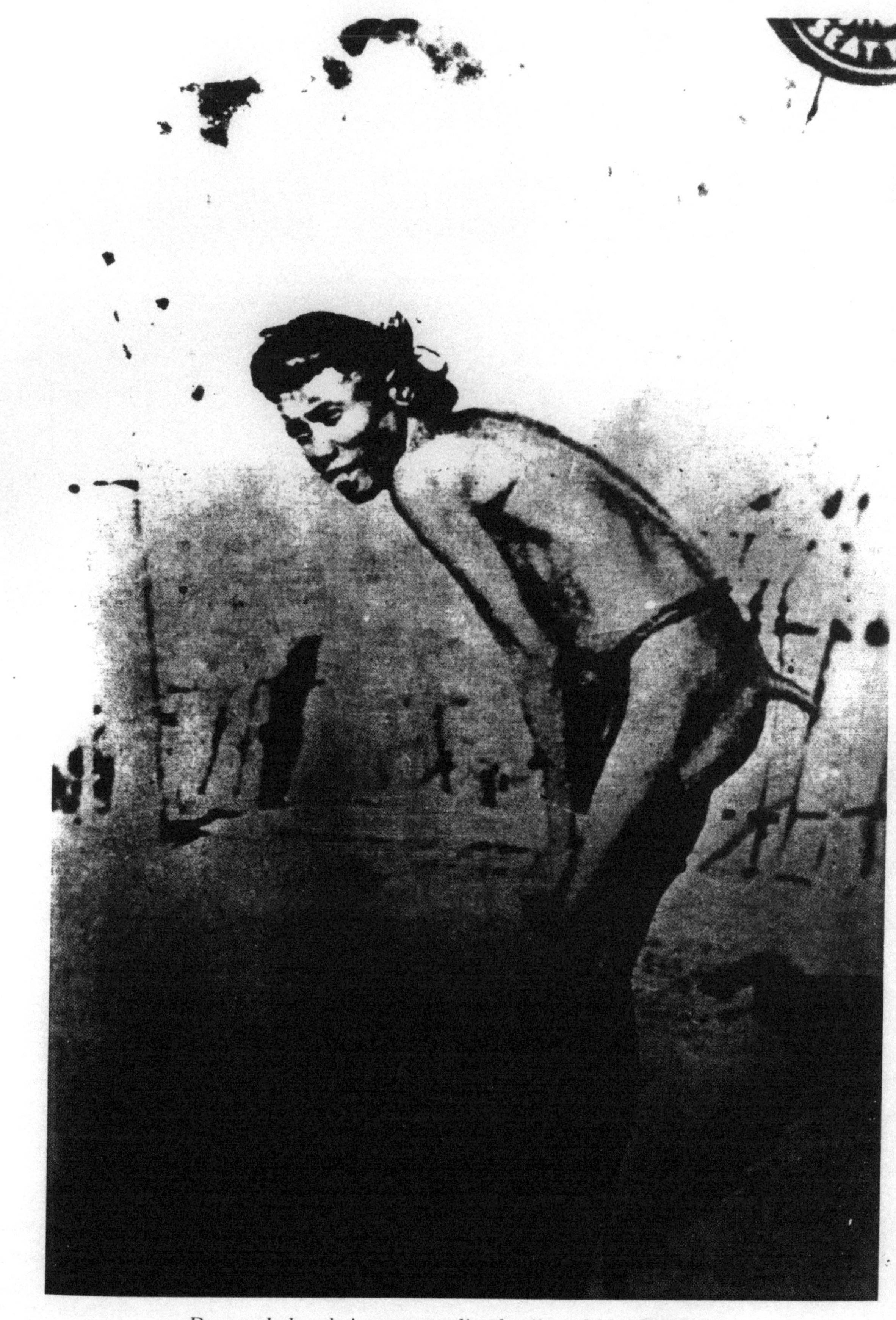

Deze onbekende jongen verdiende zijn geld bij Ringlings.

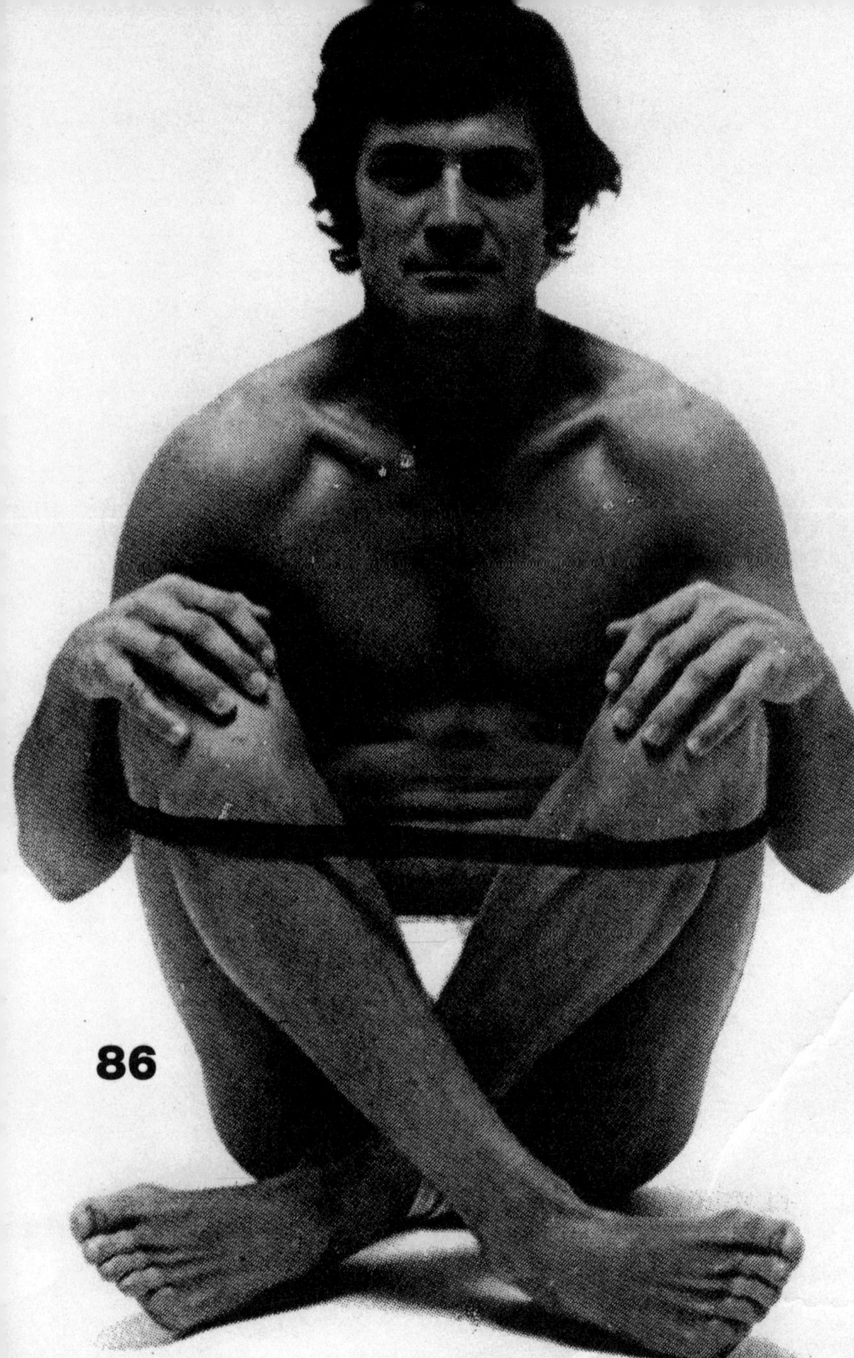

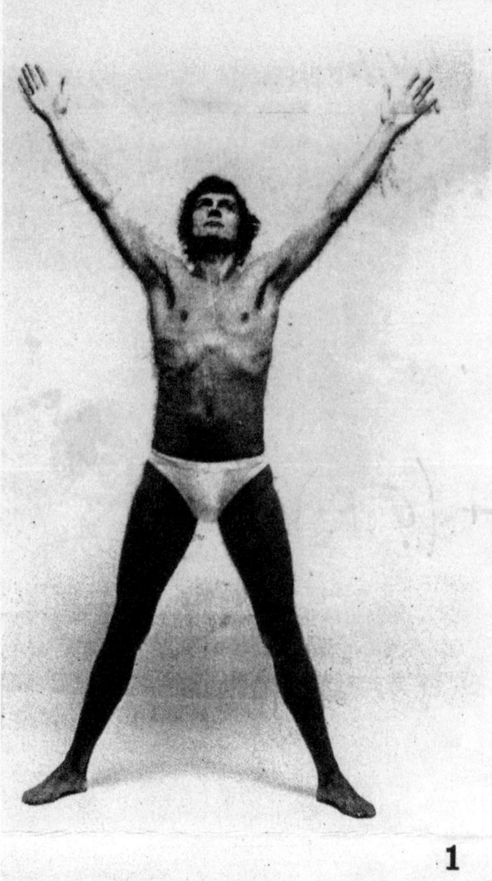

1

Hoe bespottelijk of vernederd zij soms ook mogen zijn, de meeste van Meijers' figuren weten hun laatste restje menselijke waardigheid te behouden. De toon van het werk is soms zwartgallig, maar bijna altijd wekt het empathie met de 'loser', alsof wij onbewust voelen dat hun lot ook het onze zou kunnen zijn. Rik Meijers kiest bewust voor de representatie van de zwervers en de zwevers, de verslaafden en de gelukzoekers. Meer dan levensgroot verschijnen zij ten tonele, met kippenveren gedecoreerd, als de bannelingen uit minder beschaafde tijden die met pek en veren besmeurd de stad zijn uitgejaagd. In zijn loyaliteit aan de 'outcast' schuilt Meijers' morele en politieke engagement. Meer dan in het werk van generatiegenoten Marc Bijl of Folkert de Jong krijgen de marginalen van de samenleving in deze schilderijen een gezicht, een identiteit die hen bevrijdt uit de anonimiteit. In een cultuur die geobsedeerd is door succes en perfectie vraagt Meijers respect voor het falen en waardering voor de mislukking,

terwijl de agressie van de macht wordt voorgesteld in angstvisioenen als **Je moet weten waar je moet zijn om te ontvangen** (2004, collectie Het Domein, Sittard), een schilderij dat de onthoofdingen in Irak voor de geest roept.

II

De figuren verschijnen als platte, geïsoleerde gestalten tegen een monochrome achtergrond, als in een mozaïek, een icoon, of een logo. Daarin verraden zij iets van de vroegere liefde van de kunstenaar voor het grafisch ontwerp van beeldmerken. Veel van de schilderijen komen voort uit falen, zegt de kunstenaar, zij hebben hun oorsprong in fouten en vergissingen. In de ladekasten op het atelier bewaart hij stukken beschilderd linnen die uit mislukte doeken zijn gesneden. Het is de voorraadkast van dr. Frankenstein, met een breed assortiment aan ogen, gezichten, handen, schedels – donororganen die naar

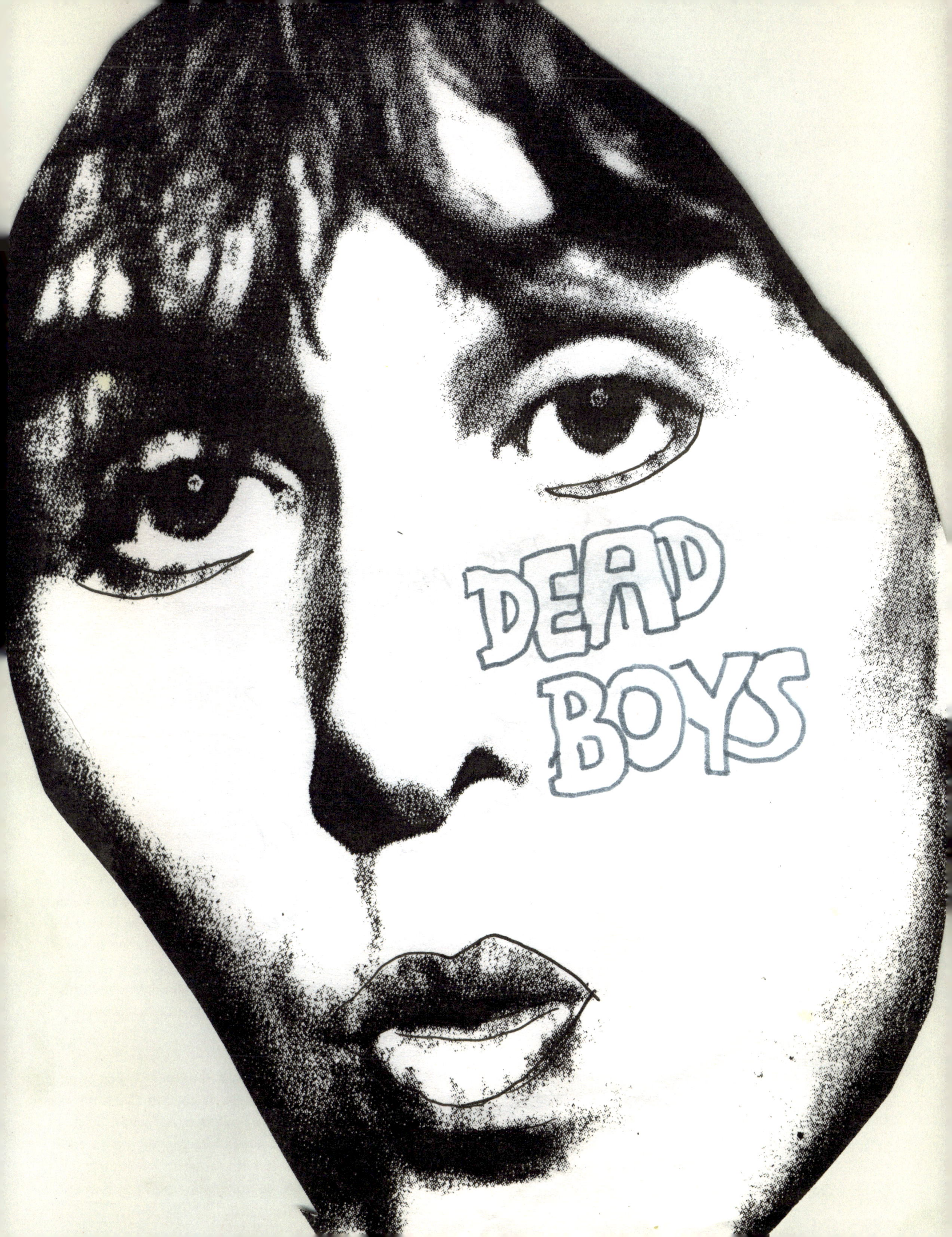
DEAD
BOYS

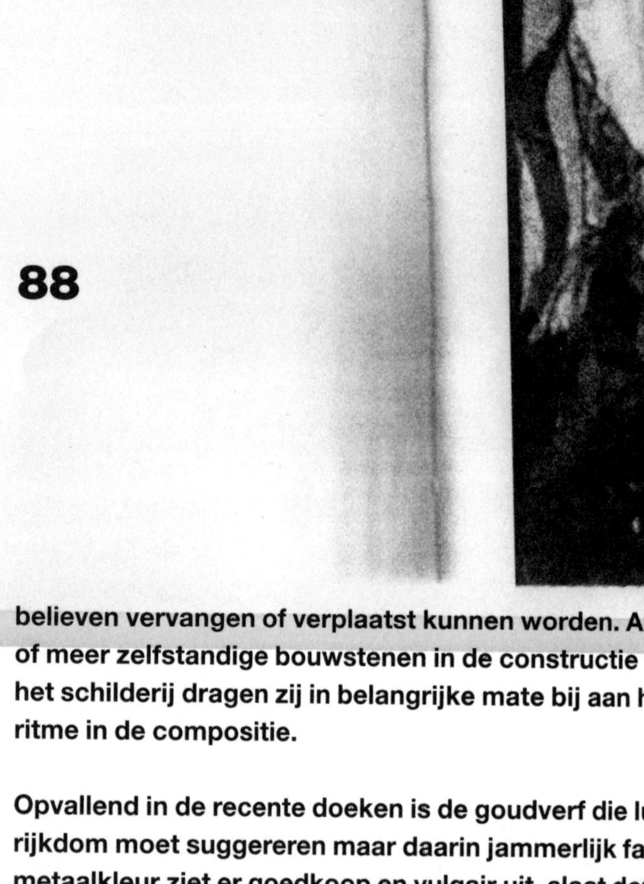

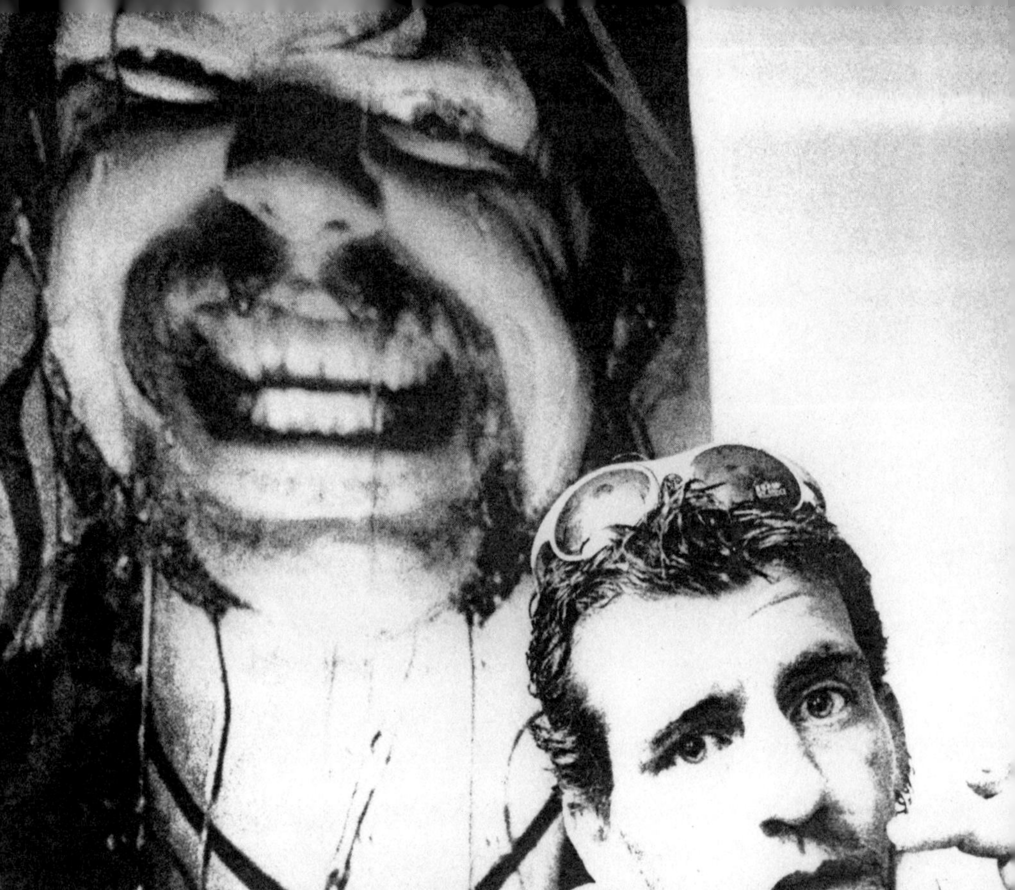

believen vervangen of verplaatst kunnen worden. Als min of meer zelfstandige bouwstenen in de constructie van het schilderij dragen zij in belangrijke mate bij aan het ritme in de compositie.

Opvallend in de recente doeken is de goudverf die luxe en rijkdom moet suggereren maar daarin jammerlijk faalt. De metaalkleur ziet er goedkoop en vulgair uit, slaat dof uit en frustreert de suggestie van diepte. Een andere technische imperfectie is ontstaan door het gebruik van acrylverf over lakverf, resulterend in een chemische reactie die grillige grafische patronen heeft opgeleverd (**Love**, 2005). Vaak is de verf vermengd met vogelzaad, siersteentjes, kippen-veren of andere materialen en in meerdere werken zijn delen van het doek bezet met kralen, bierdoppen of kur-ken. De applicaties onderstrepen het assemblageachtige karakter van de schilderijen. In dit opzicht doet Meijers' werkwijze denken aan het geduldige, liefdevolle handwerk

van hen die een vaandel voor de dorpsfanfare fabriceren (**Vaandels**, 2006) of de versieringen van het padvinders-kamp (**Van de plaats die de wereld is**, 2004, collectie Bonnefantemuseum, Maastricht). De donzige veren, het scherpe glas en het blikkerende metaal van de kroonkur-ken bepalen in belangrijke mate hoe de schilderijen aan-voelen, zonder dat we het oppervlak hoeven aan te raken. De grove groezeligheid maakt de schilderijen boers en lomp en staat in schril contrast tot de vlekkenloze 'high finish' die met aristocratische schilderkunst wordt ge-associeerd.

Naast schilderijen omvat 'Doe dat niet meer' twee andere groepen werken, de polaroids en de flessen. De polaroids zijn geheel of gedeeltelijk beschilderd met verf of inkt. Ze hebben de hardheid en directheid van graffiti op een wc-deur. Zijn de schilderijen het resultaat van een traag en bedachtzaam proces, de polaroids ontstaan snel en

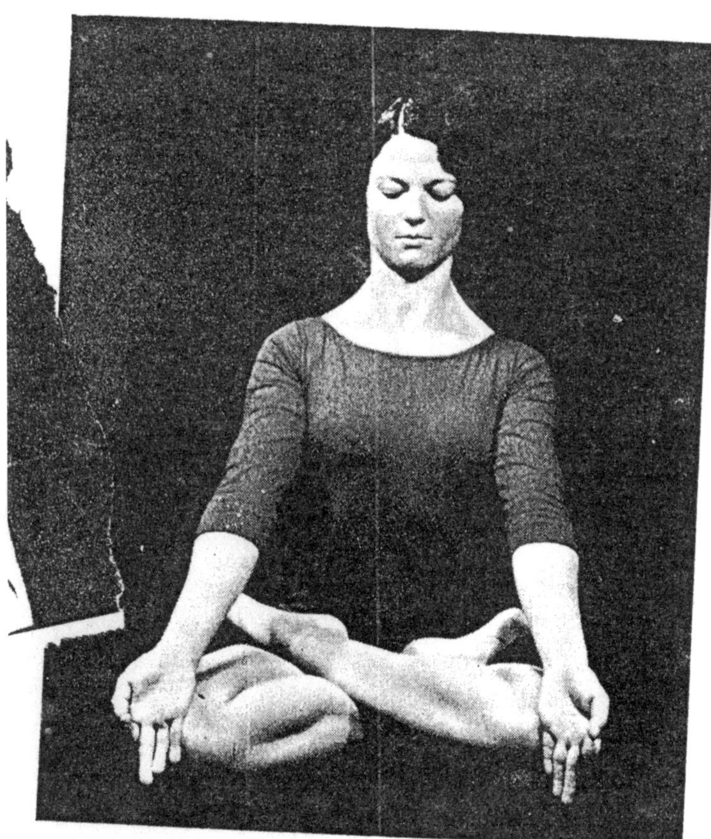

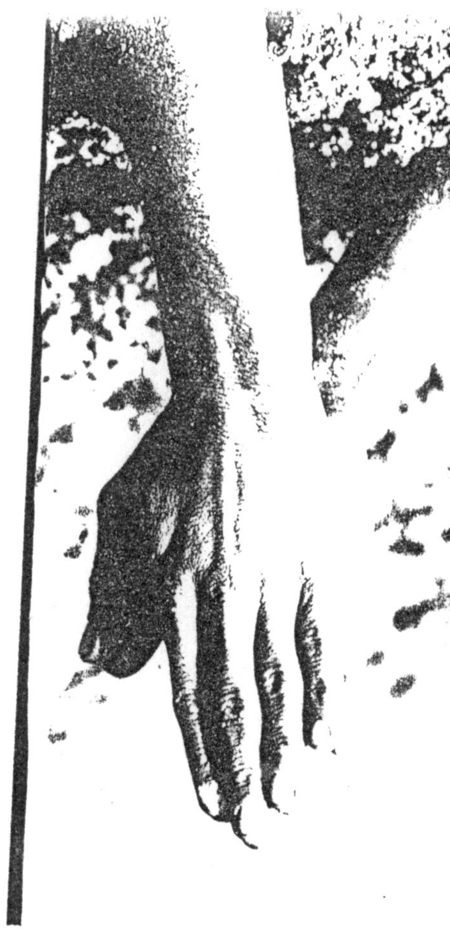

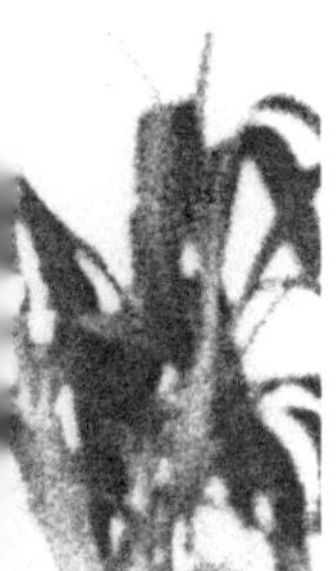

impulsief. Ze gaan voorbij aan de kritische distantie die voor het maken van een schilderij is vereist en vormen voor de kunstenaar een speelveld van vierkantjes waar hij zijn invallen de vrije loop kan laten, zonder schaamte en niet gehinderd door goede smaak. Anale en genitale banaliteiten krijgen ruim baan. Zo is te zien hoe de stad Maastricht wordt bedreigd door een vloedgolf van diarree, hoe een zwart ventje als een onbedwingbare scheet uit de anus piept, terwijl een 'achtkuttige ster' intens tevreden straalt. De cartooneske beelden zijn soms briljant, soms melig, doorspekt met toespelingen op Meijers' eigen schilderijen en die van collega's als René Daniëls en Natasja Kensmil.

De tientallen beschilderde flessen vormen een verzameling die sinds 1998 met tussenpozen tot stand is gekomen. Het idee was ingegeven door enkele wijnflessen die de Belgische surrealist René Magritte had beschilderd met voorstellingen van een naakt, een wolkenlucht, of een lachend varken. Meijers heeft de meeste beschilderingen min of meer symmetrisch opgebouwd vanuit de plek van het etiket, waar fragmenten uit foto's, tekeningen of fotokopieën zijn geplakt, meestal koppen van hypnotiserende goeroes of lege maskers. De tronies zijn te beschouwen als de personifiëring van de spiritualiën die de flessen ooit hebben gevuld. Een wit doodshoofdje grijnst ons aan, als in een prent van de Mexicaan José Posada. 'Doe dat niet meer', herinnert de drinker zich, maar Koning Alcohol lacht het laatst. Ook andere scènes zijn te zien, zoals een beeldgrap op de naam van de band waar Meijers in speelt, 'The Incompetents'. De halzen van de gitaren hangen er slap bij, terwijl de aantrekkingskracht van de elektrische gitaar volgens cultuurcriticus Roger Scruton toch grotendeels gelegen is in het feit dat je hem om kunt gespen en er als een dildo mee kan rondzwaaien.

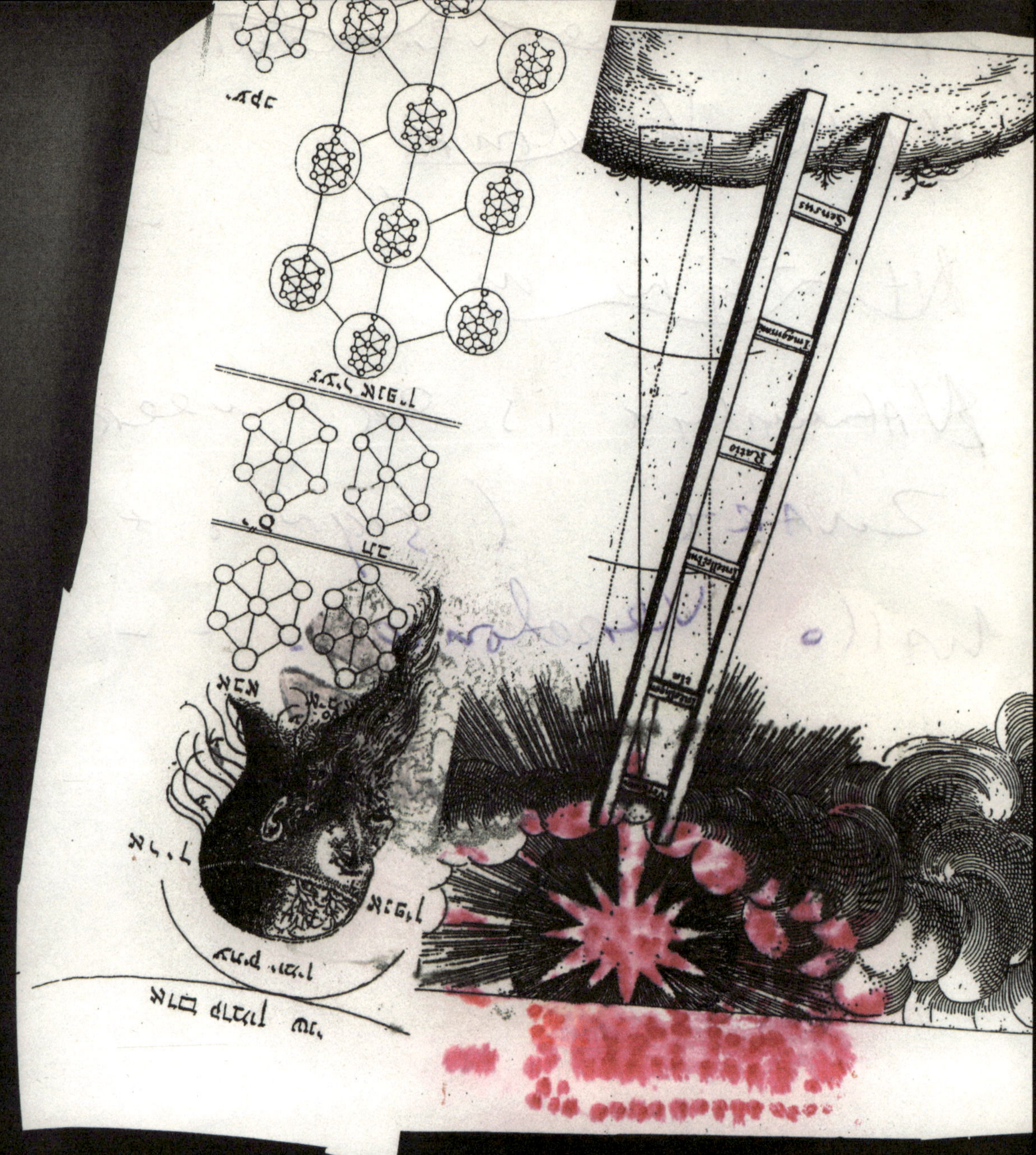

De beschilderde flessen hebben de oubolligheid van een handbeschilderde melkbus die als paraplubak wordt gebruikt, maar onderscheiden zich van onschuldige huisvlijt door zelfspot, galgenhumor en toespelingen op onmacht en onvermogen. Door de grote hoeveelheid ontsnapt de flessenverzameling aan het incidentele karakter van de ietwat kinderlijke idee een fles te gaan beschilderen. Net als bij de polaroids dwingt de herhaling aandacht af voor onderlinge verschillen en de veelvormigheid die vanuit een enkel concept of procédé ontstaan. Ook de muze van de schilderkunst gaat niet altijd slapen in haar eigen bed.

III

Bekend is dat Rik Meijers het werk van de Amerikaanse schilders William Copley en John Wesley bewondert; hun invloed is aanwijsbaar.[1] Minder bekend is zijn waardering voor Amerikaanse folk art. De makers van de schilderijen en beelden die tot de folk art worden gerekend, zijn veelal daklozen en psychiatrische patiënten uit de gekleurde onderklasse van de grote Amerikaanse steden. Zij zijn amateurs zoals Henri Rousseau dat was, schilders zonder opleiding, dagelijks bezig hun eigen preoccupaties te verbeelden. Een deel van de aantrekkingskracht van hun werk schuilt in de ongerijmde keuzes die zelfgetrainde schilders maken, bijvoorbeeld wat betreft vlakverdeling, stilering of schaalverhouding, instinctieve keuzes die soms haaks staan op wat professionele kunstenaars tijdens hun opleiding hebben geleerd.

Tot de straatkunstenaars uit Californië die Meijers waardeert, behoren Raymond Chavoya (1929), een verstandelijk minder begaafde Hispanic die het leven onder de viaducten van Los Angeles portretteert, Greg Pelner (1968), een licht autistisch kunstenaar die ervan overtuigd is dat hij door een UFO werd ontvoerd en die van klei en aluminiumfolie bizarre figuren modelleert, en John Stoss (1940) uit Monterey, die in een goudkleurig autowrak woont en die chroniqueur is van wat hij noemt 'the community on the fringe', met name het ongelukkige leven van de alcoholistische dichter Everett Maddox. Ook wijst Meijers op de zwarte kunstenaar Gregory Warmack (1948) uit Chicago, die in 1978 bij een roofoverval werd neergeschoten. 'While I was in coma', verklaarde Warmack, 'I went back in time and saw myself as an African king. I was reborn as Mr. Imagination, and I began to make art that reflects my ancient tribal position in life.'[2] Warmack, die gekleed gaat in een loodzware mantel van kroonkurken, maakt van straatafval totemachtige sculpturen. De zelfredzaamheid, de rauwheid en de basale eenvoud zijn Meijers vertrouwd vanuit de punkbeweging waar hij eind jaren zeventig deel van uitmaakte.

Opvallend is de overeenkomst tussen deze outsiders en de underdogs van de prestatiemaatschappij die in Meijers' schilderijen figureren. In beide gevallen gaat het om mensen met wie het mis ging en die aan de zelfkant van de maatschappij proberen te overleven, beneveld door alcohol en waanvoorstellingen, in pijnlijke of genante omstandigheden die een glimp weergeven van de waarheid over de 'condition humaine'.

In 'Bildernerei der Geisteskranken' (1922) onderscheidt Hans Prinzhorn drie factoren die deel uitmaken van de scheppingsdrang van geesteszieken: de drang om te spelen ('Spieltrieb'), de drang om te versieren ('Schmucktrieb') en de drang om na te bootsen ('Nachahnungstrieb').[3] In de schilderijen van Rik Meijers zijn soortgelijke mechanismen aan het werk. Wat de kunstenaar met veel 'outsider artists' gemeen heeft, is de beperking tot een enkel thema of onderwerp dat wordt herhaald en beproefd op alle mogelijke variaties. Wat hem onderscheidt is dat zijn keuze zelfbewust is en weloverwogen, waar bij 'outsider artists' eerder sprake is van dwangmatigheid. Net als Henri Rousseau indertijd streeft de naïeve schilder naar erkenning door het beroepsveld, maar zijn status blijft dubbelzinnig, omdat hij wordt bewonderd om de onbeholpenheid die tegelijk de reden is voor zijn uitsluiting. Meijers laat zich door die onvolkomenheden inspireren, maar maakt als beeldend kunstenaar onlosmakelijk deel uit van esthetische en kunsthistorische tradities en als zodanig heeft hij meer gemeen met Asger Jorn, Dieter Roth, Mike Kelley en Chris Ofili dan met de schilderende daklozen uit Amerika. Juist binnen de artistieke traditie zijn de met kippenveren, bierdoppen en goedkope goudverf gemaakte schilderijen in staat het onderscheid tussen kunstenaars en knutselaars, tussen edele kunst en volksvermaak te vertroebelen. Het werk is niet een zoveelste poging om 'lage' cultuur op

te waarderen tot 'hoge' cultuur, maar een uitnodiging niet langer in dergelijke tegengestelde categorieën te denken.

De mantel van kroonkurken van Mr. Imagination rinkelt nog na in **Couple III** (2006), waar de linkerfiguur een jasje draagt dat bezet is met flessendoppen. Het kledingstuk doet denken aan carnavalskostuums, aan jacks van pubers bezaaid met buttons, en het kostte de kunstenaar lange tijd om toe te geven aan de nauwelijks verfijnd te noemen wens een schilderij te beplakken met vele tientallen doppen van bierflesjes. Francis Bacon wist het al: een goede kunstenaar moet niet bang zijn voor gek te staan.

'Doe dat niet meer' – het verbod is vergeefs. Beter, zo lijkt Meijers' werk te suggereren, is het de zwakheden en de dwalingen van de mens te accepteren, het onderscheid tussen winnaars en verliezers te relativeren en ons rekenschap te geven van het feit dat categorieën als falen en succes nooit onschuldig worden gebruikt. Henri Rousseau mocht dan een dilettant zijn, hij was wel een van de eersten die feilloos de invloed van Afrikaanse volkskunst op het werk van Picasso had gezien. Andre Malraux zag in Rousseau dan ook 'de kinderlijke maar vernuftige kracht die dichters vaak hebben', een kracht die herkenbaar is in de 'beautiful underdogs' van Rik Meijers.

Noten
[1] Dominic van den Boogerd, 'Arme Drommels', HP/De Tijd, 6 oktober 2000, pp. 86-91
[2] Chuck & Jan Rosenak, 'Contemporary American folk art. A collector's guide', Abbeville Press, New York/London/Paris, 1996
[3] Roger Cardinal, 'Outsider Art', Studio Vista, London, 1972

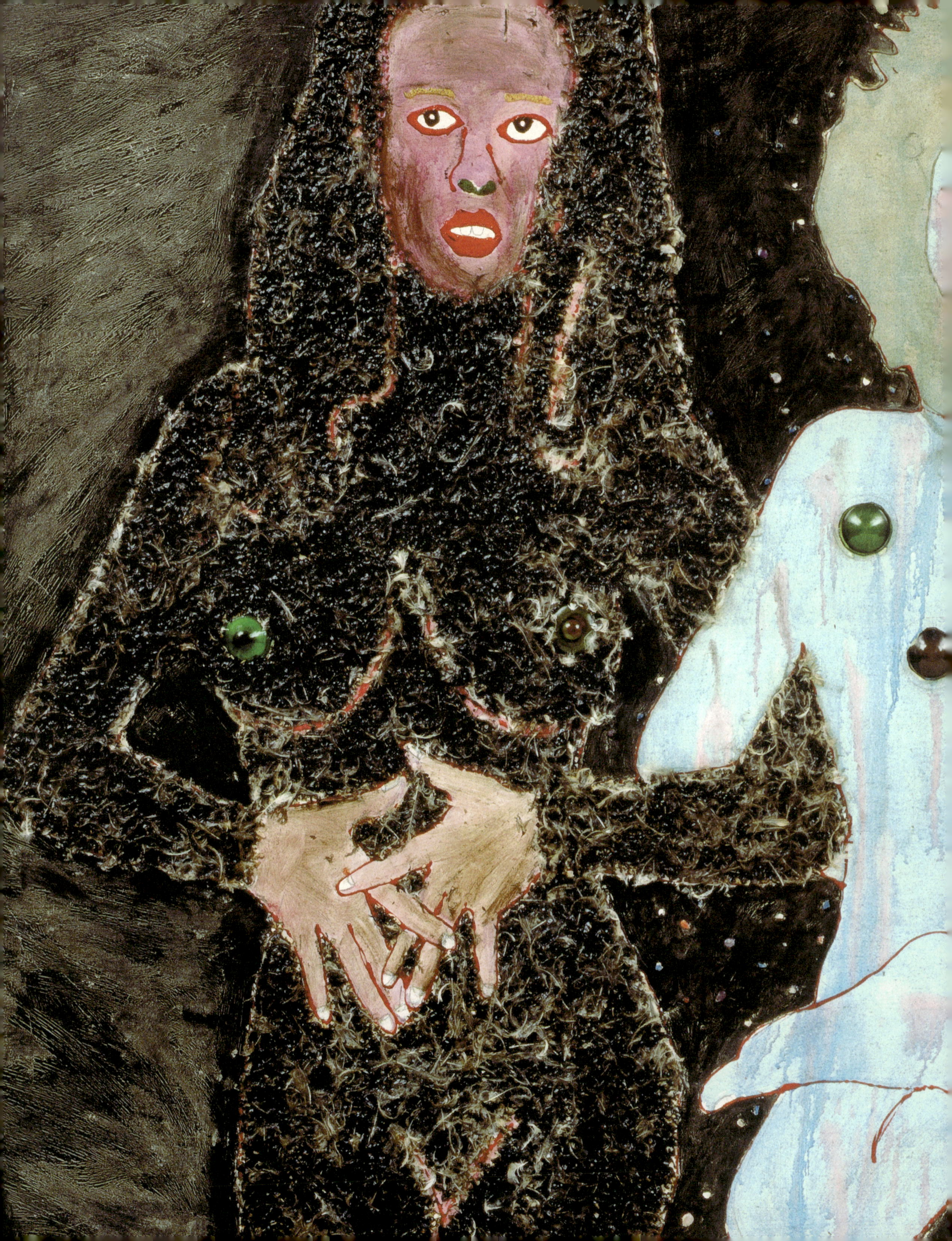

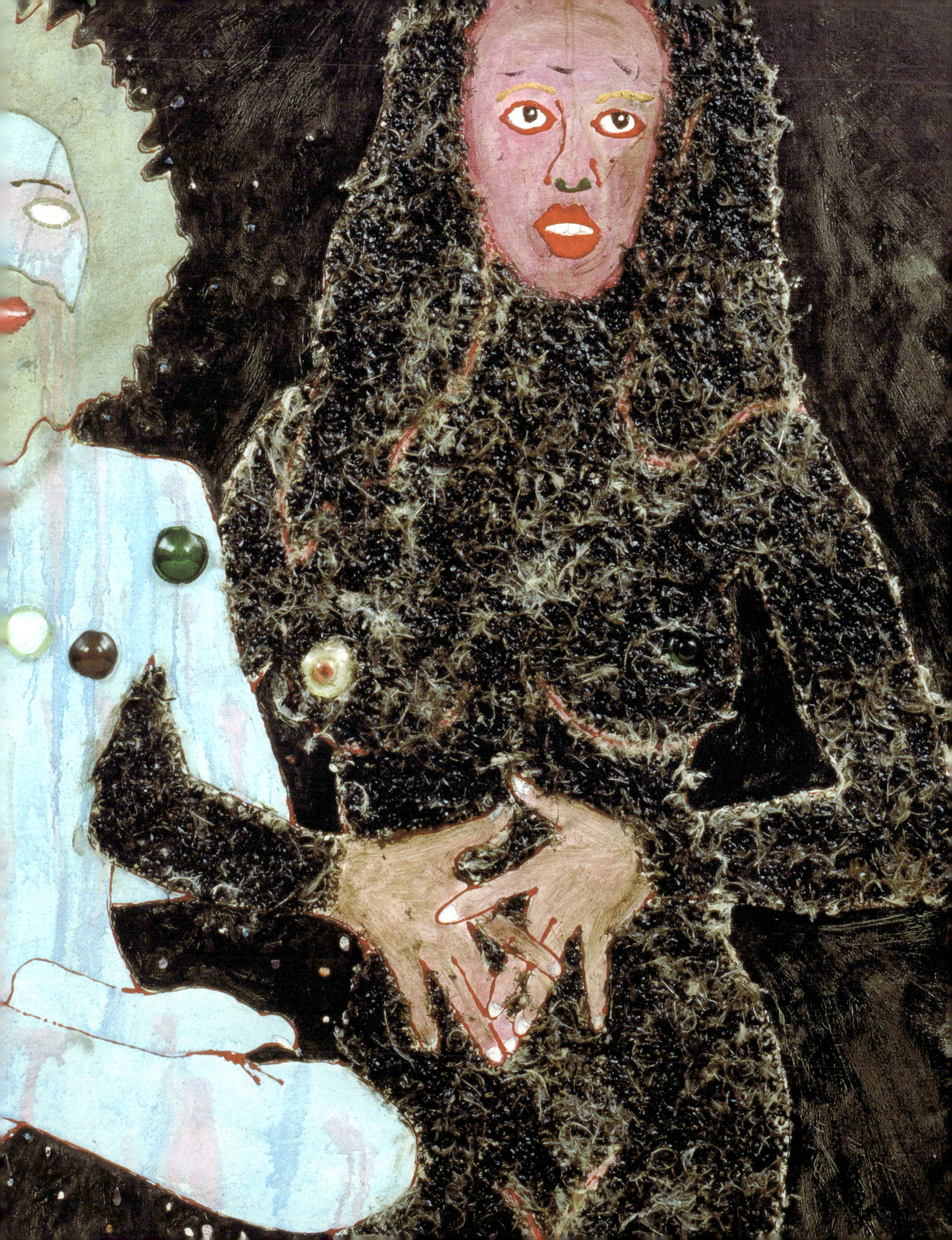

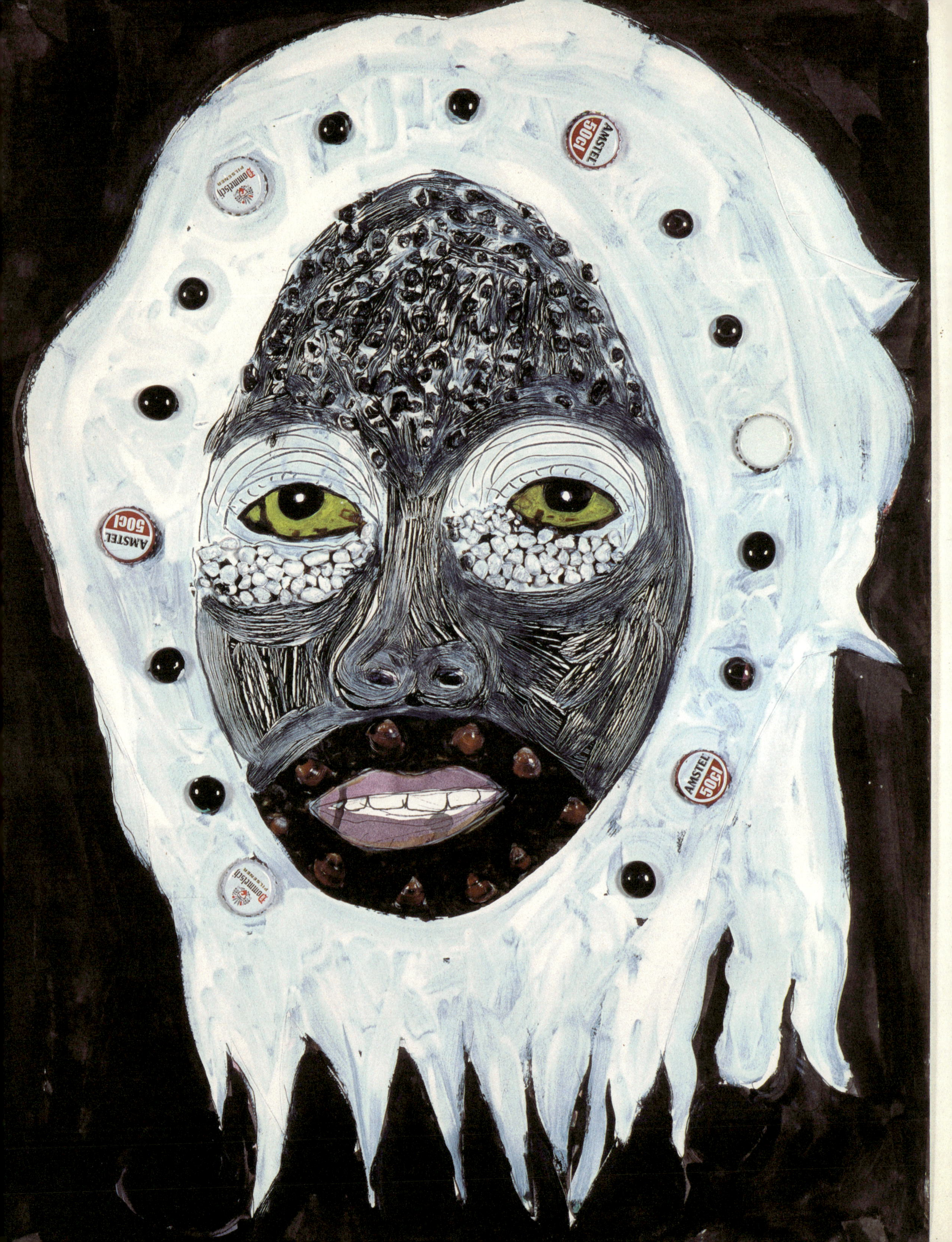

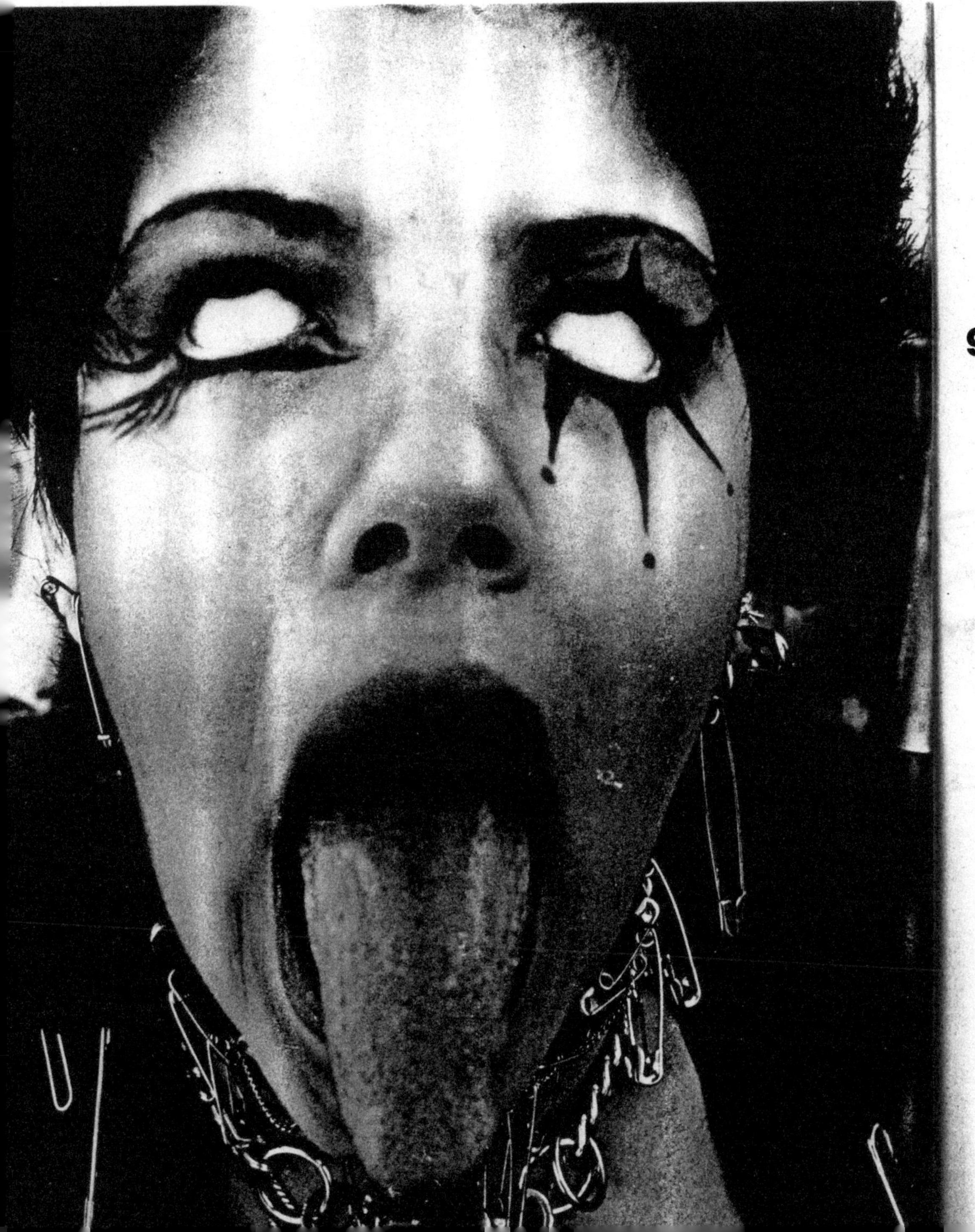

In matters o
starchy as a
the word 'pu
slobbish inc
their hands a
interview so
provincial p
where I soor
starin' at far
hair-do and
suit by mear
into the gutt
cajoled then
dropped cig
fell off Vick
several ashti
matches in I

Three
around and
volunteering
detect the C
punk referre
New Youth
sotto voce
kinky creep
I repeated,
'That's as n
poodle, 'but
somewhere
bleedin' hea

And in
off their hea
into bizarre
blood trickl
Complexio
pimples pic
and dyed gi
DIFFERE

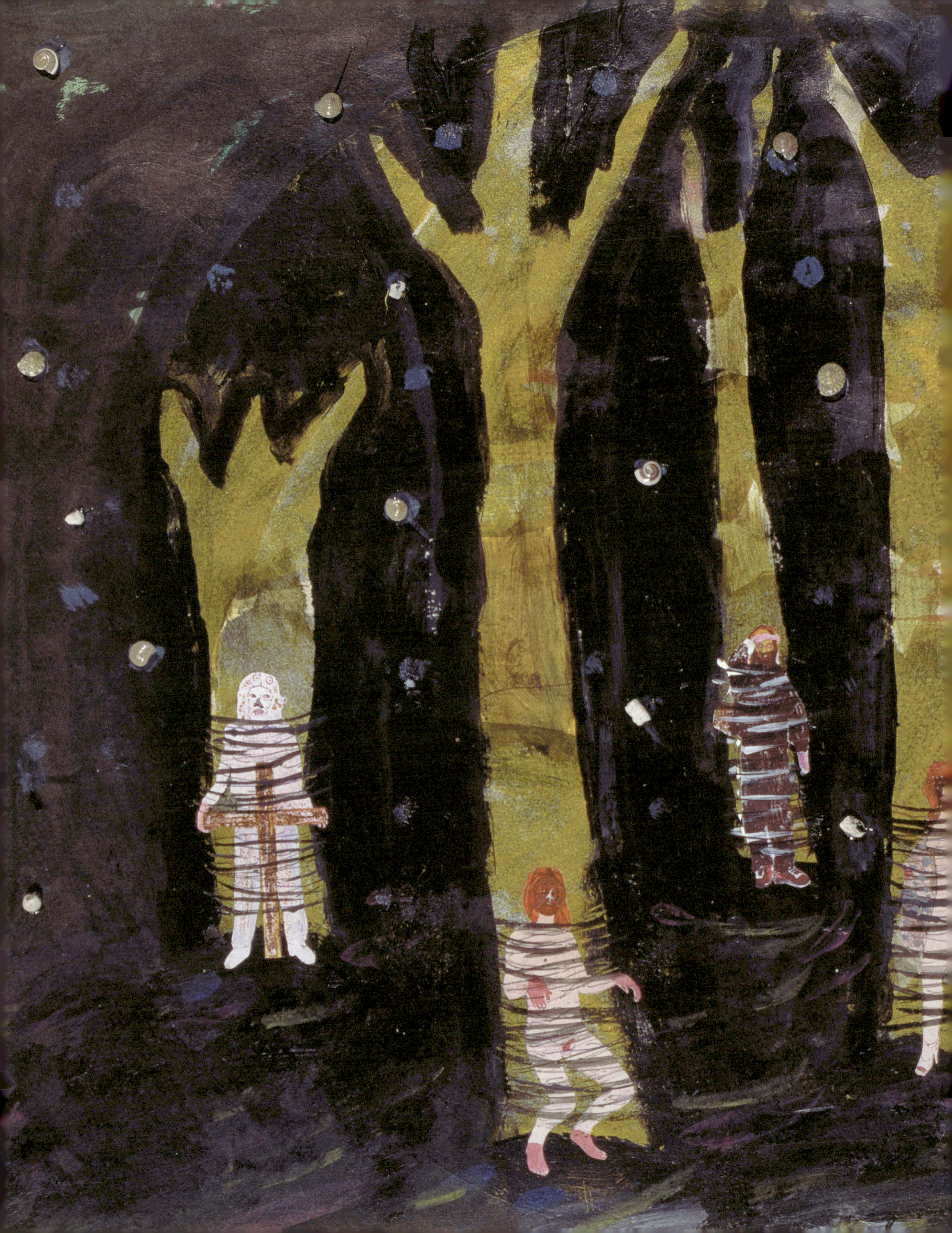

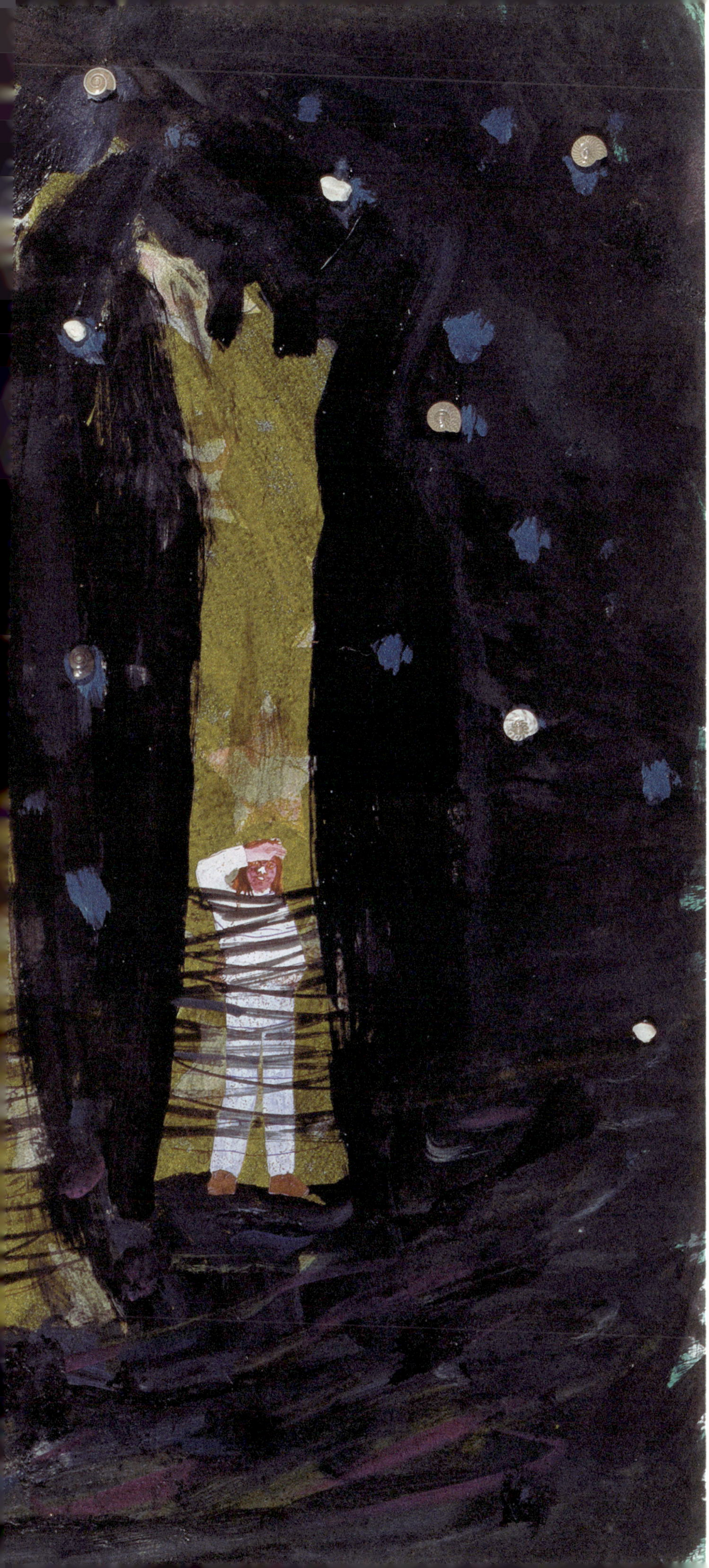

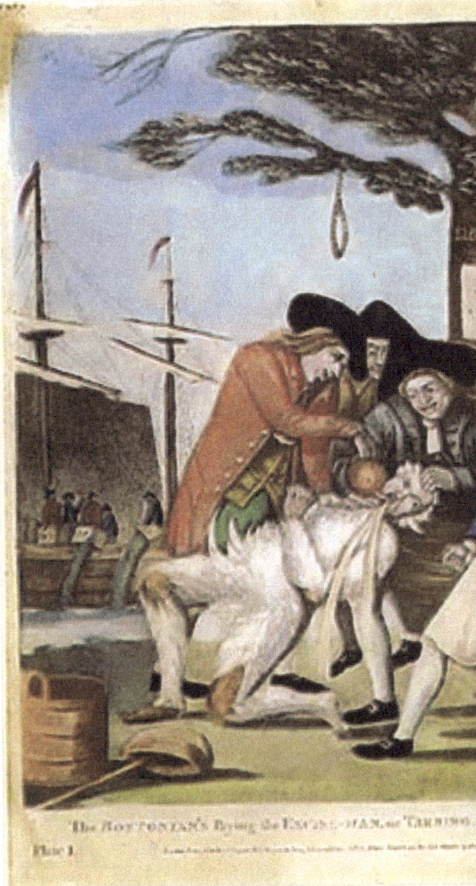

The Bostonians Paying the Excise-Man, 17 propaganda print referring to the tarring and of Boston Commissioner of Customs John weeks after the Boston Tea Party. The men hot tea down Malcolm's throat.

ey ditch the soft
Movies might yet
...ster.

"Child", this is depressing. But
in a good way.
CHRIS ROBERT...

The Telepathic

les...
rika...
met...
als...
dw...
bij...
me...
van...
opr...
de t...
van...

Cy...
natu...
Get...
€ 2...
De...
He...
Ch...
do...
'D...
he...
m...
sc...

...h while untied

...nd in philoso-
...tings of the lat-
...ke a theme and
...it while pain is
...ole sensation is
...ing of which is
...mind perceives
...as, shatters and
...as the elements
...living flesh and
...when everything
Epicurus' words:

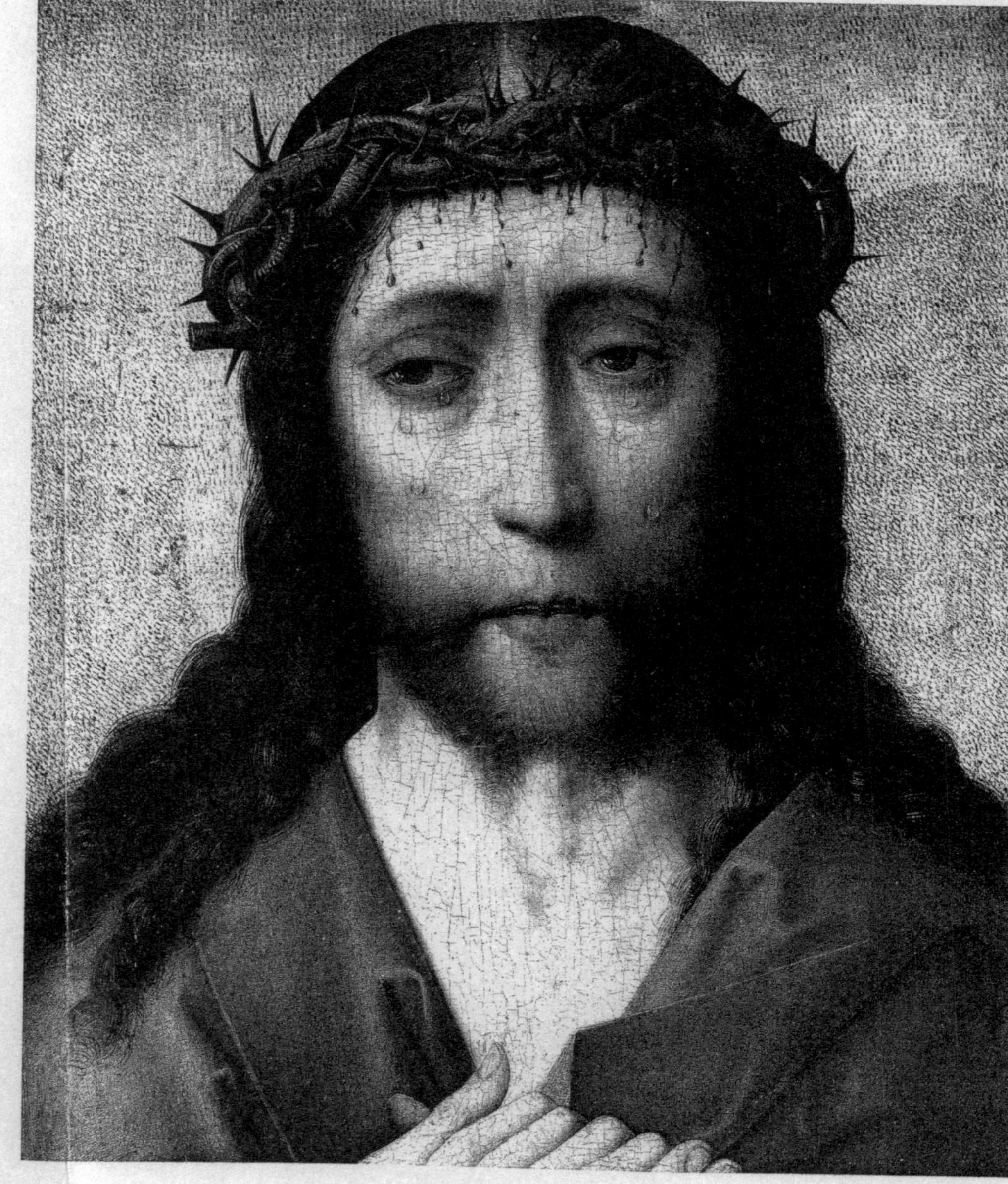

Bouts. Christ crowned with thorns.
(The National Gallery, London)

141

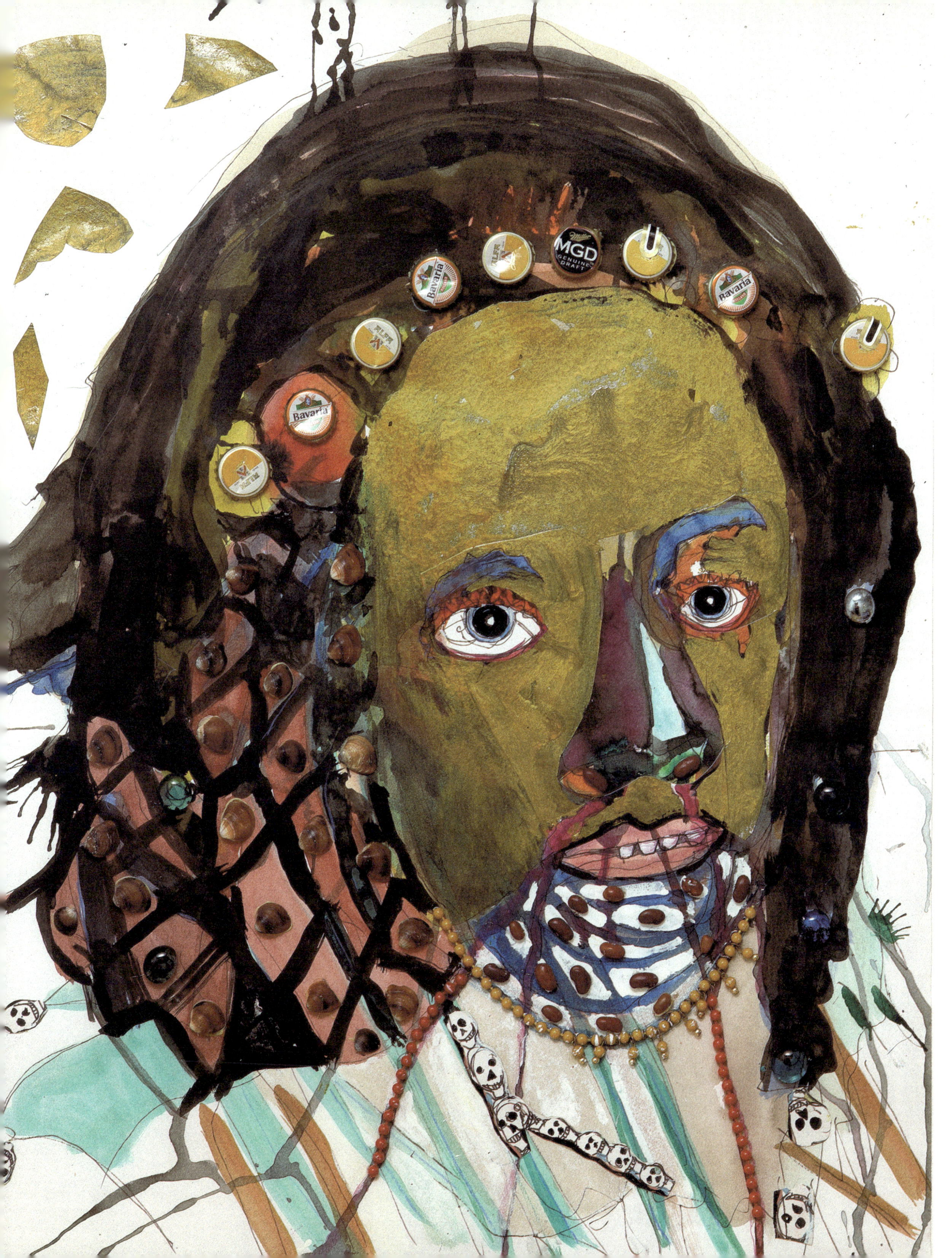

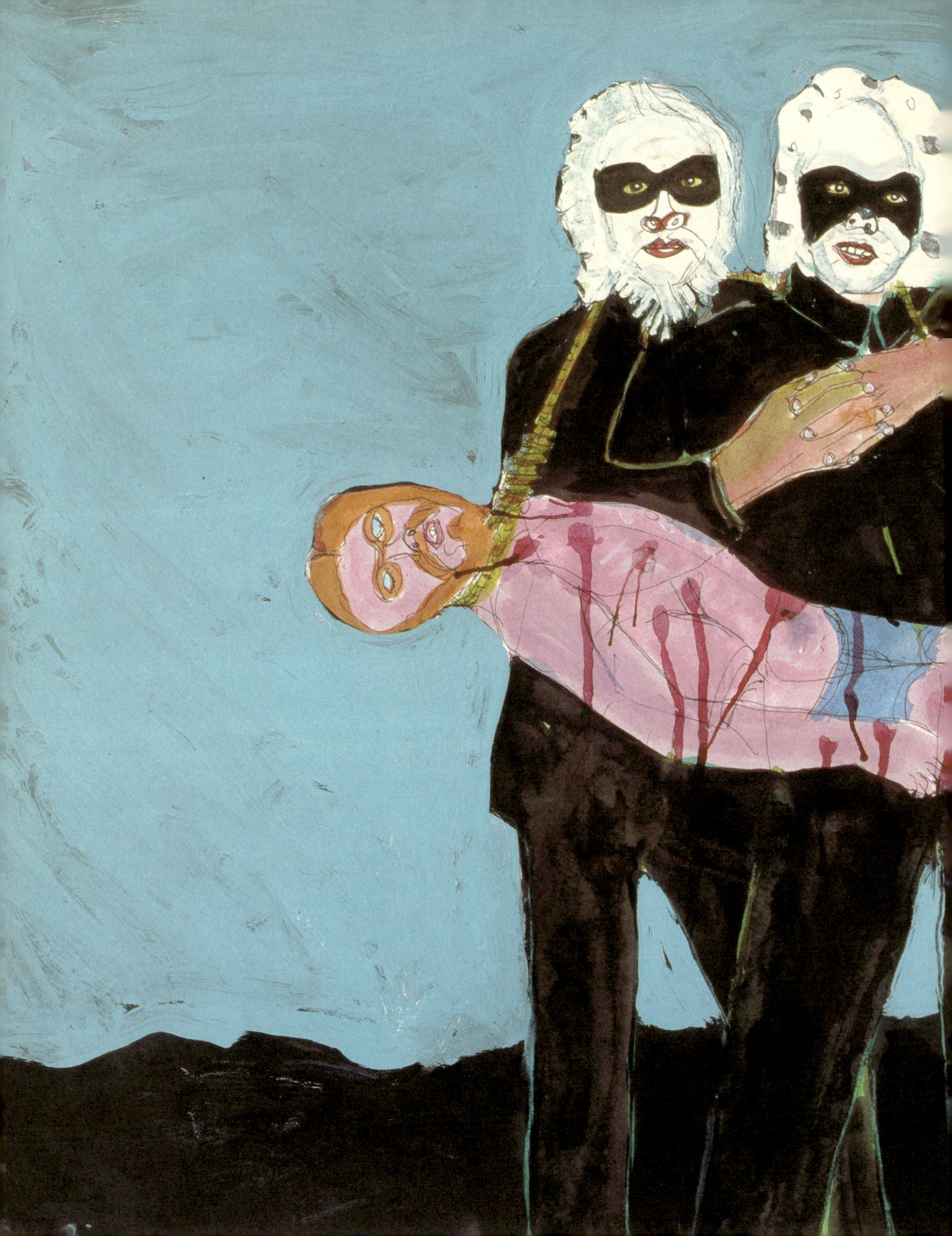

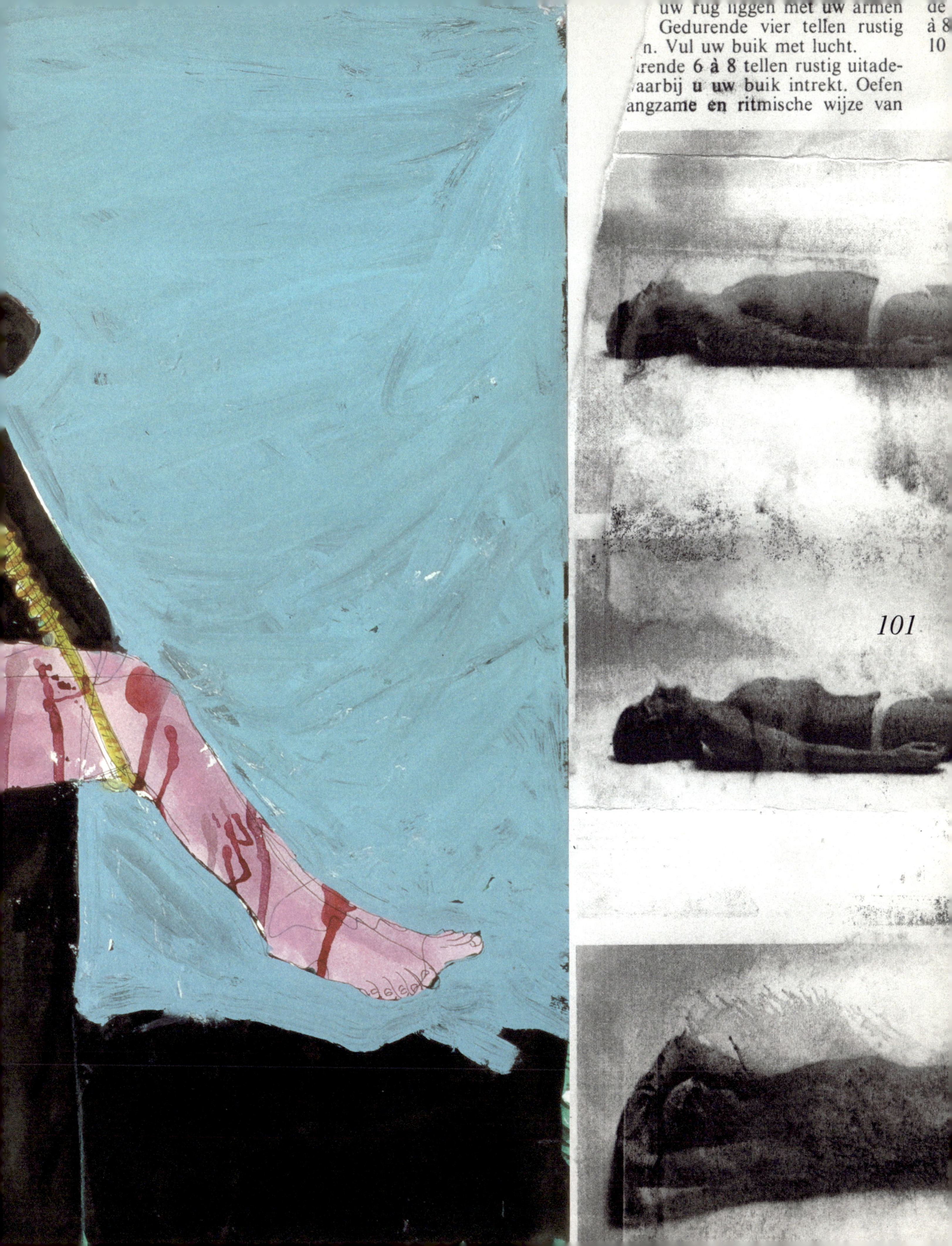
uw rug liggen met uw armen   de
Gedurende vier tellen rustig   à 8
n. Vul uw buik met lucht.   10
rende 6 à 8 tellen rustig uitade-
aarbij u uw buik intrekt. Oefen
angzame en ritmische wijze van
101
uw rug liggen met uw armen   de
Gedurende vier tellen rustig   à 8
n. Vul uw buik met lucht.
rende 6 à 8 tellen rustig uitade-
aarbij u uw buik intrekt. Oefen

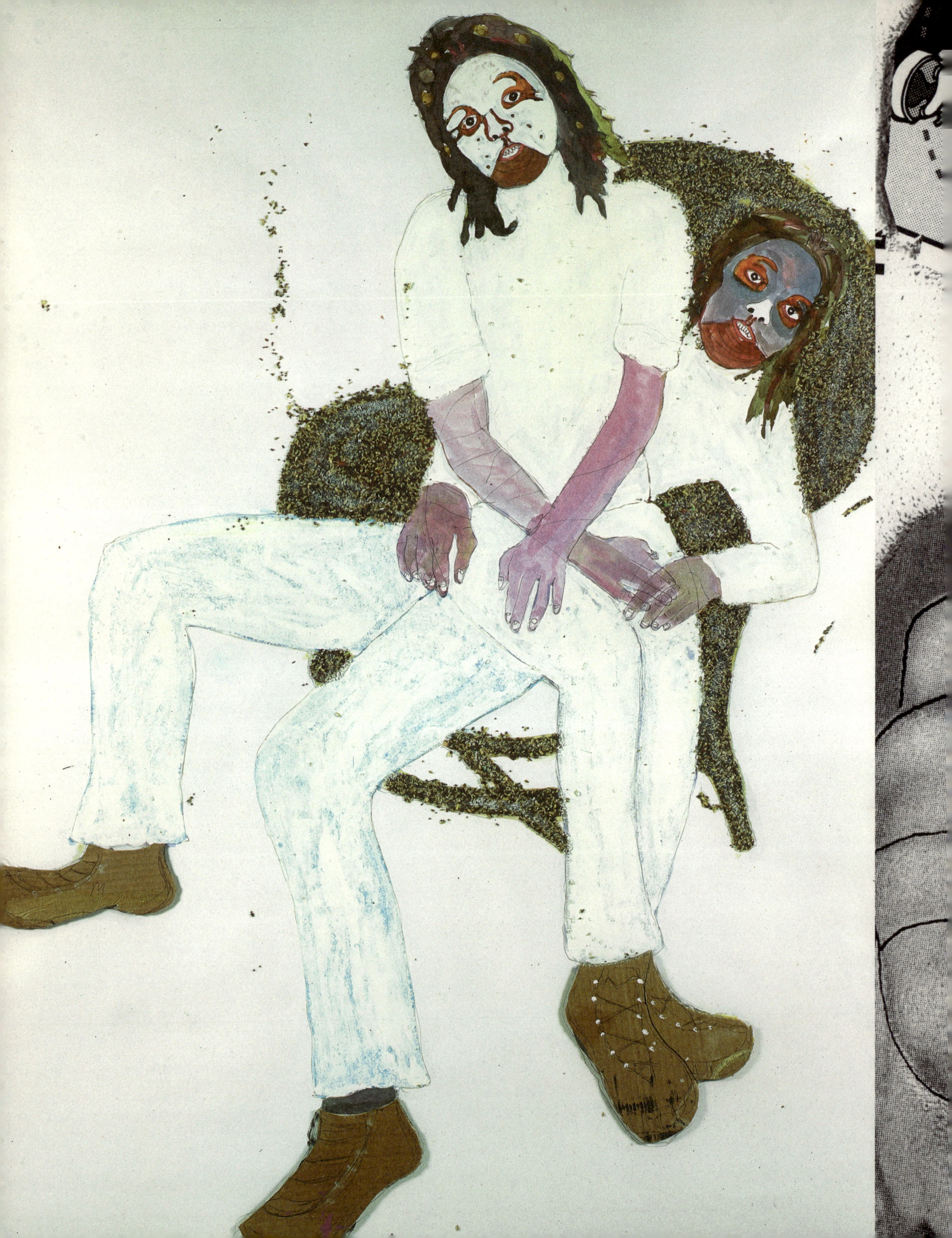

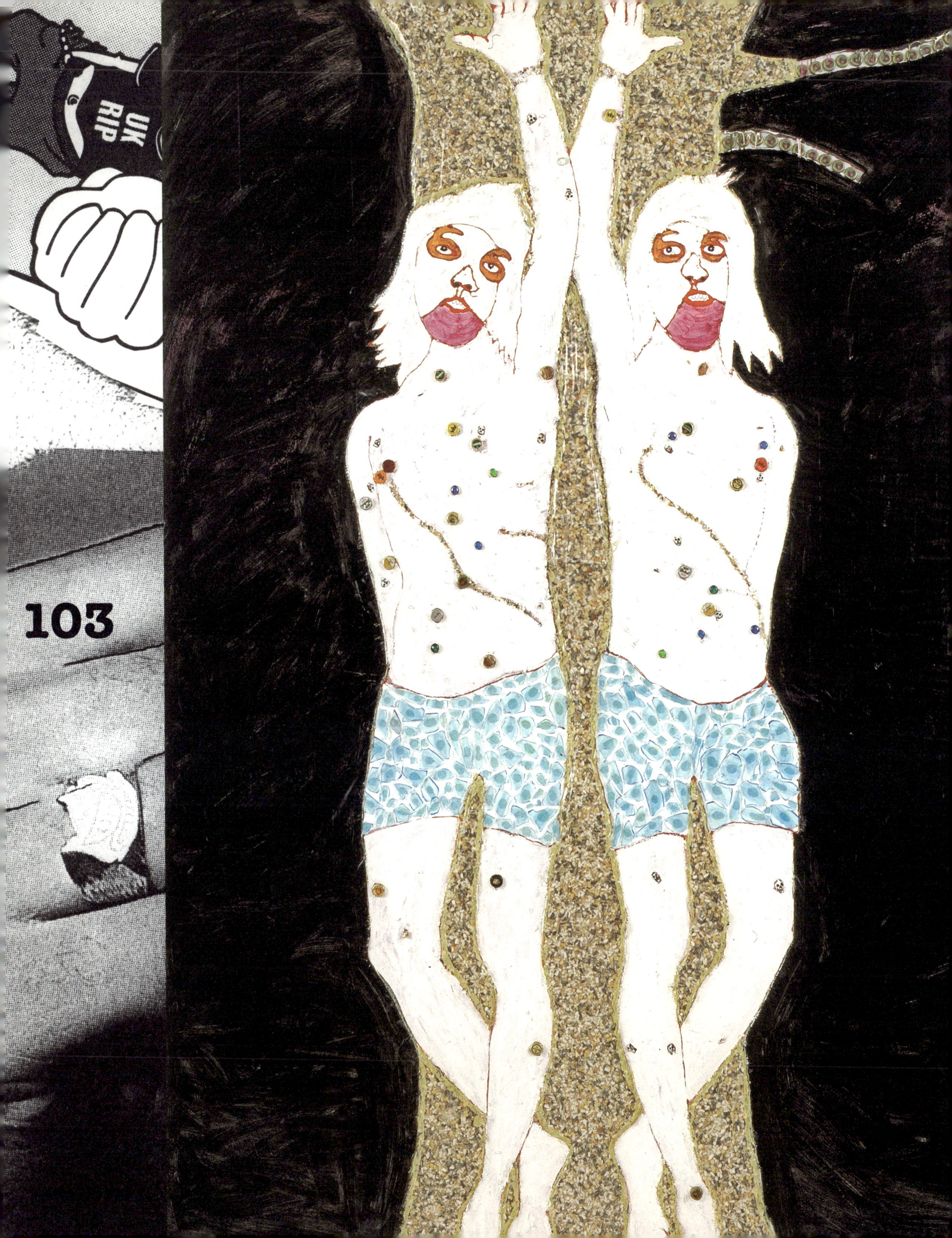

103

104

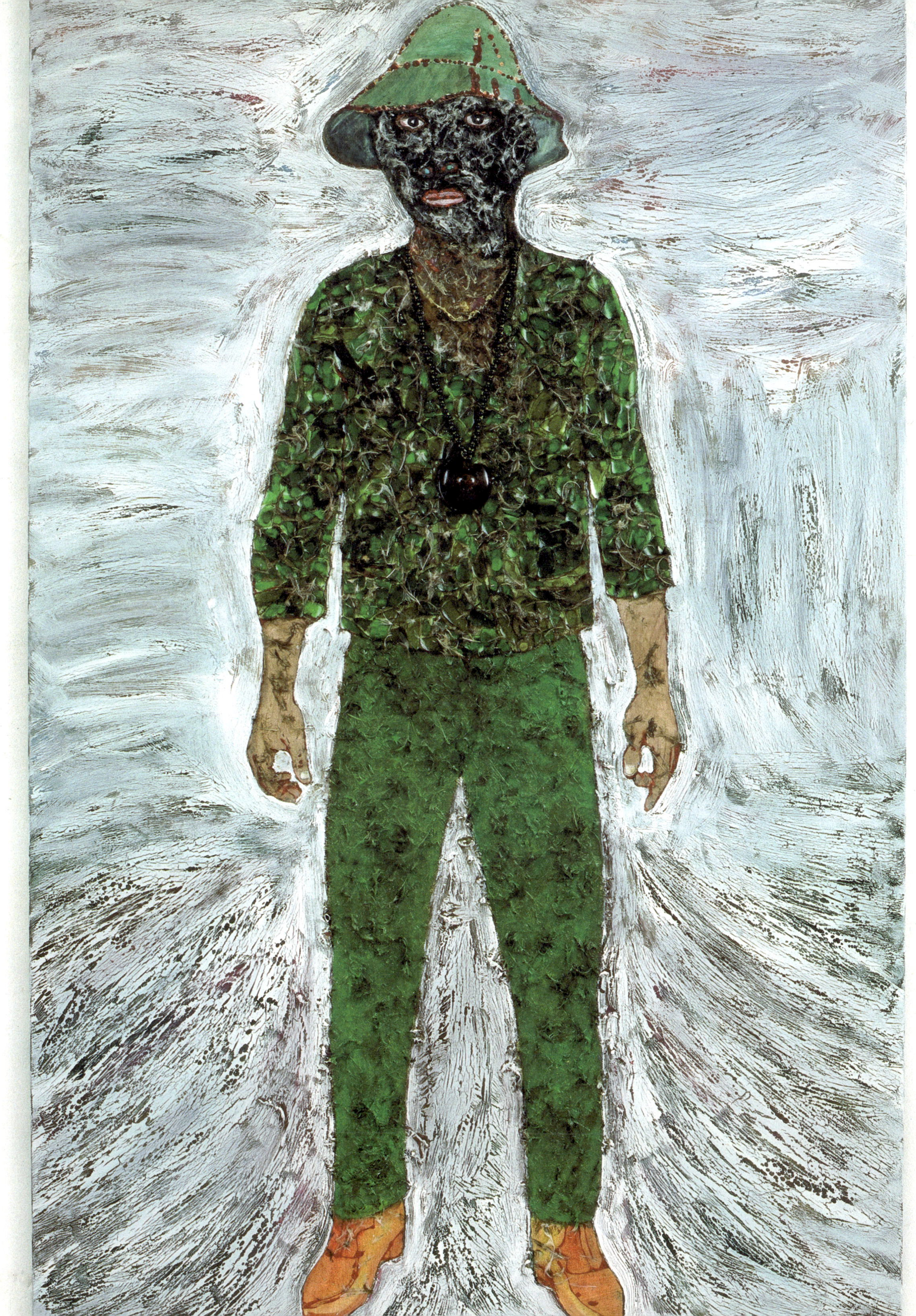

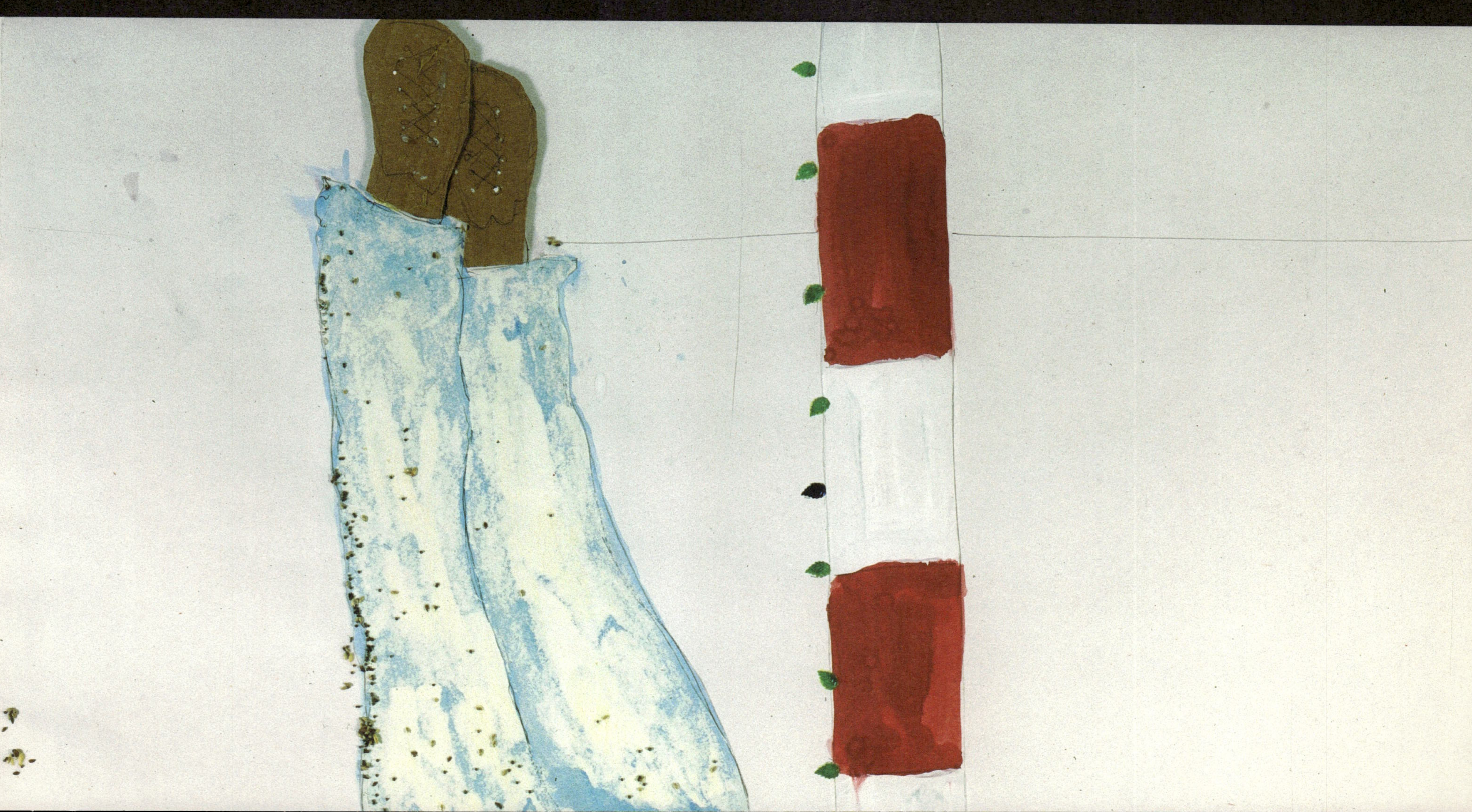
tijdboek voor bewustzijnsverandering & drugs

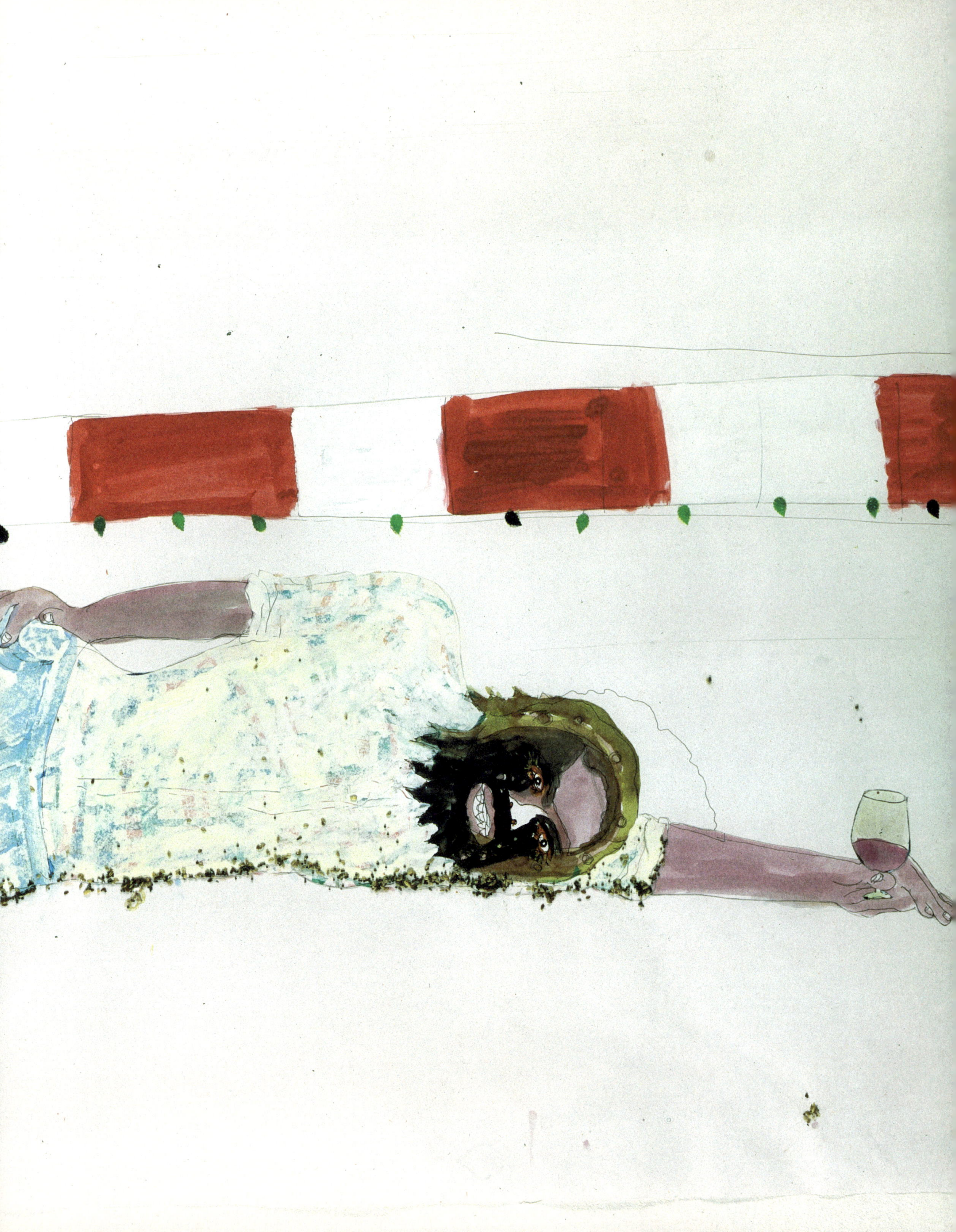

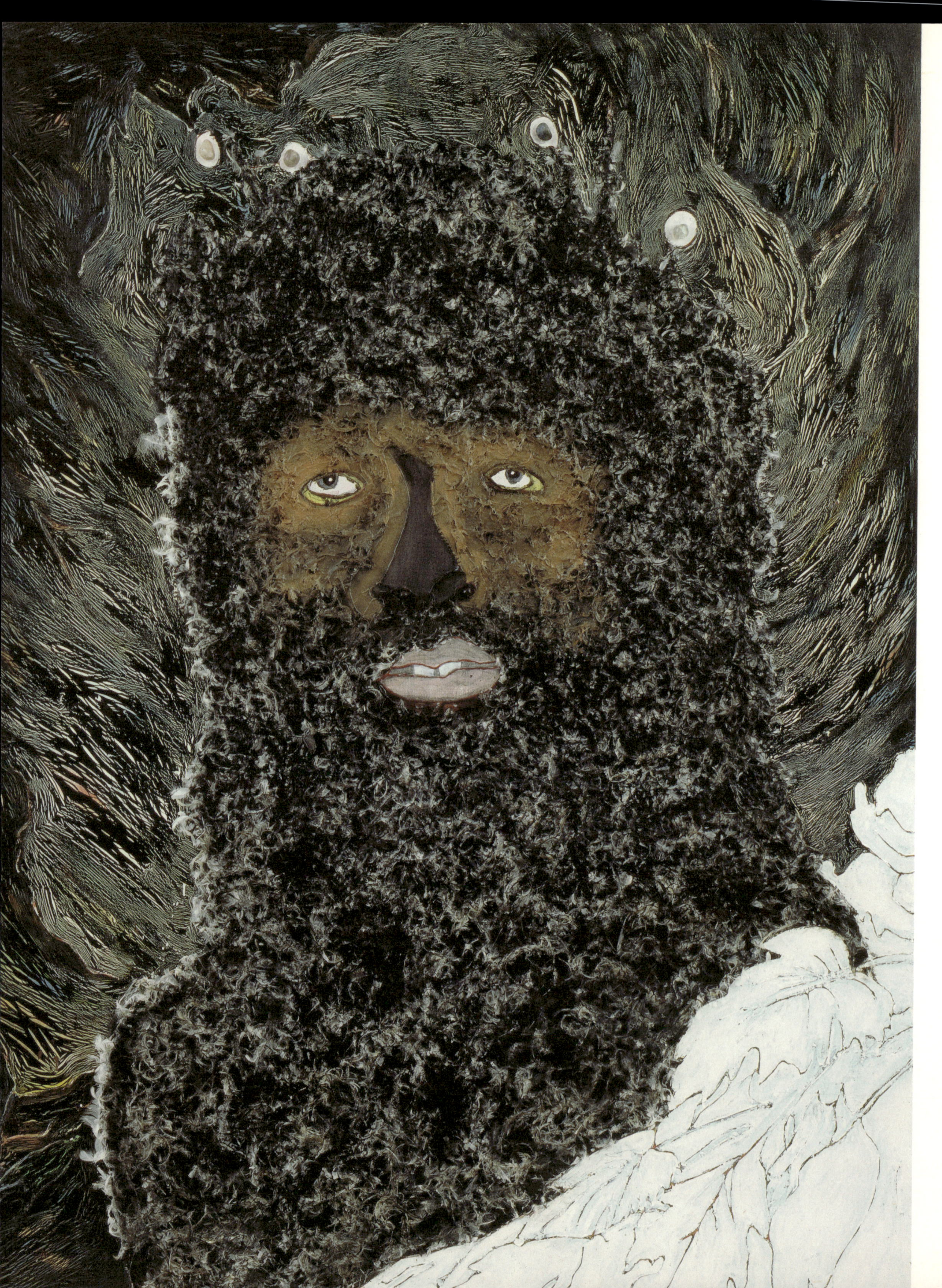

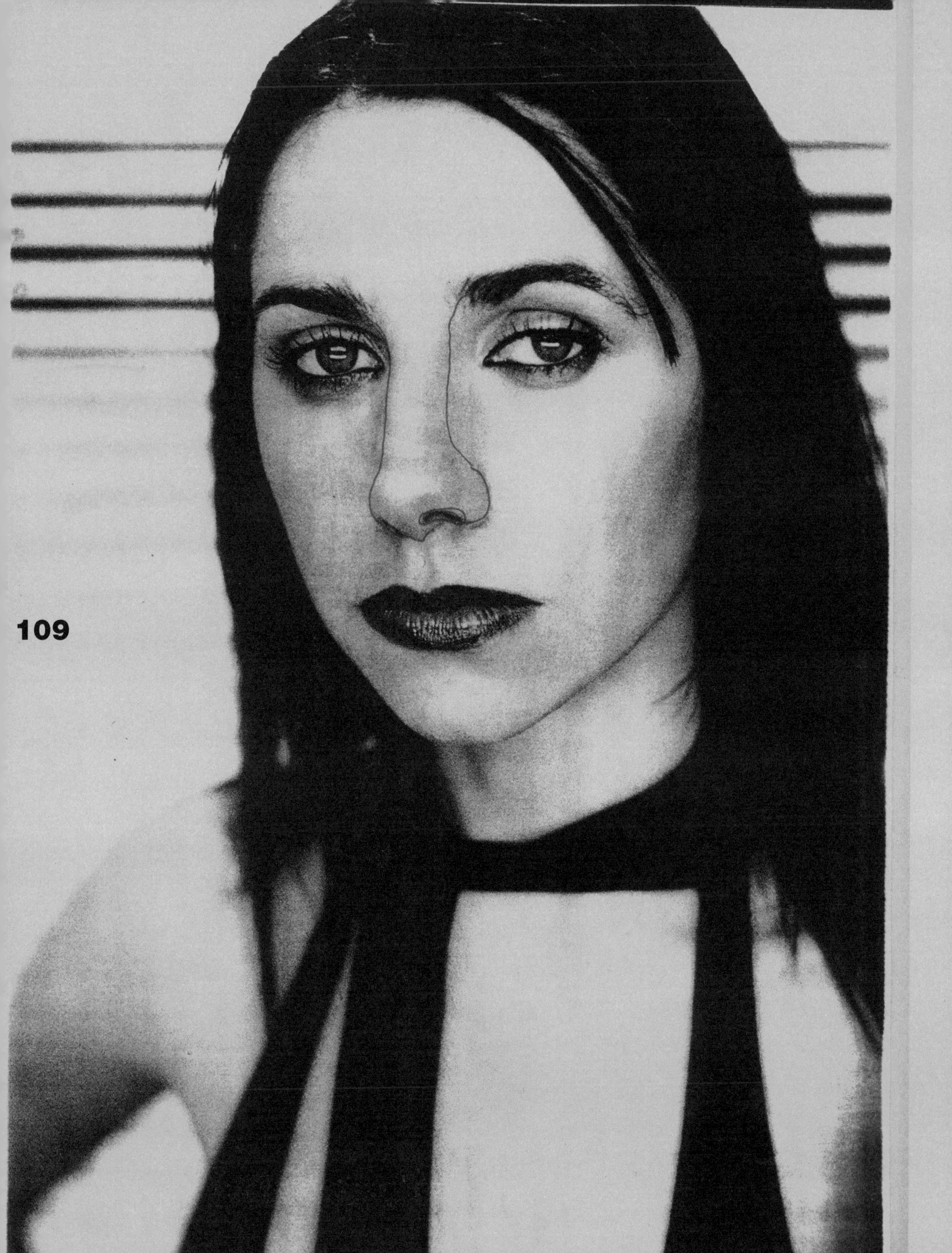

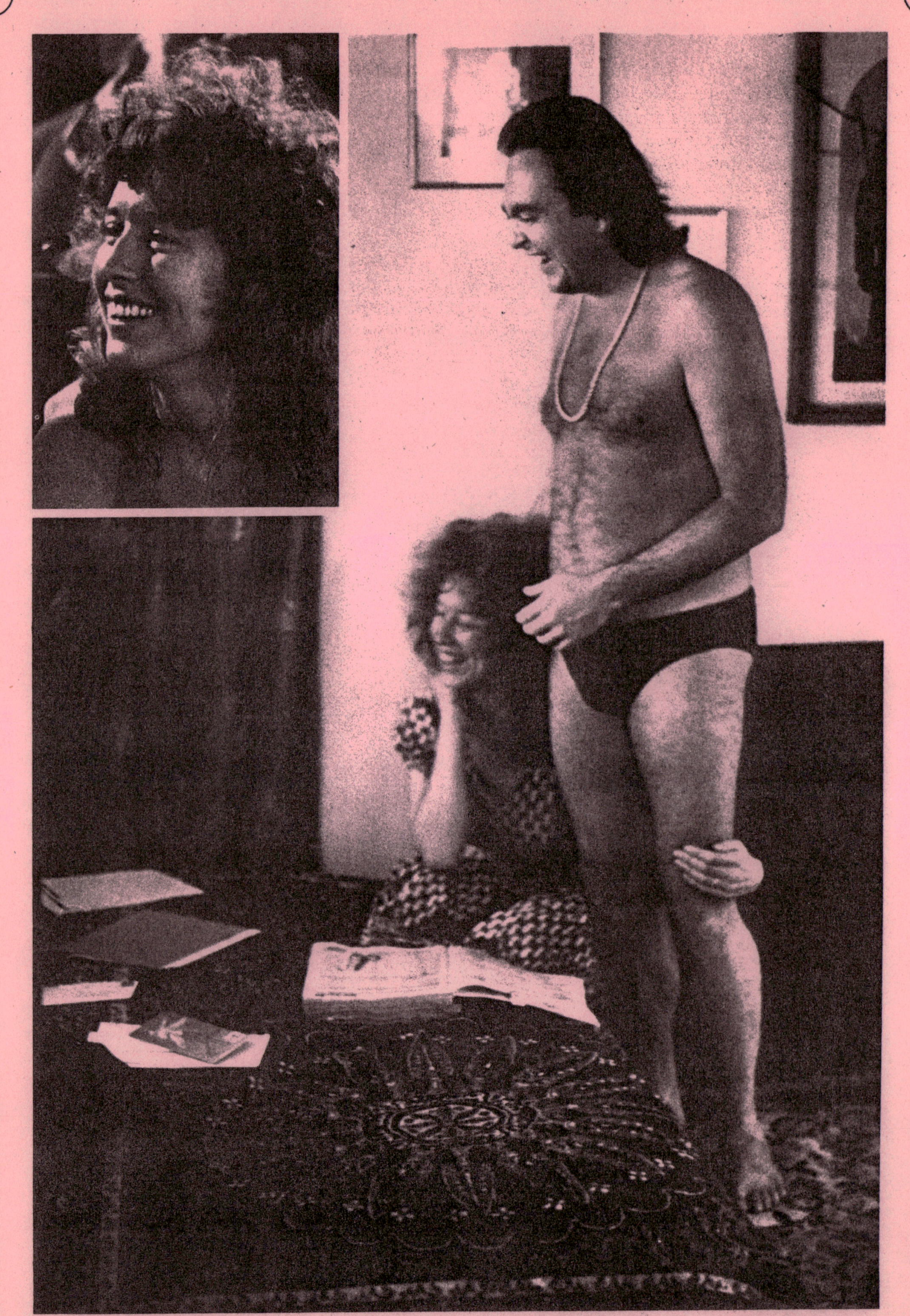

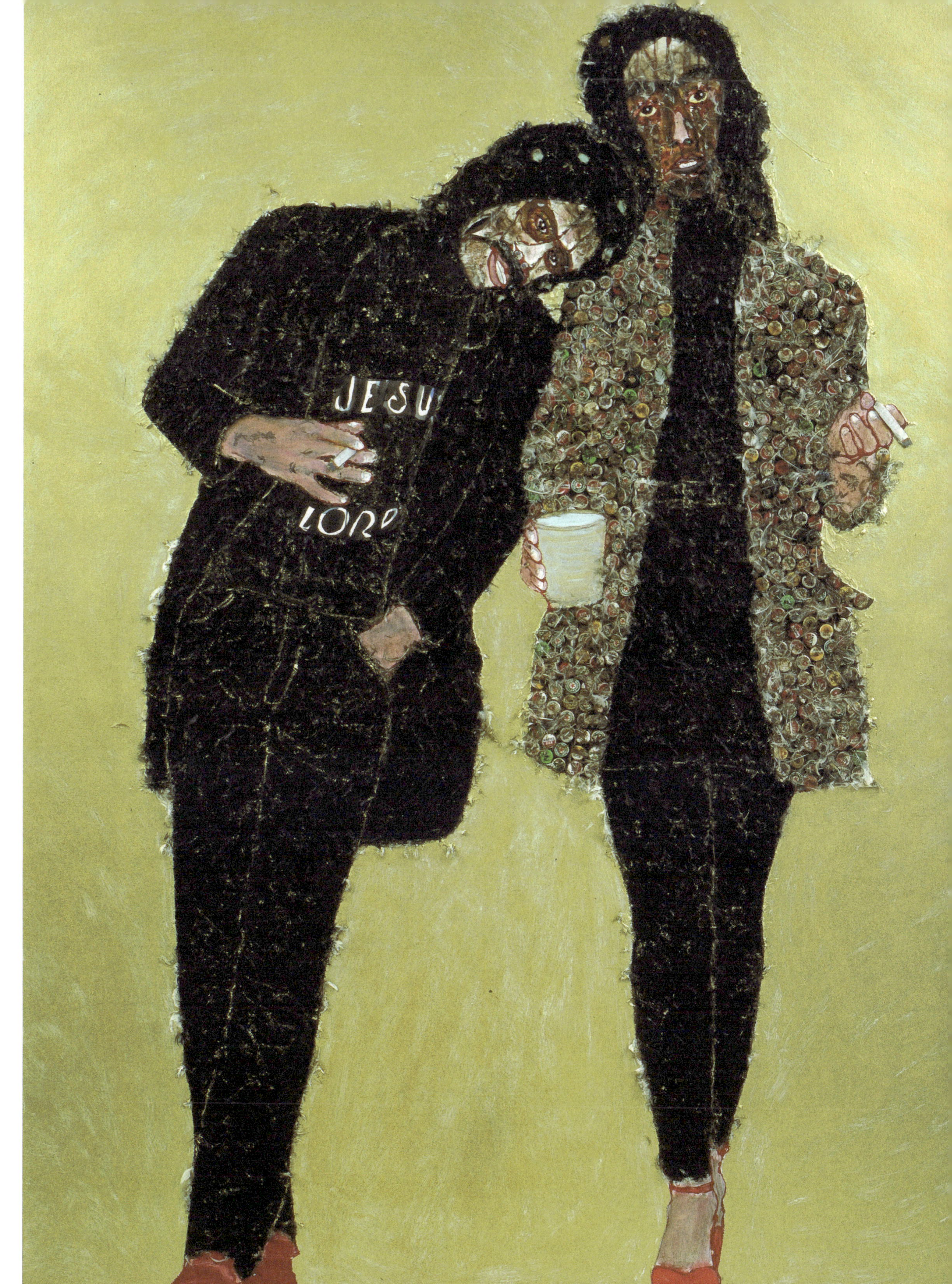

JESU
LOR

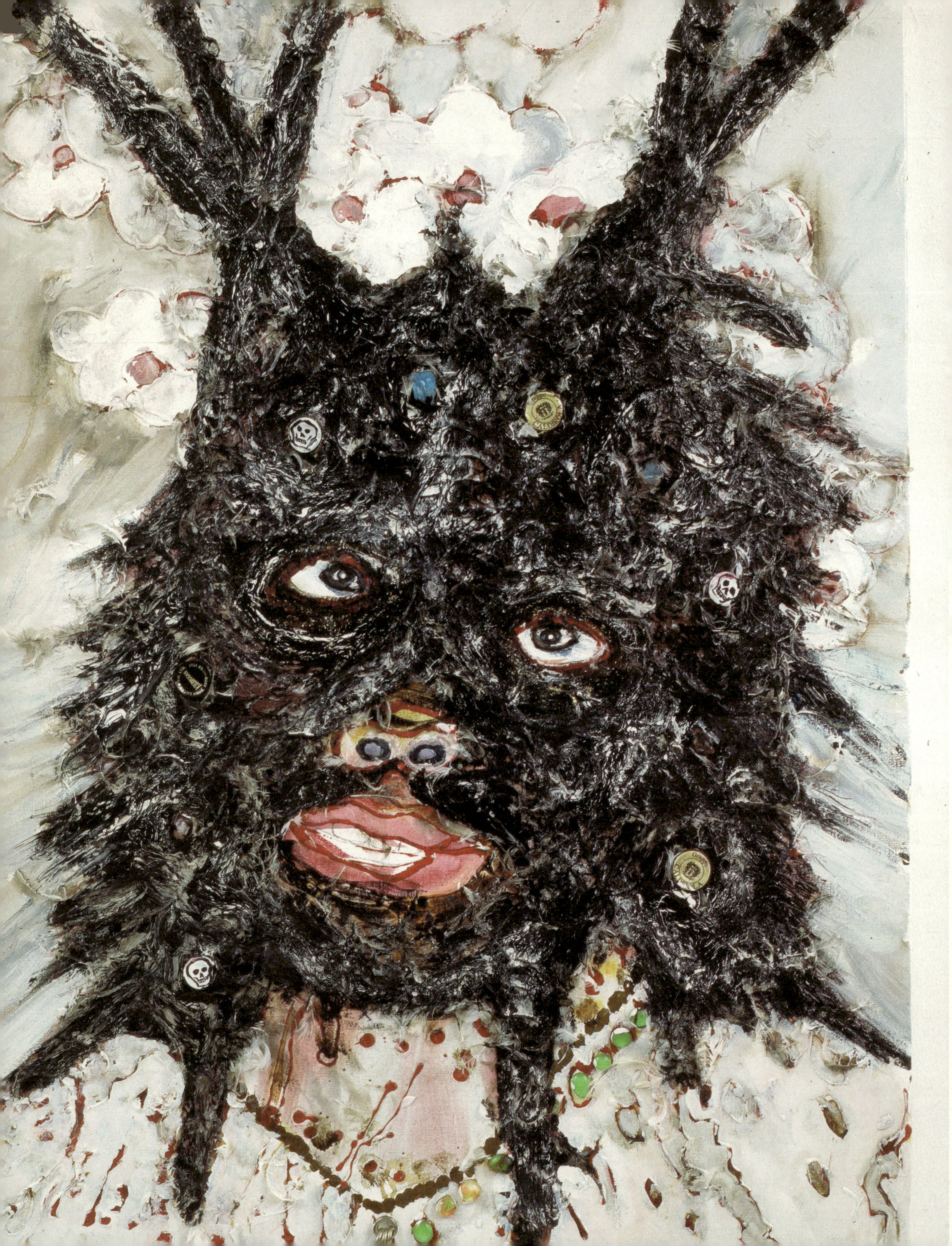

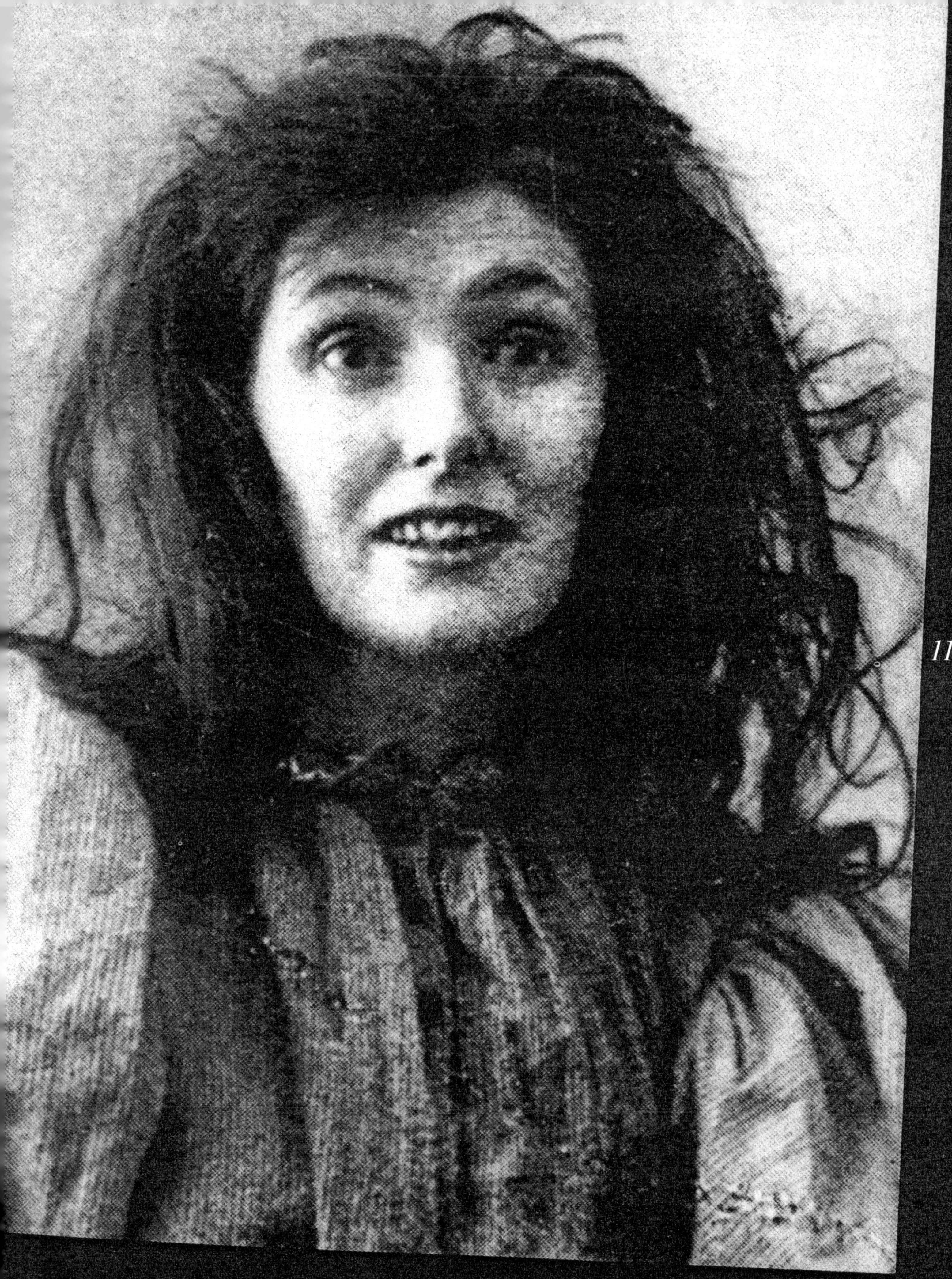

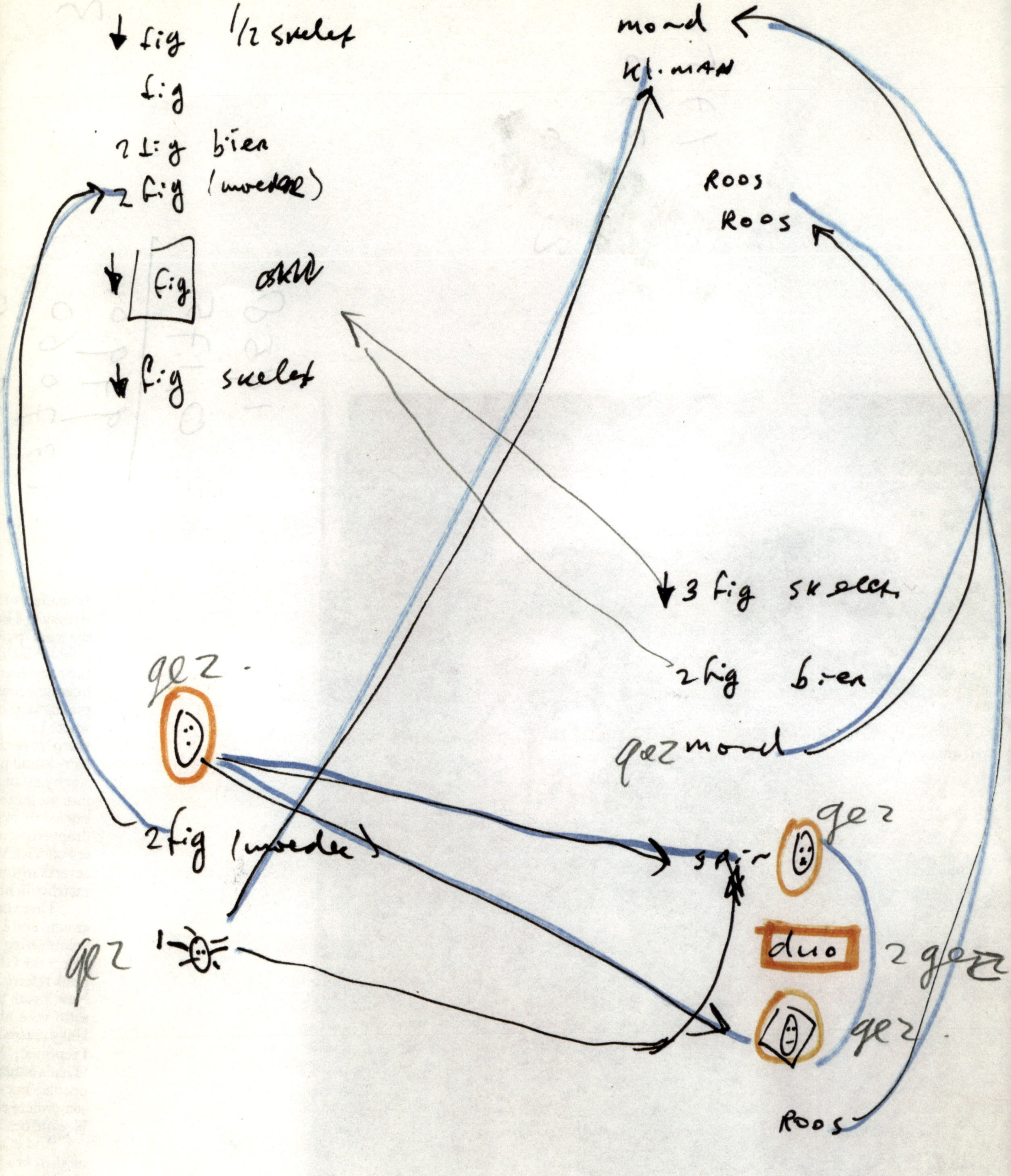

↓ fig ½ skelet

fig

2 fig bien

↳ 2 fig (inverse)

↓ fig oskll

↓↓ fig skelet

gez.

2 fig (inverse)

gez

mond ←

Kl. man

ROOS

ROOS

↓ 3 fig skelet

2 fig bien

gez mond

gez

sam

duo   2 gez

gez.

ROOS

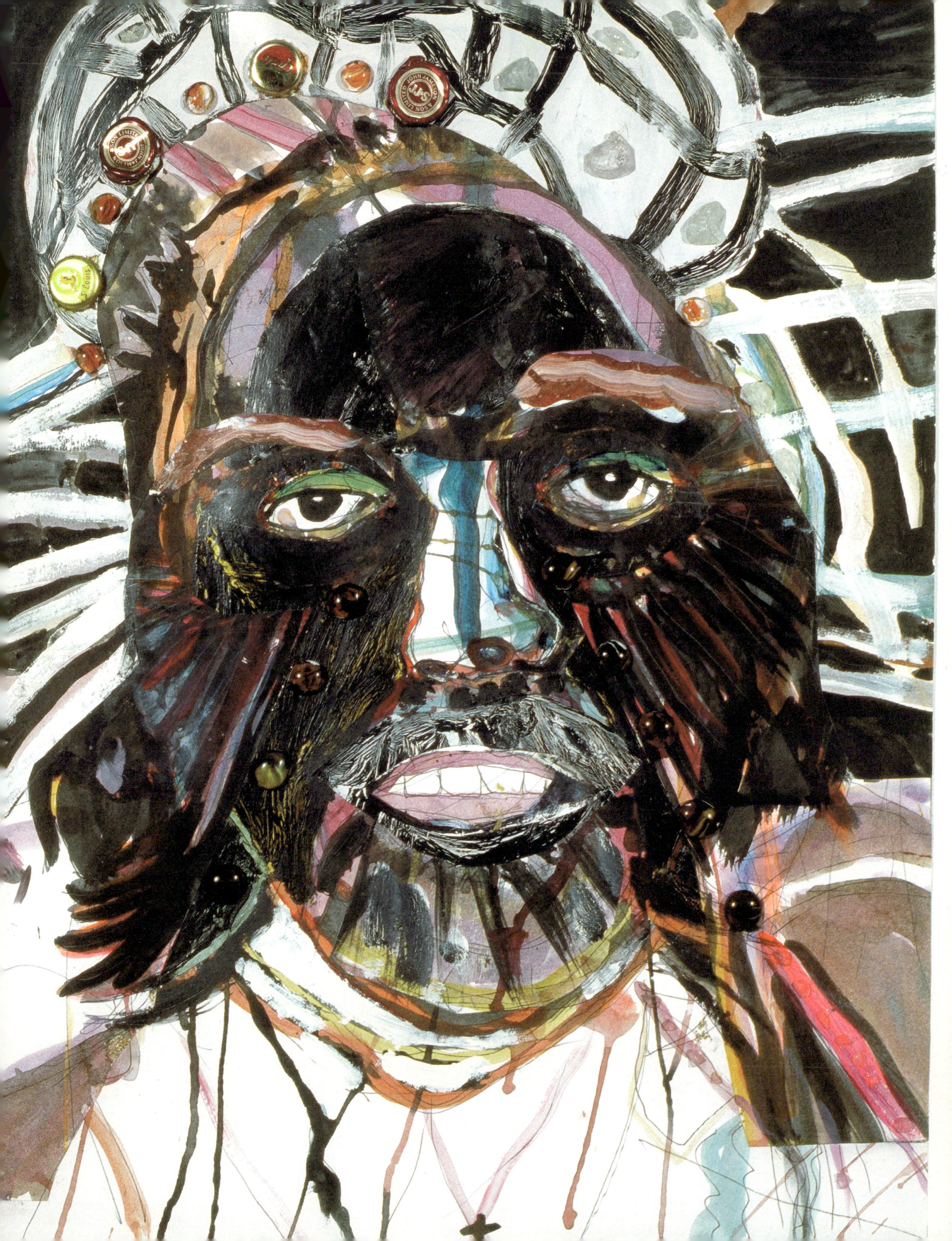

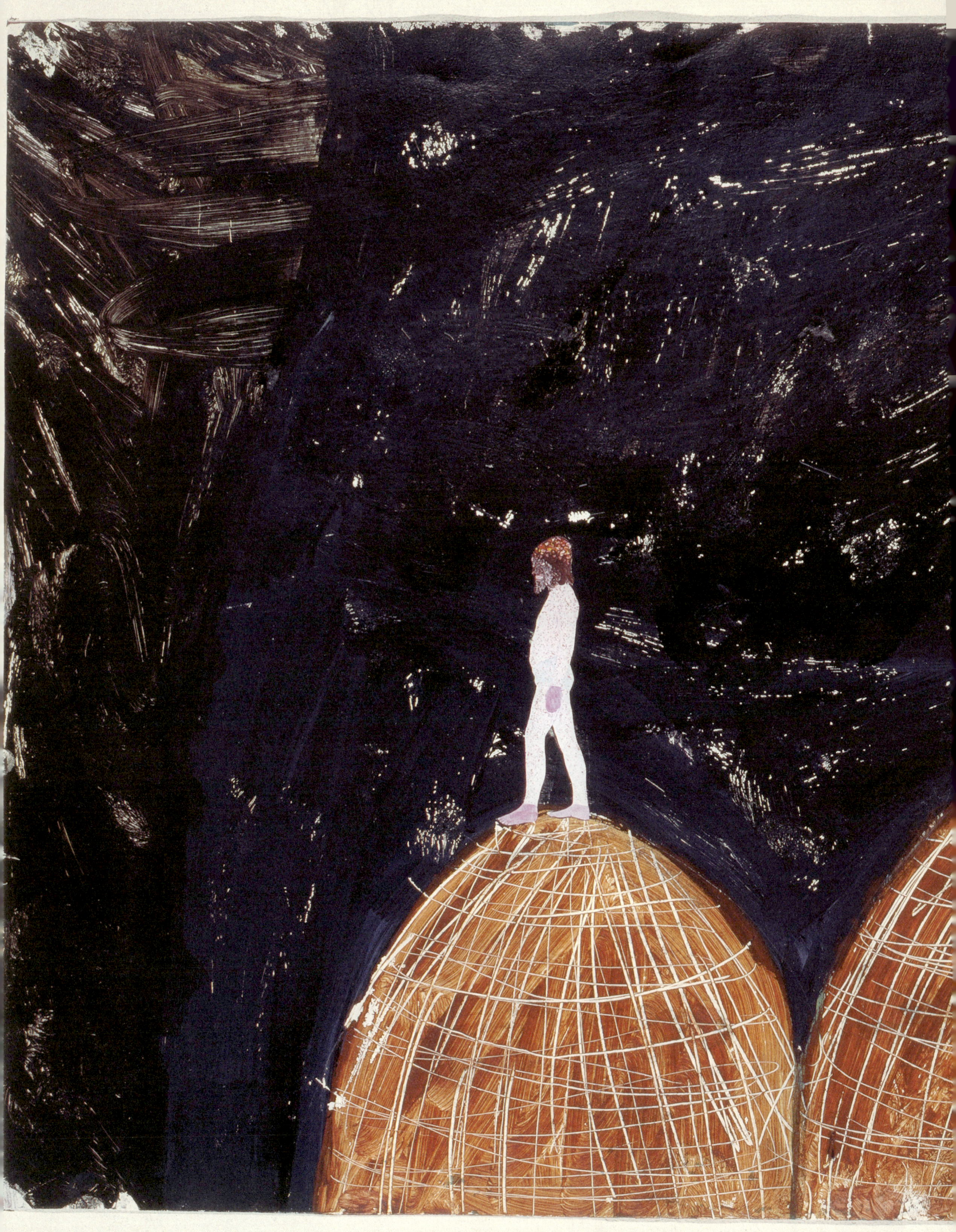

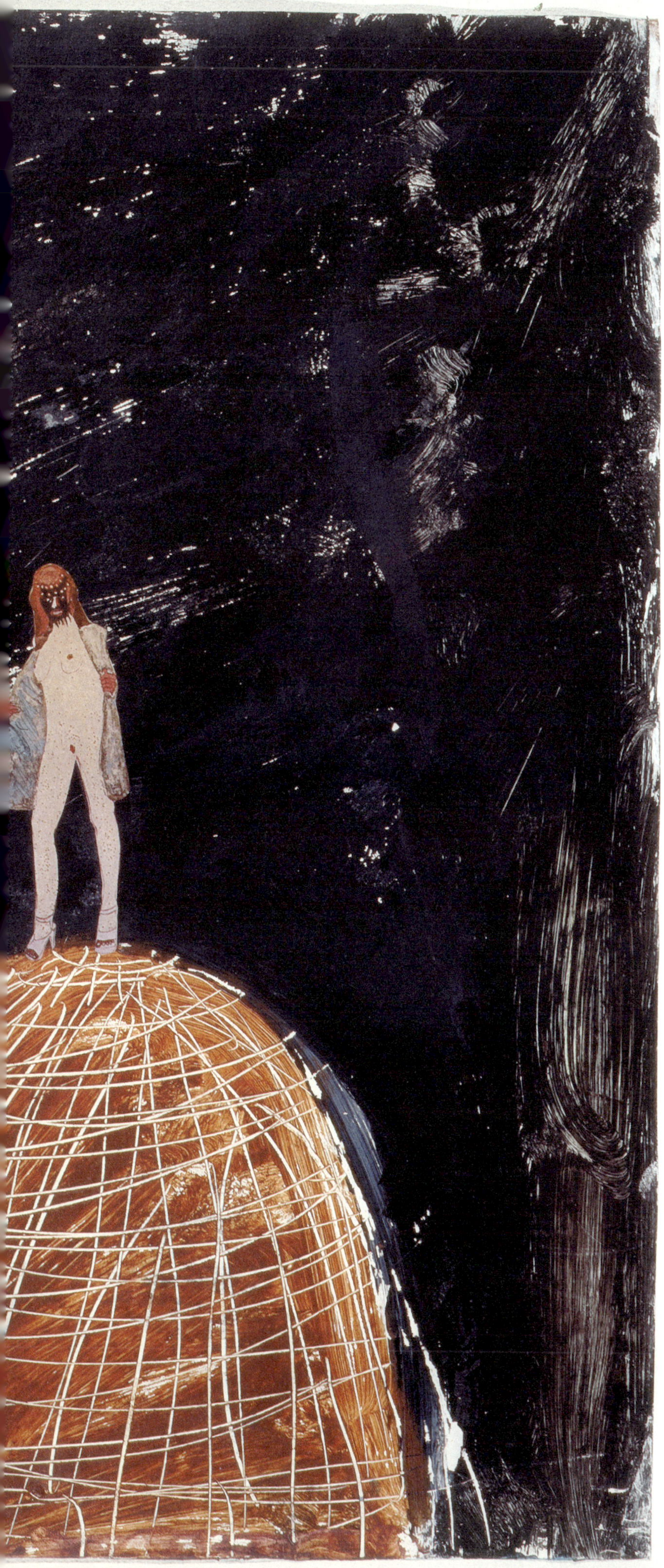

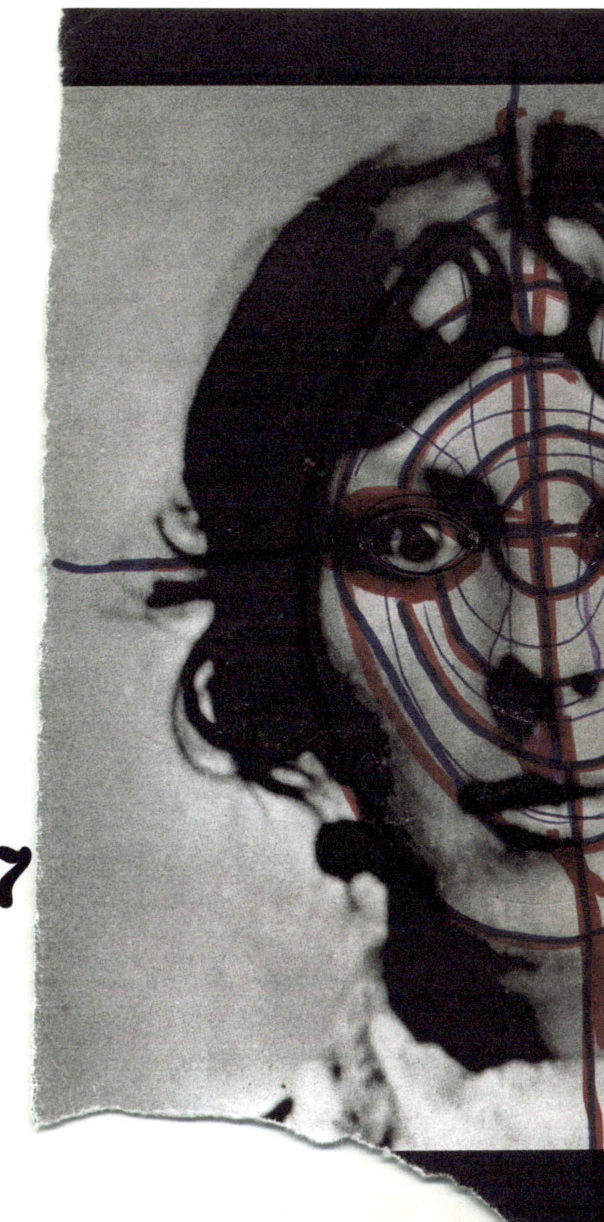

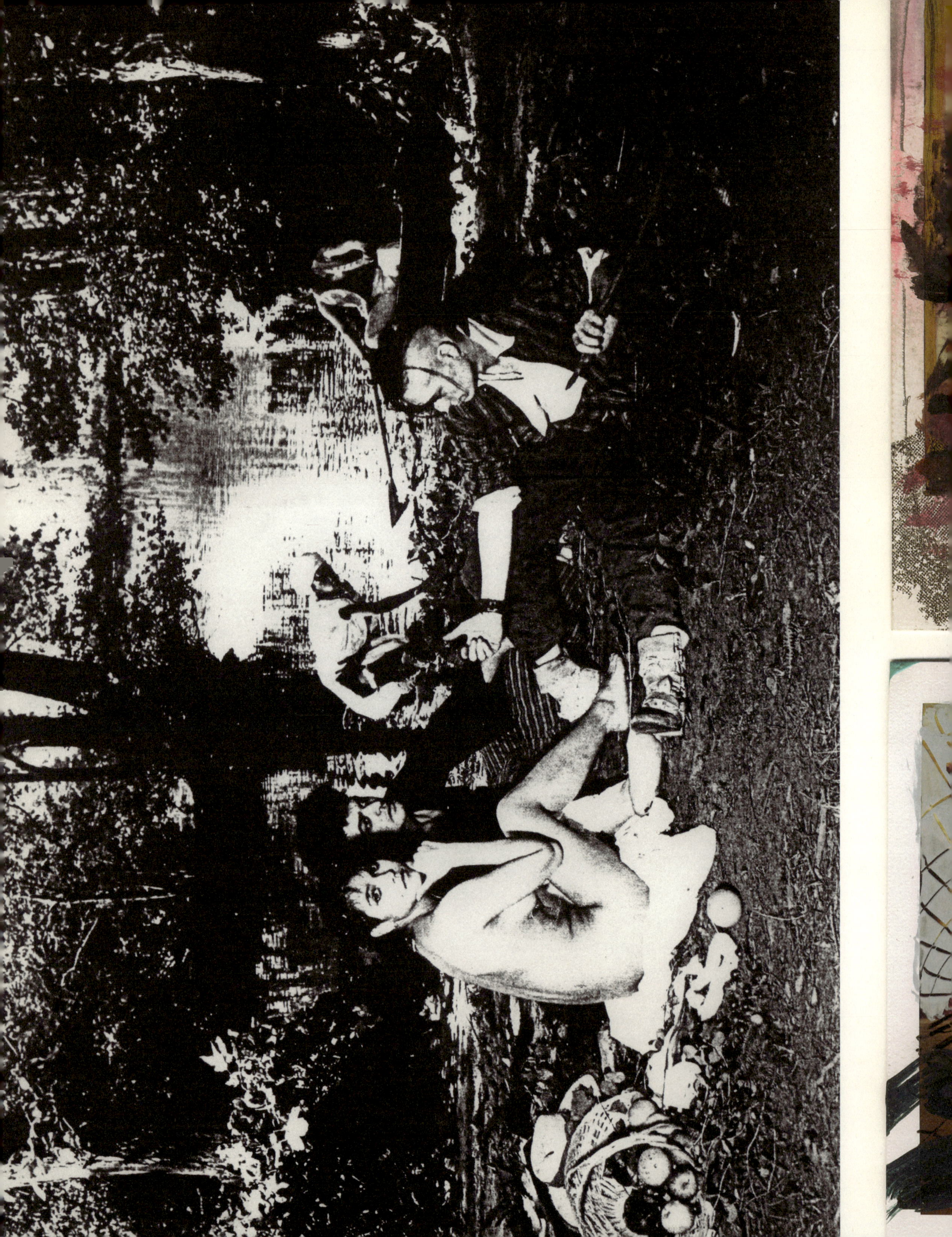

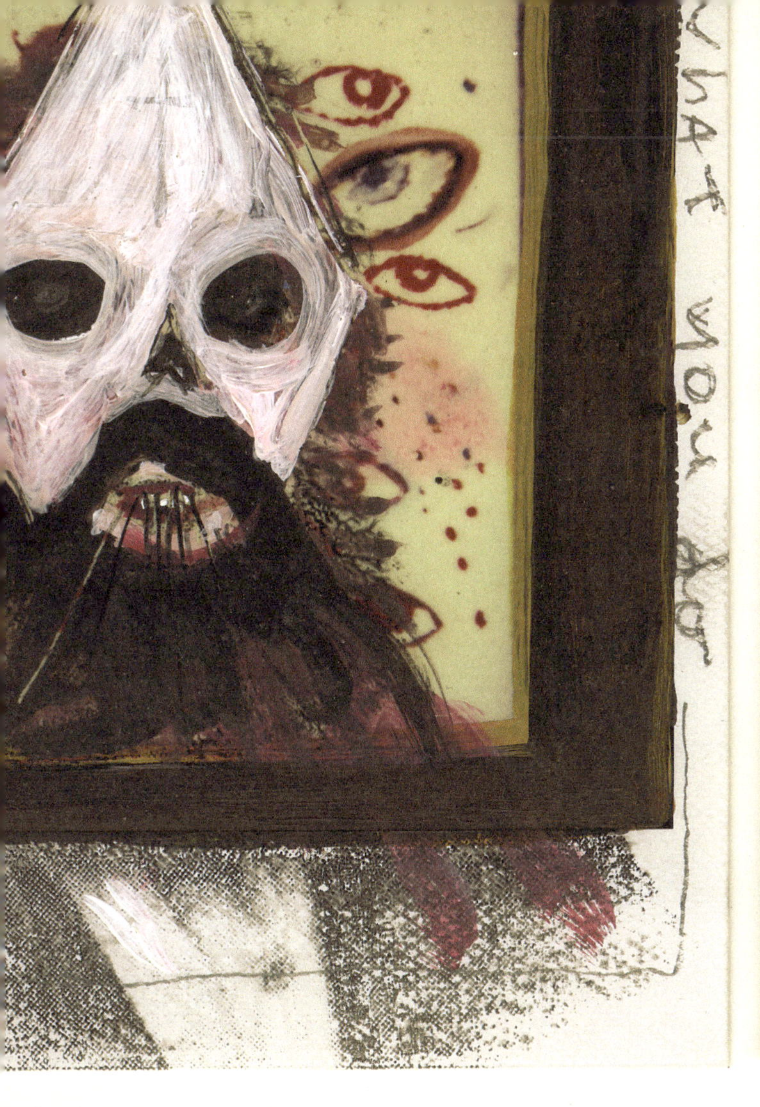
what you do

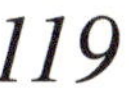

DREAM
THE
DREAM
THE

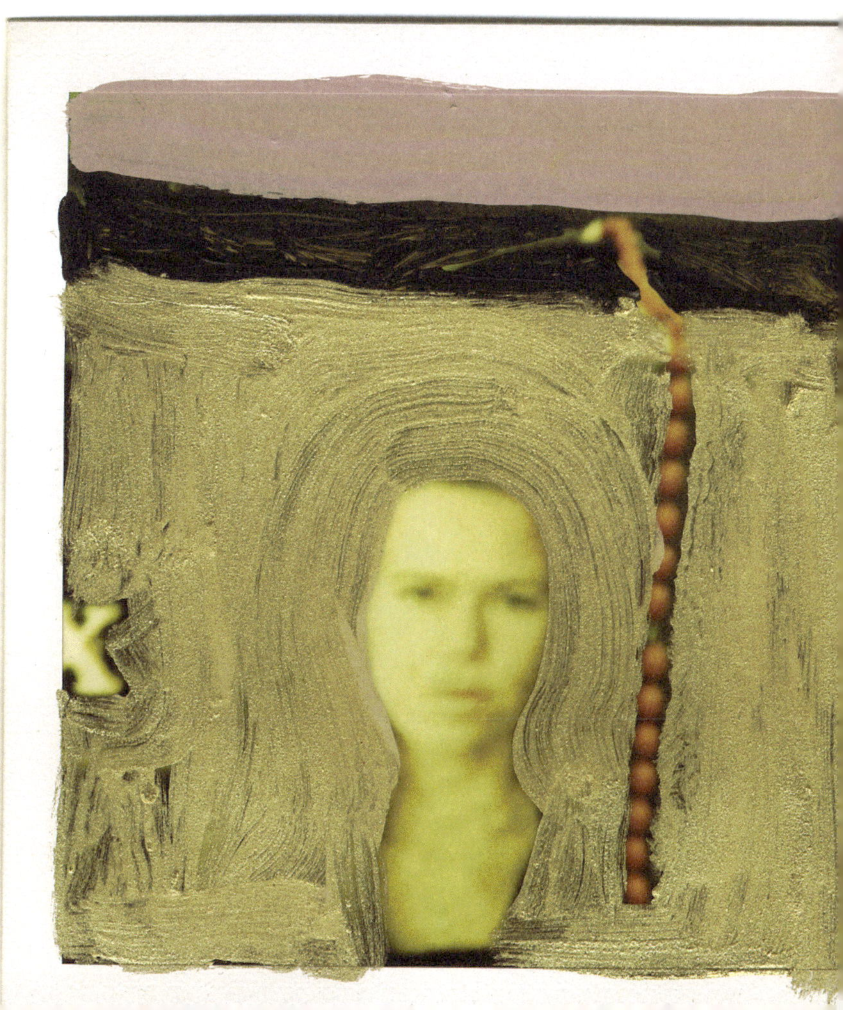

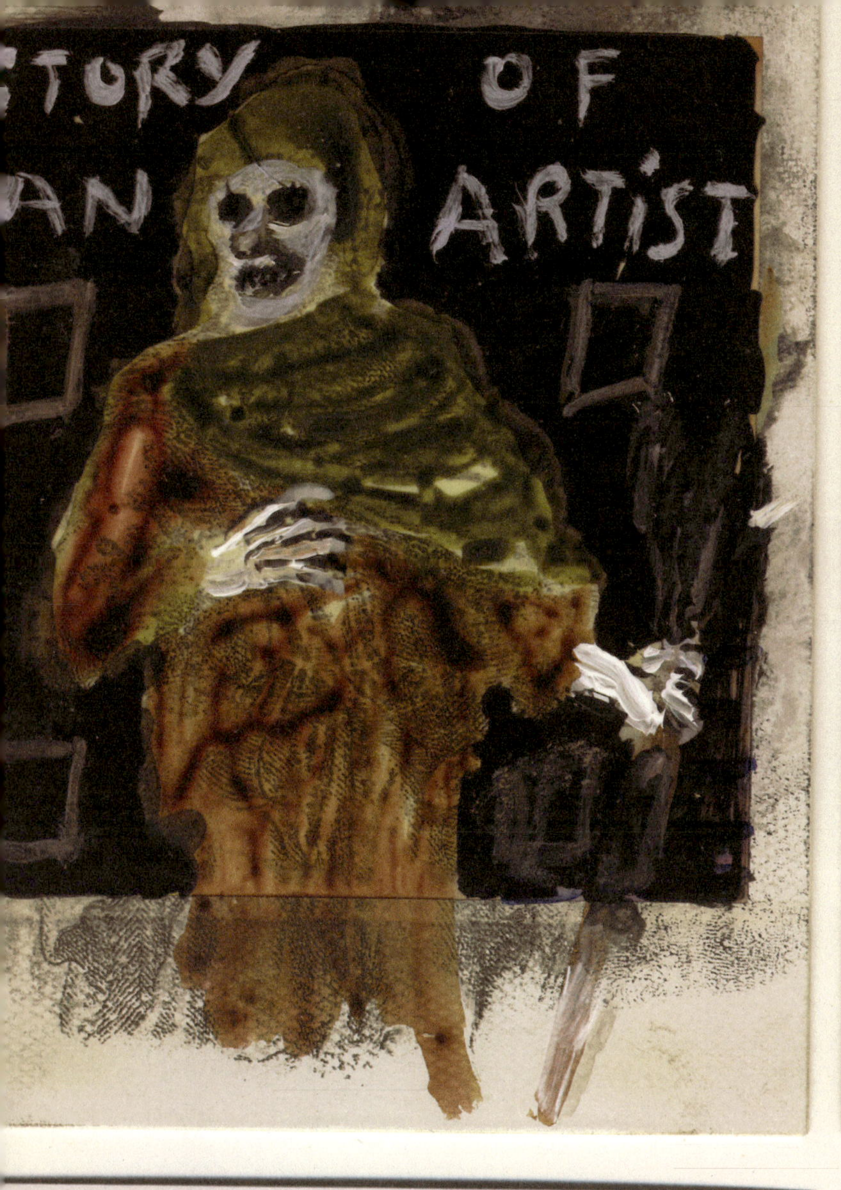
TORY OF
AN ARTIST

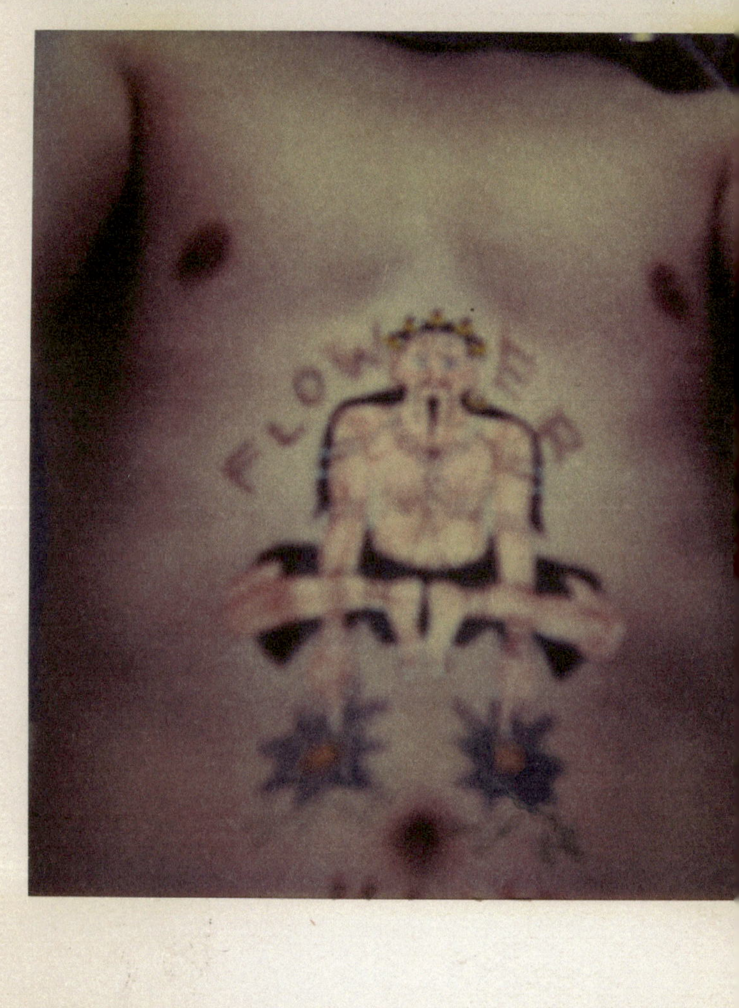
FLOWER

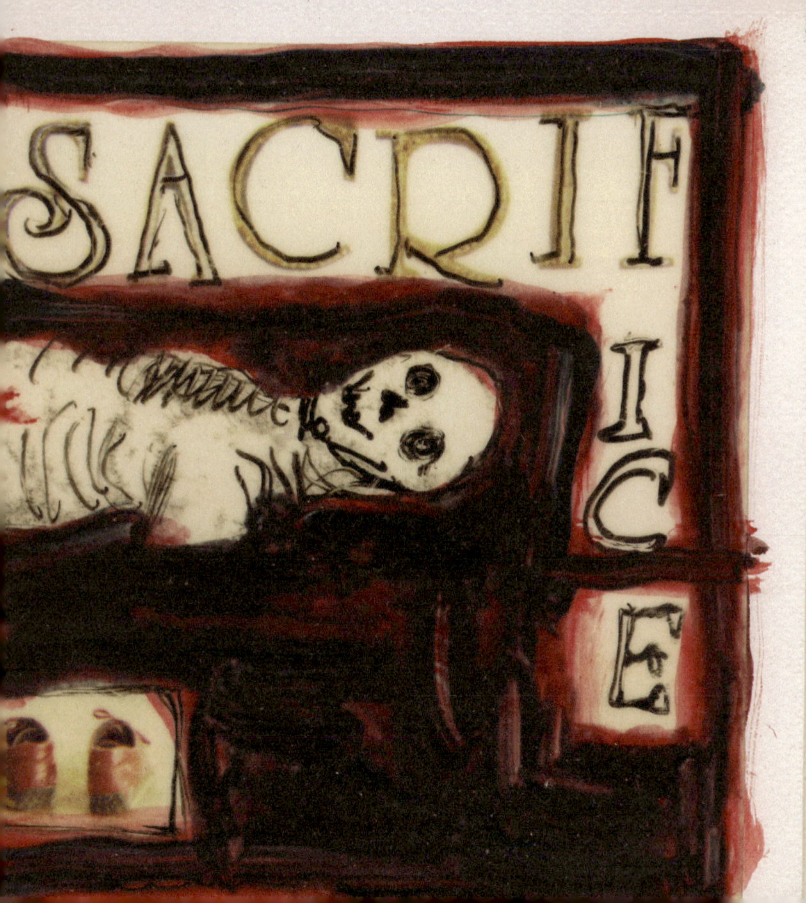
SACRIF
IC
E

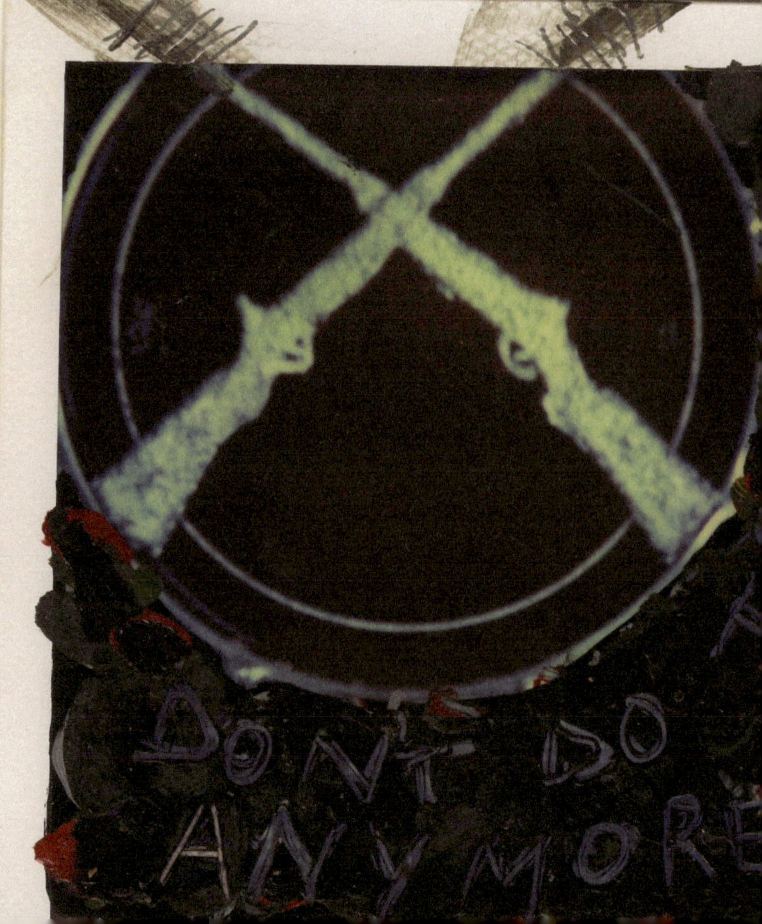
DON'T DO
ANYMORE

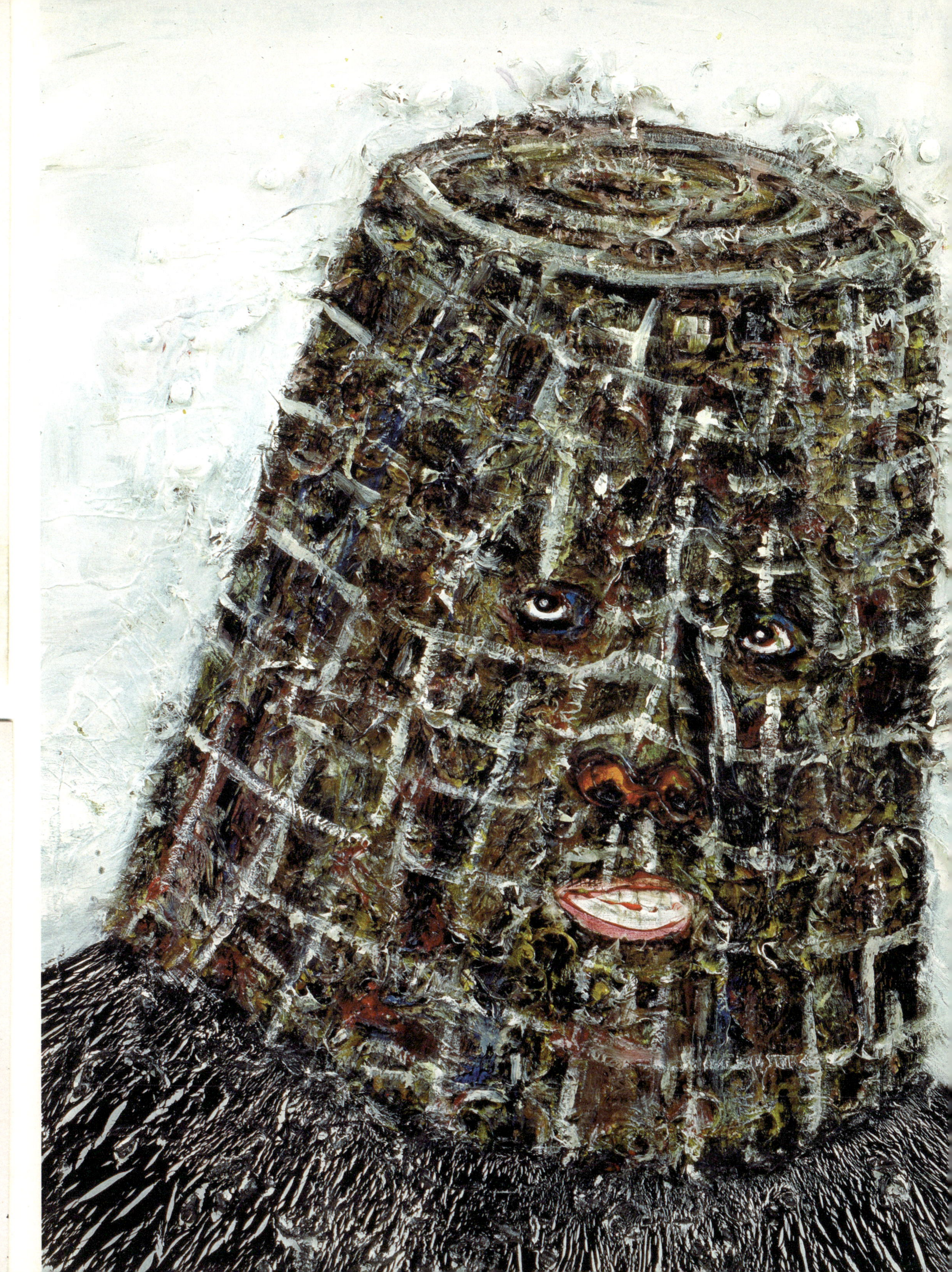

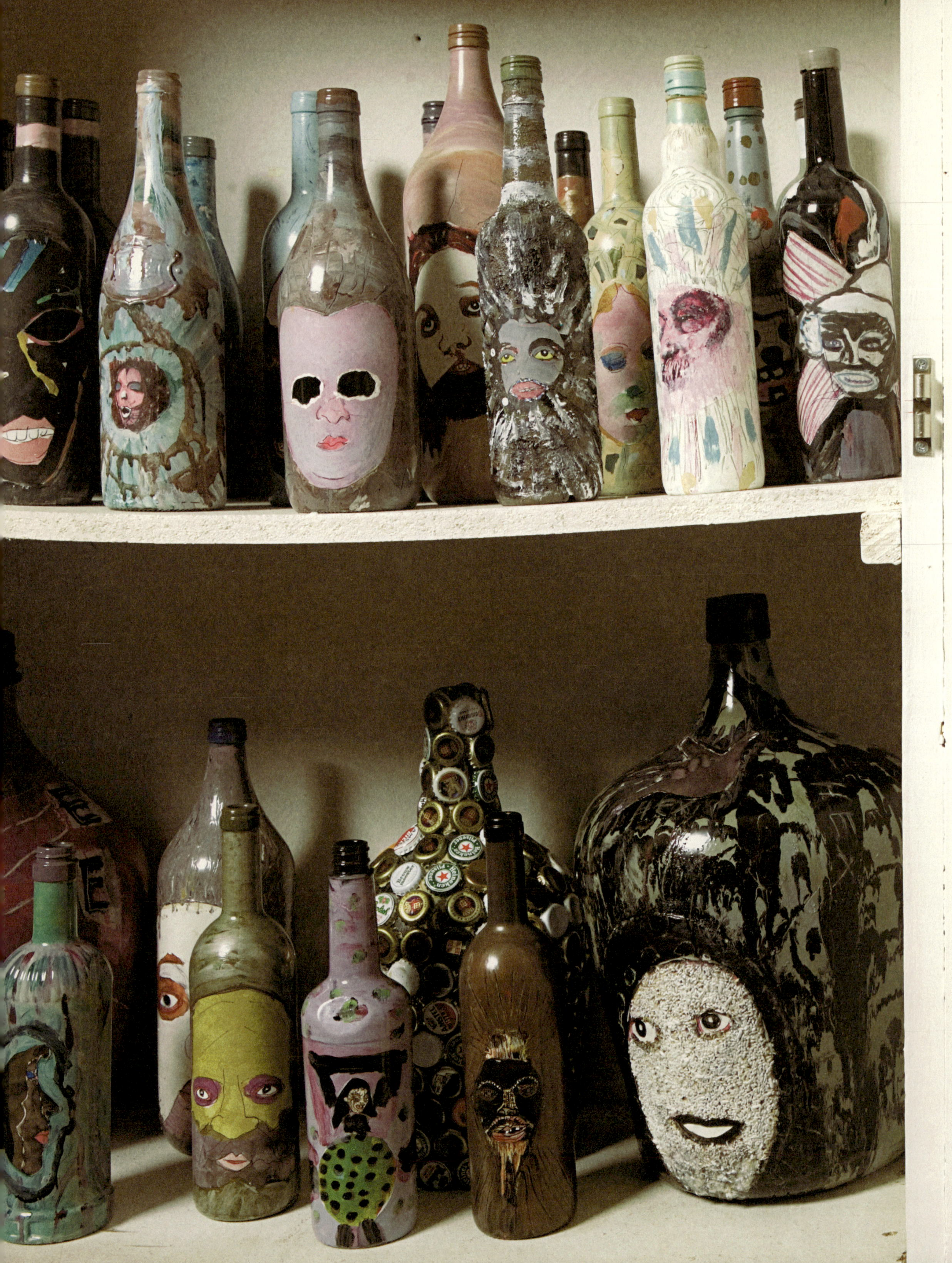

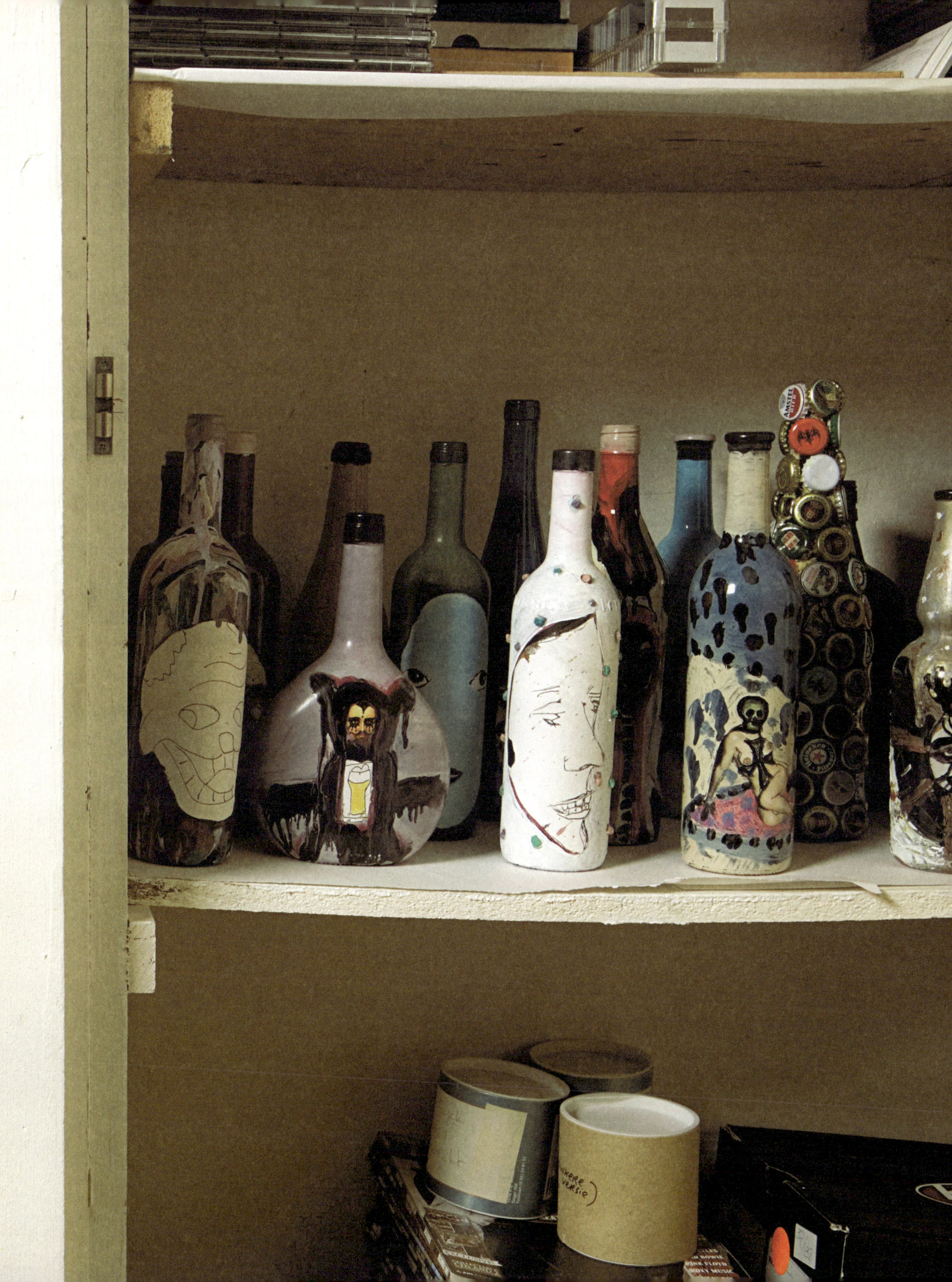

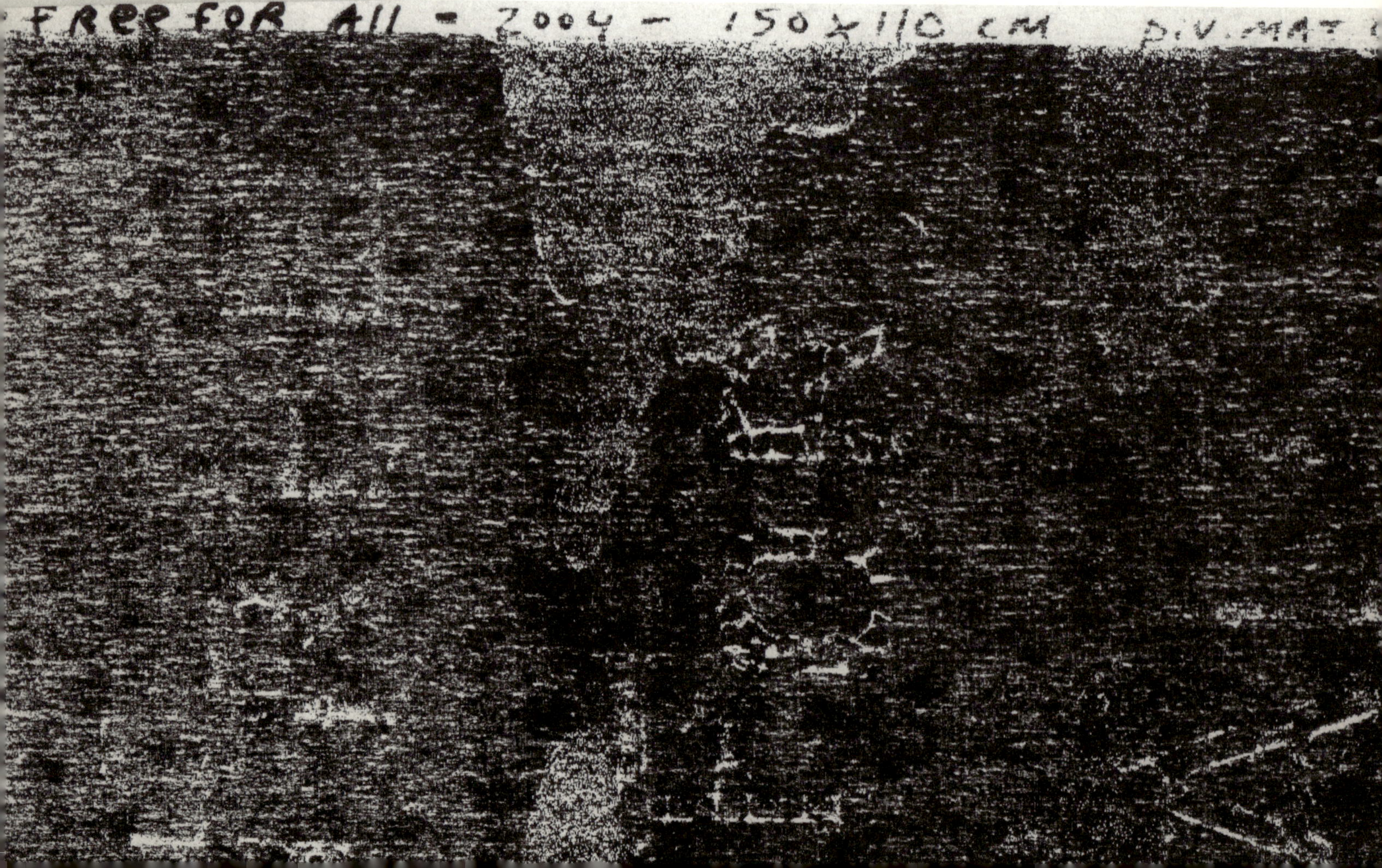
FREE FOR ALL - 2004 - 150 X 110 CM   D.V. MAT

Mystical Portrait 2003 65 x 50 cm Mixed media on paper Private collection **74 Mystiek Portret / Mystical Portrait** 2002 65 x 50 cm Mixed media on paper Private collection **76 Mystiek Portret / Mystical Portrait** 2001 65 x 50 cm Mixed media on paper Private collection **81 Mystiek Portret / Mystical Portrait** 2003 65 x 50 cm Mixed media on paper Private collection **83 Love** 2005 210 x 150 cm Mixed media on canvas Courtesy De Praktijk, Amsterdam **92-93 Trio** 2004 182 x 280 cm Mixed media on canvas Courtesy De Praktijk, Amsterdam **94 Mystiek Portret / Mystical Portrait** 2001 65 x 50 cm Mixed media on paper Private collection **96 Van de plaats die de wereld is / From the Place That Is the World** 2002 50 x 65 cm Mixed media on paper Courtesy De Praktijk, Amsterdam **99 Mystiek Portret / Mystical Portrait** 2002 65 x 50 cm Mixed media on paper Private collection **100 Van de plaats die de wereld is / From the Place That Is the World** 2004 50 x 65 cm Mixed media on paper Courtesy De Praktijk, Amsterdam **102 Van de plaats die de wereld is / From the Place That Is the World** 2001 150 x 110 cm Mixed media on paper Private collection **103 Van de plaats die de wereld is / From the Place That Is the World** 2003 265 x 180 cm Mixed media on canvas Courtesy De Praktijk, Amsterdam **105 Groene man / Green Man** 2006 240 x 160 cm Mixed media on canvas Courtesy De Praktijk, Amsterdam **107 Van de plaats die de wereld is / From the Place That Is the World** 2001 110 x 150 cm Mixed media on paper Coll.

Stadsgalerij, Heerlen **108 Je moet weten waar je moet zijn om te ontvangen / You Have to Know Where You Need to Be In Order to Receive** 2004 240 x 180 cm Mixed media on canvas Courtesy De Praktijk, Amsterdam **111 Couple** 2006 240 x 180 cm Mixed media on canvas Courtesy De Praktijk, Amsterdam **112 Mystiek Portret / Mystical Portrait** 2005 100 x 75 cm Mixed media on canvas Courtesy De Praktijk, Amsterdam **115 Mystiek Portret / Mystical Portrait** 2004 65 x 50 cm Mixed media on paper Eneco art collection **116 Van de plaats die de wereld is / From the Place That Is the World** 2002 50 x 65 cm Mixed media on paper Courtesy De Praktijk, Amsterdam **119-120 Polaroids** 1996-2006 11 x 9 cm each Mixed media on photo Courtesy De Praktijk, Amsterdam **121 Mystiek Portret / Mystical Portrait** 2005 100 x 75 cm Mixed media on canvas Courtesy De Praktijk, Amsterdam **122-123 Bottles** 1998-2006 Various sizes Mixed media on glass Courtesy De Praktijk, Amsterdam

All other pages: photocopies and sketches from the collection of the artist.
I would like to extend my thanks to all of the photographers whose work is included in this book. Unfortunately, it has not proved possible to trace all of the photographers involved, so we have not been able to acknowledge everyone. Please accept my apologies for this and, once again, my heartfelt thanks. RM

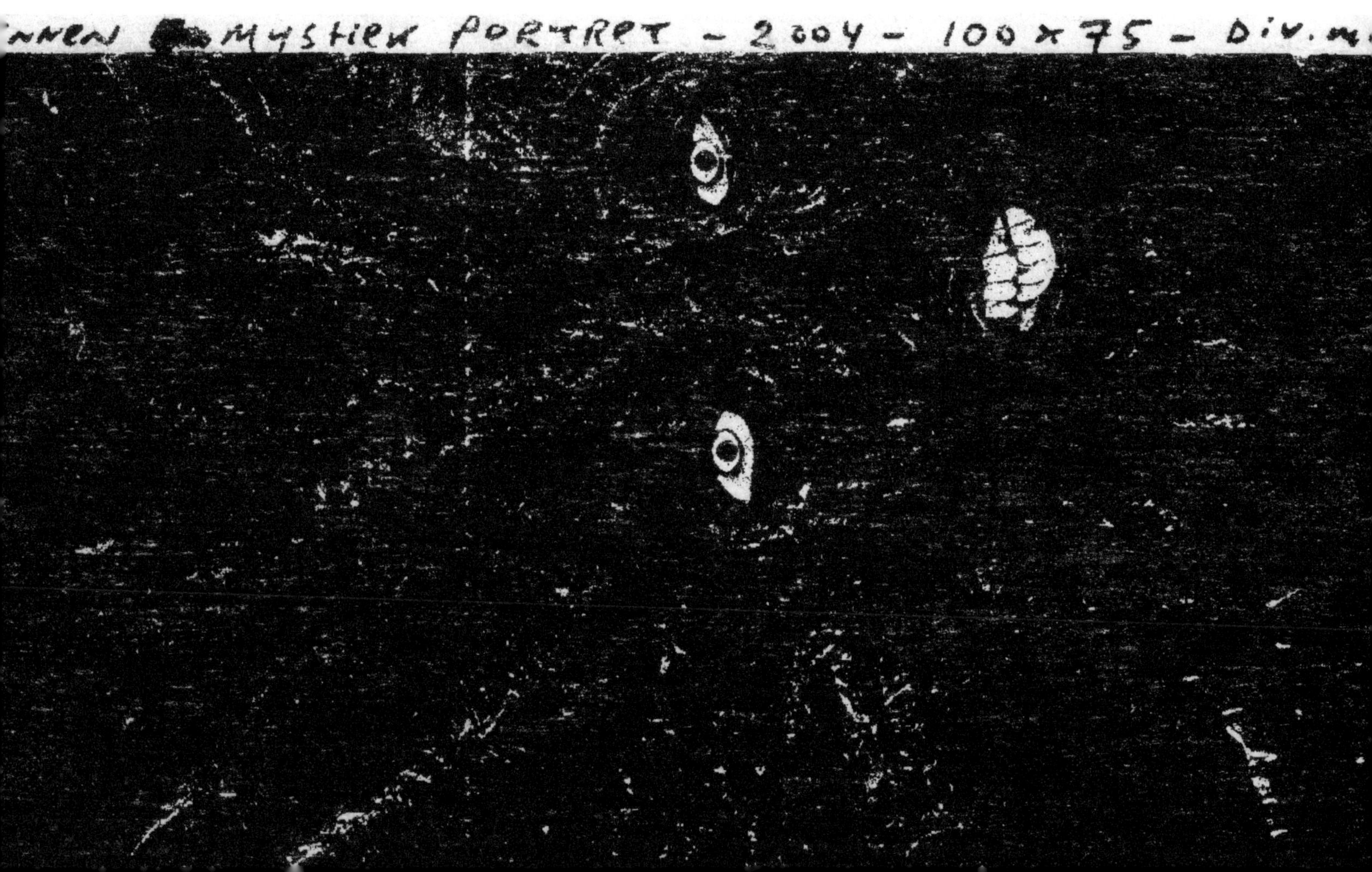

"Mr. Imagination

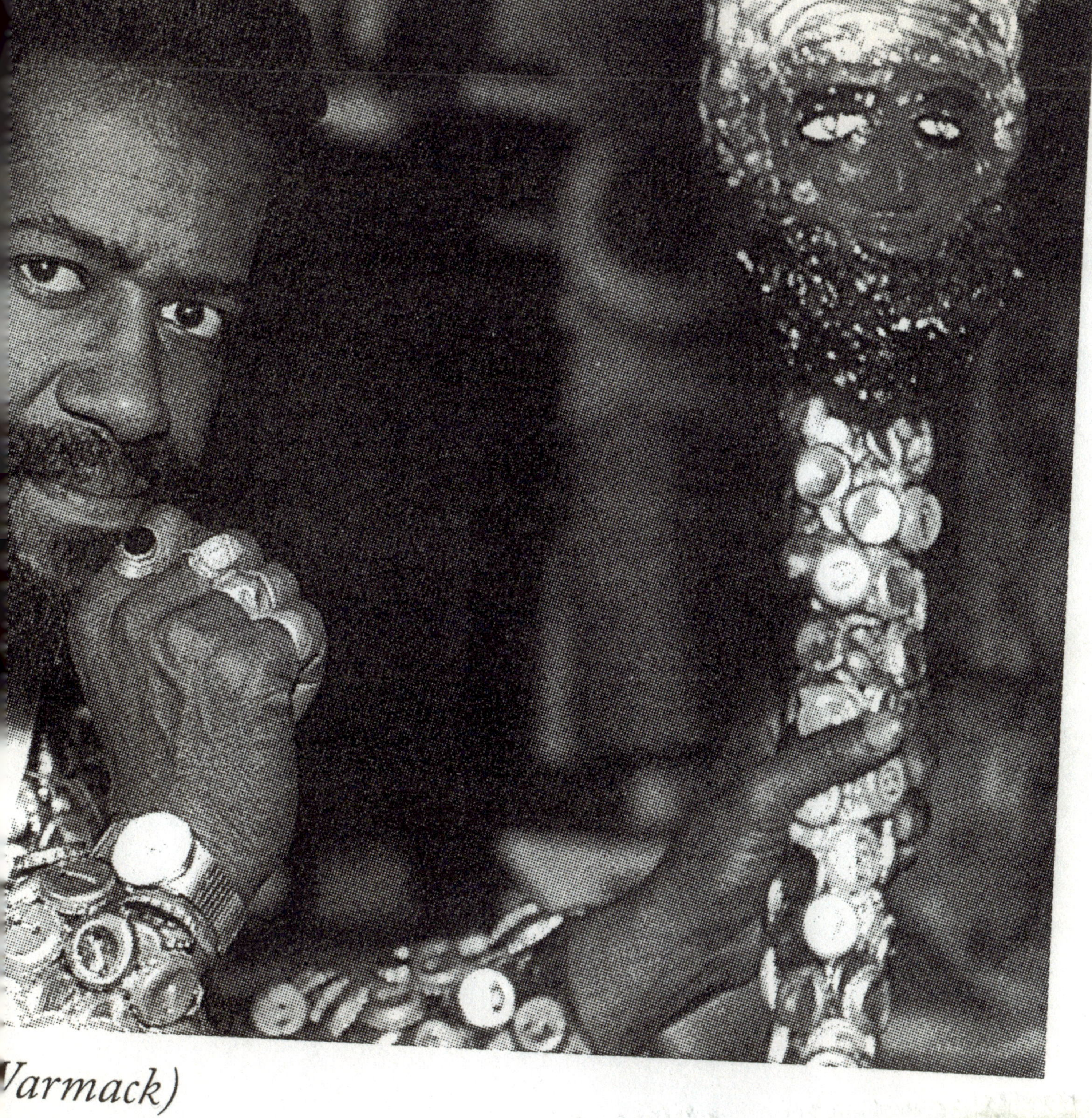

(Warmack)

Colophon

This book was published on the occasion
of the exhibition:

Rik Meijers **Doe dat niet meer /
Don't do that anymore**

Museum Het Domein Sittard
January 20 – March 11, 2007

DSM main office
January 20 – March 11, 2007

Curated by: Stijn Huijts, Lene ter Haar
Text: Dominic van den Boogerd
Design: Rik Meijers, buro Marcel van
der Heyden
Print: Drukkerij Rosbeek bv
Translation: Laura Watkinson
Photo credits: Bert Janssen, Frans Vos

Special thanks to: Dirk Vermeulen /
Galerie De Praktijk

Rik Meijers is exhibiting **Don't Do That
Anymore** at two locations in Sittard:
Museum Het Domein and the DSM head-
quarters. This exhibition project sees
the institutions working together for the
second time and they plan to continue with
this initiative in the future. A collaboration
of this kind provides many opportunities
for dynamically responding to new
developments and for encouraging
and supporting artists from our region.

I S B N 90 75883 34X

Museum Het Domein
PO Box 230
NL / 6130 AE Sittard
T +31 46 4513460
F +31 46 4529111
www.hetdomein.nl

More information about the artist can
be found at www.rikmeijers.com

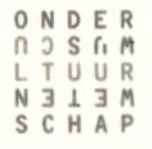
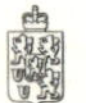

provincie limburg

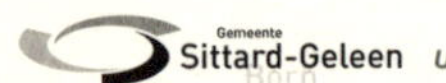
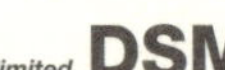

Gemeente Sittard-Geleen   Unlimited. **DSM**

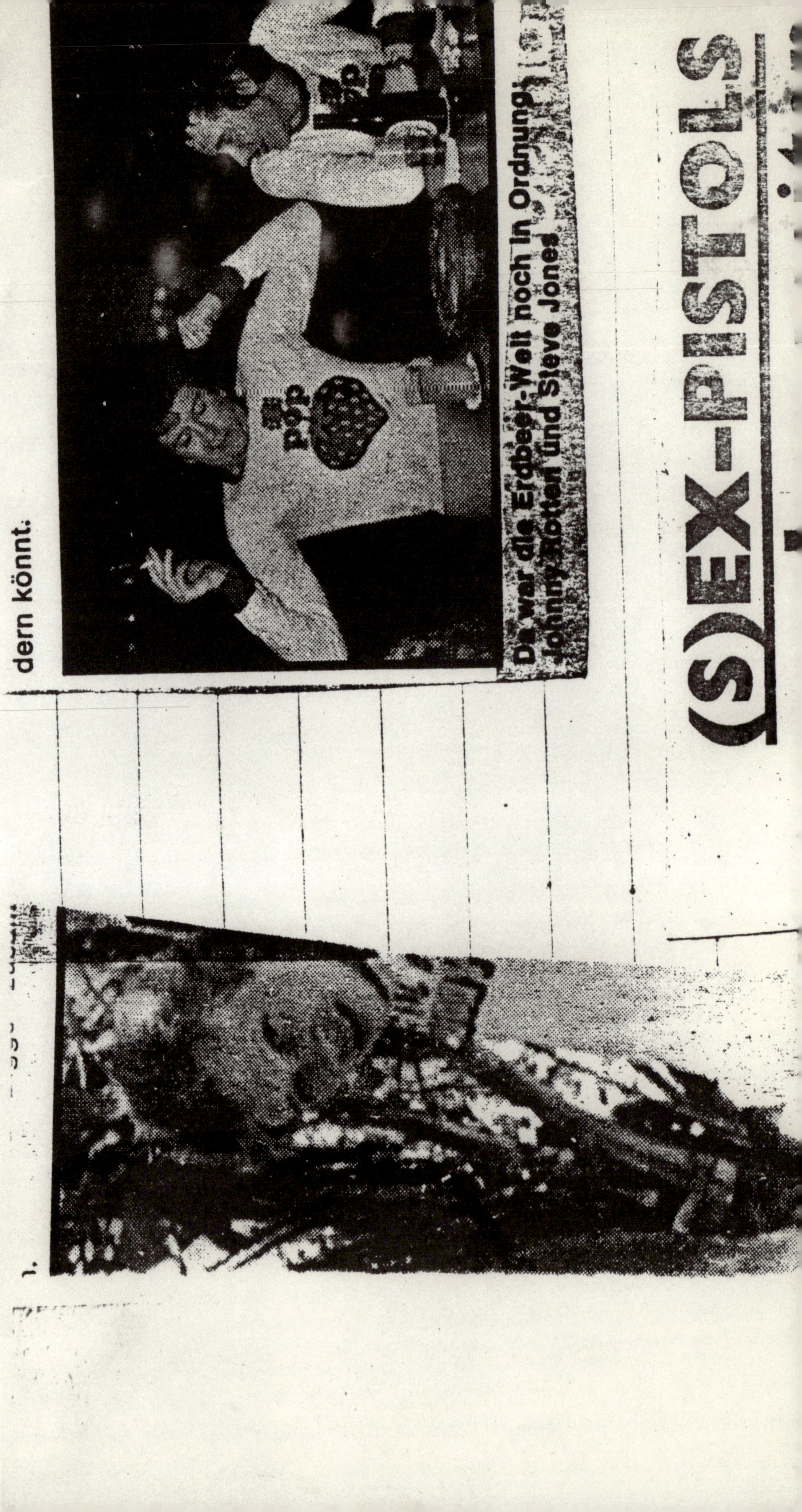